《山海封神榜》 第一部 下卷

Tales Of Terra Ocean Sacred Weapons of Terra Ocean

蘆葦草 著

Manufactured in United States

Contact: rikuwatashi@hotmail.com

ISBN: 1495459551
ISBN-13: 978-1495459559

序

原初之始，天地混沌黑暗，自盤古開天闢地以來，地繞黃道每六萬六千六百六十六年必有一次大劫，那橫災會使萬里方圓的地域發生海嘯山崩。一旦大劫來臨，不僅池枯地裂，氣溫驟降，甚至還會洪災橫流，島嶼陸沉，生靈更是遭受沉湮之災。

四位仙人走遍天下，在極地偏僻之處發現了天地相輔、山海相循的天機奧秘。

靠著吸收天地山海的日月精氣，和火風水土的醞釀，所淬煉出的幻化靈珠，可以扭轉人類榮枯興衰的契機。這幾顆四象靈珠被打鑄在兵器內，代代相傳，被後世百姓稱為「萬古神器」。

這本小說，藉由一個平凡少年的今古奇遇，萬古神器和四象靈珠召喚術的時空幻景，帶您進入前所未有的古典奇幻新紀元，敬請期待 。

原始的な天と地がどんよりとした暗闇であった。盤古の天地ができて以来、地球から見ると太陽は黄道上を回り、毎6万6千6百66年に一度、必ず大きな災難が起きる。その災難は広い地域で津波、山崩れを引き起こす。大災難が起きると、池が乾き、地が避けるだけではなく、さらには気温も低くなり、洪水も起きて、島と陸地が沈没し、生霊でさえも絶滅に至る。

四人の仙人は、世界を歩き回り、非常に辺鄙なところに、天と地がお互いを助けあうかのように寄り添い合っていた。山と海との相性が合うという奥秘を発見した。

天地山海の精気と火風水土の栄養を吸収することによって、幻の霊珠を作れて、人類が衰えるのを防ぐことが出来るという代物を見つけた。このいくつかの四象霊珠を兵器にはめ込んだ。代々伝わり、後世の百姓には「万世神器」と呼ばれている。

この小説は平凡な少年の今古奇遇、万古神器と四象霊珠の呼びかけ術について書いており、読者方様をかつてにはなかった古典ファンタジーの新紀元へとお連れ致します。どうぞご期待ください。

《目錄》
～山海封神榜 第一部 下卷～

第九章 龜靈山

隔天中午，犬犽、香奈、梧桐和凪羌準備好行囊，起程離開天山國。四人舉目觀看，一望無際盡是茫茫的白霧，天空飄下雪花，蕩在懸樓殿的山頂，冷冷清清。

凪羌走在前方領路，指著山邊一條萬里石階：「你們看，那個叫做龍脈長城，在戰爭時代，是用來抵禦侵犯四國邊境的異族人。」犬犽問：「你是指狩獵者嗎？」凪羌點頭：「嗯！」

四人放眼瞻望，龍脈長城沿著山峰上下起伏，峰頂築建了許多石壘，峻峭的屏障地勢險惡，浩瀚渺茫。犬犽又問：「對了！凪羌大人，你能告訴我們更多關於四國聯盟戰役的事情嗎？我想了解更多。」凪羌詫異道：「那場戰爭是沒幾年前所發生的，怎麼可能你不曉得？」犬犽解釋：「我從小一直住在海邊，對境內的事根本一無所知。」

「原來如此！」凪羌沉思半晌，繼續又說：「三年以前，一群自稱為狩獵者的族群，侵犯了四國。當時的四國郡主，也就是嬋大人、雷烈大人、崑崙大人和白雲大人結聯合盟，創立了組織，抵抗外敵。沒想到戰爭結束，天下沒有太平多久，暗行御史就叛變了。當初提議除滅這個組織的是白雲大人，最初四國聯盟的御史是以幽為首，後來他在戰爭中喪命，在群龍無首的情況下，闇接替了幽的位置。」

犬犽聽他描述完，心中仍有疑團：「凪羌大人，那個海棠曾做過什麼事，為什麼她要背叛嬋郡主？」凪羌聽同伴問起，腦海突然浮出一個記憶：

天山懸樓殿外忽颳起一陣大風，殿內安靜，走廊傳來嬋的叫聲，喊道：「來人啊！」凪羌快步飛趕，循著路徑推門進房：「嬋大人！發生什麼事情？」

士兵隊伍的人數極多，陸續湧進殿堂：「殿內有動靜！保護嬋大人！」嬋回頭望眾人一眼，臉上不快樂道：「立刻召告翠雲國、蓬萊國和鬱樹國，海棠盜竊了地靈獸白尾麋，叛離天山。從今天起，她不再是天山懸樓殿的棠右使，遇者斬殺！」講完，轉身先向外走，飄然出門，頭也不回的往大殿離去。

事出突然，風羌聽聞這話，心裡感覺冰冰涼涼，站在原地默著不動：「什…什麼…海棠她…」眾人聽了命令不敢違抗，背後有許多侍衛分作四隊，湧入殿堂：「嬋大人有令！把懸樓殿看守住，海棠那個叛徒應該還沒跑遠，快搜出她的行蹤！」幾個守衛又持槍趕來，喊：「保護嬋大人！大家快捉住叛逆者！」風羌跪倒在地，垂頭嘆氣：「怎…怎麼會這樣？」

想到這邊，腦海中的記憶又變一團模糊，風羌沉默半晌，回答：「這還用說嗎？當然是她貪圖地靈獸白尾麋鹿的力量，想要盜走萬古神器，否則怎麼會背叛嬋大人，加入暗行御史。」

梧桐說：「我曾聽我爹講過，海棠姐姐是嬋郡主身邊最受信任的人，難道她真的只是純粹想要獲得四象獸，就背棄了最親近的主人和自己的國家嗎？」風羌苦笑：「宮殿內的國事可是很複雜的，或許等你們長大一點，逐漸就會明白吧！」犬犽和梧桐點頭：「嗯！」

抬頭眺望，那附近高山環繞，好幾百里的方圓寸草不生，風羌指向遙山遠處：「你們看！無論狩獵者或是暗行御史，那些都是戰爭所留下的疤痕。」

犬犽和梧桐仔細審視，見龍脈長城附近的烽火台已經坍塌，城牆脫落，露出內層黃土。環山峻垣的石磚歷經了幾年寒霜，如今冷風颼颼，鑿痕壘壘。香奈二話不說，踏步便行：「繼續走吧！有時間講話還不如走快一點，否則永遠都到不了那個龜靈山。」犬犽問：「香！妳不想多聽，多了解嗎？」香奈回答：「哼！我對過去的事情毫無興趣，我只要找出殺人兇手，然後報仇！」

四人繼續向南移動，雖然冰雪愈少，耳邊仍舊風聲不絕，他們套了貂皮靴，並列踩著泥雪向前行進，在曠野中踏出兩行長長的腳印。

南邊的地勢逐漸緩平，參山樹林開始變得茂密，疊岩的峽谷霧氣朦朧，仿彿置身在仙宮一般。只可惜地上的黃土和白雪混雜一團，污穢不堪，否則土壤表面覆蓋著茫茫白雪，光線可把這地方耀照得隱隱生輝。

跋山涉水連走幾天，風羌帶著三人來到一個繁榮小鎮。那鎮上山明水秀，附近的房屋均是懸掛花燈，水香樓閣捲上珠簾，隱約傳來笙樂之聲，風羌對三人介紹：「這地方叫做杏花鎮，我們四人沿著長街走到底，向右轉個彎，經過拱橋一直走，就會抵達碼頭了。你們若有什麼東西需要購買，趁著還沒上船趕緊去辦，否則到時候可不停船的。」

犬犽右顧左盼，旁邊幾戶寓館槳聲燈影，大街餐館端出了各色肴饌，客人傳杯送碟，歡樂飲酒，把餐館擠得腳不踮地。香奈經過酒樓，見旁邊幾個醉客東倒西歪，慵懶懶的躺在門口大睡，柳眉一皺，暗想：「暗行御史企圖利用四象獸的力量引發戰爭，怎麼這些人還醉生夢死，那麼幽閒？」

四人沿著長街一直走，碼頭附近都是宅堂酒樓，岸邊停泊了番鼓遊船，船上有人唱曲扮戲。朱漆欄杆的錦繡花窗懸著簾布，爭渡的客人擁至碼頭，觀賞十里繁華內的杏花風景。

這小鎮上有藝妓唱著時曲，吹著洞簫，頓開香喉道個萬福，在樓檯上敲響了廝瑯鼓兒，唱幾隻小曲。河樓下花炮橫飛，犬犽從未見過遍處繁華的畫舫街景，看得他目瞪口呆，新奇味趣。

幾個花媚小姐走出酒樓，脅肩諂笑的經過身邊，花姑娘低笑淺顰，揮了揮手帕對著犬犽和颪羌嬌媚微笑。她們穿著緊身霓裙，濃妝艷抹，一見犬犽和同伴是兩男兩女結伴，議論起來，有女子格格笑：「哎喲！小公子！咱們杏花渡口這裡可是煙雨花台，小倆口若是要欣賞美景，這個時節最好不過哩！」犬犽搔搔腦袋：「妳們誤會了，我們四個可不是出來遊玩的。」

另外一名女子扮個羨慕模樣：「那真湊巧！小公子若不是遊玩，怎麼就來了呢？難不成是偶然入鎮？」颪羌橫眉一豎：「幾位姑娘真是不知羞恥！」

犬犽與那些花媚娘素不相識，想要解釋，又聽女子扮作風騷：「哎喲！杏花燈節將近，兩位公子出來賞遊，帶的可是誰家的女子啊？」一群花姑娘不識體統，笑得出乖露醜，東倒西歪。香奈聽了這話，柳眉倒豎，扯著梧桐掉頭就走：「哼！梧桐妹妹！我們別理她們，以免有失觀瞻。」

犬犽一時被阻攔，忙從口袋掏出幾個銅錢，施捨那群花姑娘說：「眾位大姐逗留在這，恐怕有失觀瞻。來！這些銀子送給妳們，別在這裡沿門討飯了，免得待會兒天黑，被人誤認是大花鬼臉，那可更失體面哩！」說著，拋下銅錢，拉著颪羌追趕香奈和梧桐往長街去。

幾個花姑娘仇記在心，冷嘲熱諷，站在街邊大呼小叫：「哎喲！小公子氣得口乾舌燥，想去討杯茶吃，解些煩渴嘍！」、「哎呀！臭叫化子，你才是沿門討飯，誰幾時說過要你的臭銅錢啦？」、「何干混帳？把這點銀子塞在這裡，是什麼意思？想哄我們討個姑娘好嗎？去你個三世奴家！」

風羌和犬犽離開長街，經過轉角追到了橋端。香奈拉著梧桐走上拱橋，突然停步，依著欄杆低頭發獃。犬犽喊：「香！等等我們！」梧桐關切喚：「香奈姐，妳怎麼了？妳沒事吧？」香奈遮手擦拭眼眶的淚水，勉強擠出笑容：「嗯…沒事！」犬犽喘氣吁吁：「幹什麼突然跑那麼快啊？」香奈冷冷說：「繼續走吧！」

眾人摸不著腦袋究竟發生什麼事情，突然一輛香車寶馬沿路趕來，精神抖擻的駛上橋端，經過身畔，往碼頭行去。風羌對三個同伴說：「快走吧，碼頭就在不遠處了。」正要下橋，突然背後有個男子騎馬衝來，從四人身畔呼颼而過。風羌身手敏捷，縱身一撲，拉著三個同伴退到橋欄，暗罵：「騎馬就不用看路嗎？」

那男子目光都驟聚在前方的香車寶馬，對這四人毫沒留心，犬犽見那人面貌熟悉，仔細一看，竟是曾經結伴同行的朋友，驚呼：「月祭！」

月祭專心催馬，似乎沒聽見有人在背後叫喚自己，飽吸口氣扯著韁繩，如擎電一般衝下橋端，犬犽四人瞬間被拋棄在後，不見蹤影。

香奈狐疑問：「他在這裡做什麼？」犬犽搖頭：「我也不曉得！」梧桐問：「犬犽哥、香奈姐，那人是你們朋友嗎？」犬犽心想風羌在場也不好實話實說，吱吱唔唔道：「這個…也不能完全算是啦！」香奈直言：「那傢伙當初跟著我們不安好心，他想盜取萬古神器。」風羌警戒：「什麼？」

犬犽急忙辯護：「其實月祭本來也不是打算要偷萬古神器的，是陰錯陽差才不慎被他竊走，但是我們已經追回來了。」風羌點了點頭：「嗯！從現在開始，我會更加謹慎的。嬋大人吩咐我要保護好你們，我風羌勢必堅守到底，若是玄冥龜再被人竊走，那就麻煩，肯定會天下大亂。」犬犽道：「放心！放心！我會謹慎的！」

四人走下石階離開了橋端，沿途的欄杆燈籠滿掛，遙遠看見碼頭民眾聚集，岸邊停泊了許多船隻，數十個掌船的梢公整理纜繩，準備出海。犬犽左看右看，心想：「月祭究竟去了哪裡呢？怎麼一下就不見蹤影？」梧桐問：「犬犽哥，你怎麼了？」犬犽一愣：「啊？沒…沒事！」

許多隸工從碼頭搬運貨物上船，將貨品抬進船倉貯存，幾個巡邏兵在旁護衛，一個督監的長官催促：「抬快點！抬快點！貨物全都要搬上船去！聽見沒有？」犬犽一直在想為何月祭會出現在此，梧桐見他發獃，忍不住問：「犬犽哥，你真的沒事嗎？」

犬犽想起月祭曾經為了竊取如意風火輪，用藥迷昏白雲齋、香奈和自己，嘆口氣說：「我只是在想，為什麼大家都那麼想要獲得四象獸，為了那力量，難道就可以不顧他人死活了嗎？」

風羌問：「如果換做是你獲得了萬古神器，你會打算怎麼做呢？」犬犽思索半晌：「其實我也不曉得…」風羌點頭：「其實嬋大人和其他三位郡主也不曉得，沒想到暗行御史這個組織會叛變四國。若是當初四國被狩獵者攻陷，殘害的可是數百萬計的災民，在這情況下，嬋大人他們又該怎麼抉擇呢？唯有耗費大量的時間和財力，訓練出一批精銳組織，才有辦法抵擋狩獵者的侵襲，但是這樣也免不了要使用到四象獸的力量了。」

還在談話，幾個巡邏護衛從碼頭跑過來問：「喂！你們在這裡做什麼？」犬犽回答：「我們要搭船。」護衛驅趕：「咱家老爺的貨物剛剛運到碼頭，大家都在搬運上船，你們在此礙手礙腳，還不離開？」風羌瞪一眼：「我們是天山國，嬋大人差派出來辦事的，你敢攔阻我們？」護衛難以委決，躊躇不定：「可是…可是…」香奈臉色一沉：「你們家老爺是誰？當心我一狀告到衙門，把你們全拉去牢裡蹲監！」

幾個護衛嚇得一身冷汗，捱肩倒退幾步：「前面別推！別擠！別擠！」犬犽急忙勸阻：「香！我們剛來碼頭，人生地不熟的，可別隨便生事，否則惹上麻煩可就不好。」香奈全然不聽，推擠護衛喝叫：「你們幾個再不走啊！我把你們拖翻在地，重責二十大板，到時候打得皮開肉血濺，你們可別怪我！」

雙方正在僵持，兩個馬夫駕著香車寶馬駛來，停在眾人面前，從簾內探出一個富翁看了看，疑惑問：「你們幾個不好好巡邏，在這鬧什麼？」護衛滿臉無辜，恭敬揖手：「大老爺！有四個閒雜人在此胡鬧，我們沒法驅趕。」

老富翁挺身下車，翻轉臉問：「有這等事？」護衛口稱冤枉：「回老爺的話，這是真情無疑！」老富翁吃驚：「誰敢跟我們胡鬧？就是這四個人嗎？」護衛愈加憤怒，指著四人告發：「就是他們！」

犬犽和同伴見這老富翁打扮得淨面粉頭，左戴翡翠右戴寶石，身上穿一件紫紅袍的細麻衣，顯然貴氣十足。老富翁打量四人，對護衛吩咐：「我知道了！你們幾個先去巡邏，免得有人來偷我的寶物。」幾個護衛強忍怒氣，恨不得把犬犽四人沿街謠傳，憤氣沖沖的巡邏離開。

老富翁一眼就看出犬犽四人樣貌特異，奇裝打扮顯然不是來自本地的，攀言笑語道：「四位朋友，我叫金富貴，老家是這個杏花鎮，祖先是水簾村附近一帶的大戶。四位可是初次來到杏花鎮遊賞？」風羌說：「我們四人翻山越嶺，千里跋涉，從天山懸樓殿來，準備搭船出海，沒空與你閒談。」金富貴聽了也沒生氣，溫言相問：「這麼說來，四位是特地來杏花鎮搭船的？」香奈臉色一沉：「怎麼？你不相信我們所講得話？」

金富貴是個生意賣販的商賈，見風羌四人臉帶幾分俠氣，因此有心結識，敘禮：「義士實誠相告，我金富貴先前就是真的懷疑，現在也都相信了。」香奈問：「我們打算出海，你的保鏢卻攔阻我們，你打算怎麼辦？」金富貴說：「四國盟軍對抗外患，自從幾年前戰爭結束之後，境內鎮守的駐衛就一直兵力衰減，杏花鎮的治安每況愈下，動蕩不安。我的保鏢在這道上經歷了許多壞事，所以才會變得疑神疑鬼的，還請四位原諒。」

梧桐好奇問：「金老爺，您為什麼要把寶物運往海外？」金富貴解釋：「自從幾年前四國發生了戰爭，許多駐兵都被調派到邊疆的龍脈長城去鎮守了，現在杏花鎮的駐兵不夠，我怕自己的財產被壞人竊走，因此想渡運遠洋，送到外海去保藏。」風羌見他一片誠懇，便說：「我們只是要搭船，吩咐你的保鏢別為難我們就好。」金富貴說：「四位也是要渡洋出海的嗎？」風羌點頭：「我們是奉著天山國、嬋大人之命而來，有重要事情要辦，因此不能耽擱。」

金富貴聽他四人背景特殊，更加有心結識，陪著笑臉說：「嬋大人？可是天山懸樓殿的嬋大人嗎？四位既打算出海，不如這樣吧！我有許多船隻，可以借一艘給你們使用！」犬犽驚喜：「真的嗎？」金富貴點頭：「既然四位時間不多，先去挑船，請四位跟隨我來。」

五人沿著岸邊行走，河面漂浮了許多漁船、酒船、貢船和沙船，隨著波浪起伏不定。犬犽從小在海邊長大，見到堤畔停泊了許多艘大船舫，臨近的小船不計其數，船隻一掛風帆來往繁頻，忍不住開心喊：「這地方好棒啊！」金富貴和藹可親，瞇著眼笑：「怎麼樣？有看見適合的船嗎？」風羌仔細打量，看中一艘雙桅八櫓的水船，長約十五丈，兩張帆布揚在空中，駛進碼頭，伸手指問：「那艘船也是您的嗎？」

金富貴呵呵笑：「那艘船曾經是我替軍隊建造的，四國發生戰爭的時候，哨兵為了要取淡水，經常靠岸停泊，那艘船的體積和噸位不大，吃水不深，因此速度也比一般漁船加快許多。只是現在戰爭結束，這艘水船也沒啥用處了，我準備找人把它鑿沉，免得礙在碼頭，挺佔位置的。」風羌點頭：「就這艘吧！」香奈忍不住插嘴，指著遠方一艘體積龐大的樓船問：「這艘破破爛爛的，看起來隨時會沉，為什麼不選那艘？」犬犽和梧桐順目望去，驚呼：「哎喲！那根本就是一艘水上堡壘嘛！」、「好大的樓船啊！」

金富貴洋洋得意，解釋：「那艘是我的私人寶船，我有許多珍珠瑪瑙，都是要用那艘大船運去遠洋存放的。」風羌看一眼道：「我們是有重要任務在身，不是去玩，凡事不要太過招搖，這艘小船就好。」金富貴高舉右手，向著雙桅八櫓的水船招呼：「快點過來！」

兩個梢公纜繩駛舵，攏船靠近。其中一人跳下水中，把船繩拉到碼頭：「船繩綁住！輕輕再靠過來一點！」小船順水順風駛進碼頭，金富貴引領風羌一行人走上甲板：「這艘船借你們用，有什麼事情，只要吩咐梢公一聲就可以了。」

一個瘦梢公和胖梢公趕來問：「金大老爺，請問您打算要使用這艘船了嗎？」金富貴吩咐：「從現在起，四位客人就是船的主人啦！他們需要出海辦事，你們兩個好好聽他們的話，明白沒有？」瘦梢公和胖梢公不敢違背，點頭稱是：「明白！」金富貴走下甲板：「好啦！時辰差不多，我的私人寶船也該準備出航了，你們四位自己保重啊！」

風羌、犬犽、香奈和梧桐，扶著欄杆揮手道別，兩個梢夫暢開喉音哼著曲調，解纜拔錨，駛出碼頭。兩個梢夫撐船引路，咿啞咿啞的搖槳攏船，香奈和梧桐扶著欄杆低頭一看，見水岸下深及數尺，清透澈明。

風羌閒著沒事，躺在船艙的屋檐下遮蔭蔽暑，犬犽則是躍上船杆，在半空中撲向雙桅，雙手把痲繩用力一扯，兩張帆布鼓蕩展開：「哈哈！出海去啦！」香奈和梧桐看得清楚，蓬帆接風，水船逆著波浪快速行駛，犬犽站在高高的欄杆，雙手一張，衣袖平垂，兩邊袖子如飽風一般鼓漲開，對著遠方的天空大叫：「龜靈山！我們來了！」

梧桐忽開口喊：「犬犽哥！香奈姐！你們快看！」回頭一瞥，日墜西山，水面泓波碧影，被夕陽照得耀眼生輝。眾人看得嘖嘖稱奇，幾艘大船在岸邊往來頻繁，杏花鎮的風景盡觀眼底。犬犽見岸邊的街道車水馬龍，趕做買賣的攤販擁擠不開，街坊店鋪琳瑯滿目，市集通自長橋，延伸到大街，排列有序。

另外一端，許多民眾聚集岸邊不曉得在幹啥，有三教九流做生意的，拆字替人評話算命的，賣藥膏醫病和打擂台的，群眾紛紛圍觀在碼頭湊熱鬧。突然間管弦和簫聲傳遍了城鎮，原本在樓館吃酒喝茶的民眾聽見樂音，也都捱肩擦背的擠出來看。

岸邊人群擁擠不開，犬犽、香奈和梧桐在船上看得新奇，原來是金富貴的私人寶船準備出海，緩緩移動，從幾艘眾船旁邊擦身掠過。

那艘樓船巍峨高聳，威儀八方，船上築有三層樓房，旗幟高升飄揚在天空，有守衛吹統號角，發出低沉的嗚嗚聲。樓船後面拖著花啦啦的水流，驚濤駭浪，簡直就是一座龐大的水上堡壘，非常壯觀。

香奈指著叫：「看！是剛才那艘大樓船！」梧桐扶著欄杆：「好威風啊！」犬犽道：「那艘可是金老爺的私人寶船吧？」香奈點頭：「是啊！他剛才說過要用那船乘載珠寶呢！」

樓船緩緩駛來，可惜它雖然船體龐大，卻是速度甚慢，根本無法追上輕巧的水船。當天夜晚，月光朦朧，一團和煦暖風迎面吹來，也不曉得究竟有多少浮雲從頭頂飄過，沙船蕩在汪洋大海，風平浪靜，非常安穩。風光歇息片刻，離開了船艙，遠隔相望南方的海洋，香奈和梧桐依欄而臥，犬犽打個呵欠，伸了懶腰躺在甲板。

也不曉得過了多久，突然有人拍了肩膀，犬犽迷迷糊糊睜開雙眼，天空下陽光耀目，含糊問：「咦…到了嗎？」香奈對著耳邊大叫：「太陽晒屁股啦！還不快起來？」犬犽揉一揉眼，掙起身：「好！好！我起來了！」

風羌站在甲板對望著海洋，兩個胖瘦梢公操舵控槳，問：「大人，我們真的要再繼續向南邊駛嗎？這邊已經進入危險禁地了！」風羌冷冷一句：「金老爺不是說過，要你們兩個乖乖聽我吩咐？」兩個胖瘦梢公不敢違逆，撐著櫓竿邊搖邊說：「四位不能再向南走啊！這片海洋被咒詛了，凡是闖進這都沒好下場的！」香奈好奇問：「這是哪裡？」胖梢夫回答：「是被妖怪咒詛的海洋。」

香奈問：「什麼妖怪咒詛的海洋？」風羌解釋：「我們已經接近龜靈山了。」香奈道：「所以呢？」風羌回答：「據說這附近有一隻海怪，那妖怪生了八隻腳，一旦從海中冒出就會把船捲下海底，力大驚人。」

犬犽想起自己父母曾經發生船難失蹤，從此音訊全無，雖然事隔多年，回憶起來仍氣憤不平，對那兩個梢公說：「你們只管安心駛船吧！若是遇上什麼狀況，風羌大人和我會想辦法處理的。」

兩個梢夫撐著櫓桿，正要加速，突然水面無風自湧，一波浪濤迎面打來，船身被震得搖晃，幾乎翻顛。梧桐立足不穩，跌倒在地：「哎喲！」香奈關切問：「梧桐妹妹！妳沒事吧？」犬犽驚呼：「發生什麼事情？」胖梢夫跑了過來，狼狽的往後艙甲板逃：「哎喲！海裡有妖怪啊！」眾人驚訝：「什麼！是海怪出現了嗎？」犬犽詫異問：「咦！是那隻傳說中的八腳海怪嗎？」

瘦梢夫嚇得膽顫心驚，連滾帶爬，讓過一邊：「吃人啊！海裡有吃人的妖怪冒出來了，救命！」風羌手提金鵰弓，揹著箭壺衝到甲板，對三人吩咐：「大家準備應戰！」香奈吃驚問：「那妖怪是什麼？怎麼會無緣無故從海中冒出來？」犬犽道：「別問我啊！我怎麼會曉得？」梧桐喚：「香奈姐！犬犽哥！我們該怎麼辦？」

甲板又濕又滑，船身左搖右晃，香奈一連摔了幾跤，狼狽又爬起身：「犬犽！」才剛喊完，旁邊又是嘩啦啦的巨浪飛來，打得船身劇烈搖動，犬犽叫：「香！妳保護梧桐妹妹！」香奈驚慌的扶著船杆：「那東西究竟是什麼妖怪？」

突然兩根觸角冒出海面，向下一劈，撞得甲板傾斜，海水像是洪災氾濫似的湧進船艙，香奈和梧桐伏在地上，被那水花淋個滿身濕透。兩個胖瘦梢夫嚇得屁尿滾流，緊緊抱住船杆，不敢鬆手：「救命啊！海怪要吃掉我們啦！」香奈罵：「你們兩個別喧嚷！若是海怪聽見，第一個就吃你們！」

風羌舉起金鵰弓，從筒中抽出羽箭準備射擊：「犬犽兄，你時常在海上捕魚，認得這什麼海怪嗎？」犬犽仔細一看，見那兩根觸角貼著甲板左蠕右動，底下有許多圓狀吸盤，驚呼：「好像是一隻大章魚啊！」

香奈和梧桐見船欄的週圍到處都是激盪浪濤，隨即又一隻觸角冒出海面，吸盤將胖梢夫捲上天空：「救命啊！」瘦梢夫見同伴被捲入海浪，膽驚受怕，顧不得收拾行李，衝向後艙：「啊！海怪吃人了！」犬犽喊：「喂！別亂跑啊！會驚動大章魚的！」瘦梢夫早嚇得歲壽有損，捲起衣袖，抱頭鼠竄的跳下水去。

香奈嗔怒喊：「喂！等等！別走啊！你逃去哪裡？撇下我們四個不管了嗎？」犬犽道：「香！別說了！我們也快想辦法趕走這隻海怪！」香奈抄出飛鏢，擲向觸角：「可惡！去死吧！」那飛鏢旋轉五圈刺到觸角，陷在肉裡拔不出來，章魚把另外兩根觸角左右一甩，打向香奈，犬犽飛身撲去：「香！小心！」

二人摟抱一團滾倒在地，巨大的觸角從頭頂颼過，吸盤竟把梧桐捲上天空。梧桐嚇得掙扎叫：「犬犽哥！」犬犽回頭一看，驚呼：「糟糕！梧桐妹妹被抓走了！」風羌把羽箭瞄準，手臂一鬆，射出：「放開她！」

那根羽箭飛向觸角，把吸盤穿透個窟窿，飛向天邊不見蹤影，梧桐則被觸角一甩，拋向海洋：「啊！」犬犽快步追趕，噗通一聲，跳入海中：「梧桐妹妹！別害怕，我來救妳！」香奈也想幫忙，無奈船身劇烈搖晃，震得她跌倒在地：「這究竟是什麼怪章魚？那麼大隻！」風羌喊：「小心右邊！」

一根觸角從右邊掃來，欄杆斷裂，風羌抽出羽箭射過去，那根觸角撞在船艙，縮下海中。當下情況未知如何，遠方忽有艘大船從後方駛來，香奈仔細一看，驚訝：「咦！怎麼會是那艘寶船？」風羌問：「什麼事情？」香奈慌張說：「後面有船跟來了！是金老爺的樓船！」風羌疑惑道：「怎麼可能？」香奈問：「難不成金老爺派人跟蹤我們？」

風羌急問：「先別管那個，他們兩個怎麼樣了？」香奈想起同伴跳下水中還沒上來，衝到欄杆邊叫：「犬犽！你們在哪？」

犬犽抱住梧桐，飽吸口氣，鼓著雙頰竄出水面：「咳…咳咳…快拉我們上來！」風羌見同伴有難，抓起鐵錨向外一拋，垂落水中：「快上來！」犬犽和梧桐的半身浸在水中，被海浪沖得浮浮沉沉，扯住繩索爬上甲板：「好…好險！差點兒就溺死了！」

香奈跑過去看，一把將同伴拉到船上：「她的情況怎麼樣？」犬犽猛搖梧桐的肩膀，狂喚：「梧桐妹妹！妳聽我說話啊！快醒過來！」梧桐不識水性，披頭散髮躺在甲板，迷迷糊糊睜眼醒來：「犬…犬犽哥…香奈姐…咳…咳…」香奈見她衣衫單薄，凍得直打哆嗦，連忙衝到船艙抓了毛毯：「快點披上！免得著涼。」

船身被章魚的觸角撞得東搖西晃，風羌撿起木條當火炬，用火折點燃了，舉向空中。幾根觸角感覺熱氣襲來，向後一撤，縮下海底。犬犽抬起頭看，見遠方的樓船逐漸駛近，驚呼：「咦！你們看！」香奈和風羌均是點頭，異口同聲道：「我們剛才已經看見了。」犬犽詫異問：「那不是金老爺的寶船嗎？怎麼會出現在這兒？」風羌吩咐：「雖然還不曉得情況為何，但我們得先離開這邊，若是再被海怪纏住，可就不妙！」

香奈急問：「怎麼船不動了？」犬犽一看便知，衝到欄杆旁邊，使勁的拉上鐵錨：「這樣就可以了！」遠處那艘樓船又駛了近，夾著滔滔滾水衝來，樓船上有幾個掌舵的拋丟纜繩，遙聲高喊：「有水賊啊！船上有水賊啊！」犬犽豁然一怔：「金老爺的寶船怎麼了？怎麼會有水賊？」風羌推測：「恐怕是被海盜盯上了，你們快跟我來！沒空理那艘樓船了！海怪還在船下，我們需要把船轉向，直接衝到龜靈島！」

幾根浮木飄在水面，甲板破個大窟窿，全被大章魚搞得一塌糊塗。斷木在海面漂浮不定，波浪沖個遙遠，恰巧那艘高大的樓船順風駛近，嘩啦啦的海浪聯綿不絕，海面上漂浮的碎木被高大樓船撞向左右，浮浮沉沉。

香奈不懂得如何操控帆舵，站著獃看，又見遠方樓船緩緩駛近，隱約可見有人嚇得魂不附體，抱頭鼠竄的擁出樓層，挾著包袱跳進水中，卻沒見什麼水賊揮刀亂砍。正覺奇怪，突然海面又冒出五隻章魚觸角，前後貼伏，緊緊包住那艘大樓船。香奈指著喊：「你們快看！」

犬犽和風羌順目望去，忽見大章魚已經游到遠方，用觸角貼住獵物，試圖把樓船壓到水底。犬犽驚呼：「啊！金老爺的寶船被海怪攻擊了！」風羌靈機一動：「快！趁那海怪沒有追來，我們快走！」犬犽連忙扯上錨碇，張開風篷：「好！轉了轉了！」風羌在後面操舵：「再加點勁！」

且看遠方的樓船雖然防禦堅固，體積龐大又吃水極深，畢竟速度太慢，被八腳章魚糾纏住根本就無法動彈。大章魚抬起三根觸角用力一拍，狂浪掀天，船上的樓閣圓柱紛紛斷裂，甲板鑿出破洞，樓船下沉，海面上直冒氣泡。犬犽的小船揚起帆蓬，不到轉眼，就將那艘樓船拋得老遠，乘風西去。

過不多久，一隻大鷹從頭頂呼颼過，四人仰頭瞭望，遠處一道明光從雲海中透射下，乾坤照滿的煞是刺眼。犬犽和同伴死裡逃生，均是喘口氣，索性有樓船轉移了海怪注意，四人才得逃脫，否則八腳章魚胡纏起來，小船肯定沉入汪洋大海。

梧桐先前溺在海中，口鼻皆是海水，犬犽扶起她問：「梧桐妹妹！妳怎麼樣？」梧桐瞇一瞇眼，兩道嬌紅映在臉頰：「我…咳咳…我感覺好多了…」香奈指著南方，興奮叫：「你們大家！快過來看！」

犬犽扶起梧桐，走到甲板遠隔相望，一座島嶼有明光繚繞。天空幾隻野鳥飛過，漫天雲彩，不禁讓人讚嘆風景物造之奇，自然之妙。

風羌揹著箭筒，手拿金鵰弓衝出艙外：「現在情況如何？」犬犽笑著說：「我們看見龜靈島了！」風羌點頭：「好！準備上岸！」犬犽精神抖擻，操攏竹篙搖向島嶼，小船一帆順風的飄向岸邊，香奈問：「這地方有人居住嗎？」風羌回答：「這是一座荒島。」犬犽一個飛身跳下水中，把船繩拉到礁岩附近，爬上岸叫：「這附近夠淺，你們可以涉水過來了！」

船停在海面，被浪濤打得東搖西晃，水中陽光倒影，有海風咻咻吹來。風羌非常謹慎，怕那島嶼有什麼野獸埋伏，率先躍下水船，對香奈和梧桐吩咐：「二位跟緊我背後走。」犬犽在岸上招手：「這地方好漂亮啊！你們快來！」

風羌手提金鵰弓，護送香奈和梧桐走到岸邊，四人一路往叢林深處走，穿越了泥沼澤和石窟，香奈和梧桐互相攜手，喘著嬌氣問：「風羌大人，我們還需要再走多久？」風羌揹著箭筒，催促：「過了山嶺，島嶼的另外一端有座神廟，嬋大人把神器埋在那邊！」梧桐面露疲憊之態：「犬犽哥，我跑不動啦！」犬犽一個健步跑到身邊，將她負在背上：「犬犽哥背著妳跑！」

梧桐把雙手依偎著肩膀，安安穩穩的伏在背上。香奈見了有些不是滋味，只是眾目睽睽之下也不好多說什麼。陽光底下，可聽見海岸附近有潮水擊打礁岩的聲音，四人不敢耽擱，沿著蜿蜒山路順坡攀上，經過荒叢，前方盡是坦蕩蕩的高原。

風羌指著遙遠山峰：「捆仙繩就埋在那邊！」犬犽揹著梧桐問：「你們且猜，金老爺的那艘寶船後來怎麼樣了？」香奈回答：「這還用問？當然是沉到海中了！」

梧桐伏在背上問：「金老爺的寶船？」犬犽解釋：「剛才妳昏倒了，所以沒看見，金老爺的寶船跟蹤我們，結果被海怪纏上了。」梧桐驚訝：「他為什麼要跟蹤我們？」香奈回答：「還用問嗎？肯定也是想偷四象獸嘛！」犬犽道：「但是我們從沒跟他提起過，他怎麼會曉得我們要來找神器呢？」香奈同樣也想不通：「這個…你問我，我問誰？」

風羌衡量情勢，減緩腳步：「已經走得夠遠了，大家都累了嗎？不如我們先暫歇一會兒？」眾人才剛跟海怪纏鬥，從船上逃來這裡均是疲憊不支，眼前天色漸暗，到處都是岩峰奇石，礙阻道路。叢林的沼澤冒著煙霧，四人在山上找到一座岩洞休息。過不多久，日落西歸，一陣海風撲面吹來，香奈安靜的坐在岩洞旁，梧桐見她臉色疲倦，不敢打擾。犬犽走到附近見到處長滿了椰樹，撿些木柴回來聚火，風羌則是埋伏幾個陷阱，以應萬全，免得被野獸襲擊。

到了夜晚，風羌提著肉獐和野果歸來，眾人把那食物烤得熟透，野獐被火燒得香溢，肉汁滴落了濺在火堆。犬犽用尖石切開肉塊遞給同伴，梧桐觸手生溫，心裡感覺暖哄哄的，望他一眼道：「犬犽哥，趁這肉還熱著，你自己也快吃吧！」

犬犽見對方膚色晶瑩，但想雖不如意遇上大海怪，畢竟還有同伴一起共歷患難，在這荒島反而也不覺得如何害怕，笑道：「梧桐妹妹，我還不餓，妳先吃吧！」香奈一股氣悶在心裡十分難受，見他二人仿彿溫柔眷戀兜上心似的，看了不太舒服，動手抓起肉塊就吃。

犬犽撕下兩塊肉片，恭恭敬敬遞到面前：「香！妳那塊太大了，嚼得動嗎？」香奈一手撇開：「你幹什麼？」犬犽愣了愣，想：「她為什麼生氣？」香奈瞪兩眼：「我要吃什麼自己拿就好，你別多管閒事！」犬犽不敢逆忤：「妳怎麼了？」香奈回答：「這不干你的事！」

犬犽雖然胸襟豁達，只是被她搞得一頭霧水，也不得不氣：「香！妳這是幹什麼？莫名其妙？」香奈不加修飾，竟將肉塊甩在地上：「是啊！我就是莫名其妙！」

風羌在火堆對面盤膝而坐，搖頭使個眼色，示意停住。犬犽看了極為憤怒：「喂！妳不吃可以留給我啊！幹什麼蹧蹋食物？」

梧桐曉得香奈性子，知她是不肯在言語上吃半點虧的人，若不勸阻恐怕吵得沒完沒了，急勸：「香奈姐，妳身體不舒服嗎？是不是海風吹著生病了？」香奈冷冷說：「沒有，只是我沒要他拿肉給我，他偏偏愛管閒事。」犬犽哇哇大叫：「真是奇怪，妳無緣無故，鬧什麼脾氣啊？」風羌說：「小姑娘！別跟這食物過不去，快將肉塊吃了，明天才有氣力趕路。」犬犽揮手：「算了，她愛吃不吃就隨她吧！我們養足精神，明天還得急著趕路呢！」

香奈不願再聽，滿臉通紅掉頭就走，梧桐喚：「香奈姐！」香奈心中一股莫名酸楚，卻不曉得該如何發泄。但想每曾逢遭患難，索性都有犬犽出手相救，這時一股情深眷戀兜上心來，頓時無法釋懷。

眾人都覺奇怪，犬犽看得疑惑，略皺雙眉：「真不明白她的腦袋裡在想什麼？」風羌叮嚀：「今天晚上大家早點休息，明天就能抵達山神廟了。」犬犽問：「捆仙繩是擺在山神廟裡？」風羌點頭：「自從四國的戰爭結束，嬋大人就差派了我，帶領一批軍隊搭船來這，把捆仙繩埋在神廟。」犬犽說：「那好！我們明天就早點出發吧！」

星空下枝影搖曳，犬犽把肉塊吃掉只覺得精神煥發，遮著右手墊坐頭枕，側身一翻，躺臥在火堆旁道：「梧桐妹妹，夜晚外面的天氣寒凍，若是妳感覺到冷，可以去洞裡歇息，免得著涼。」梧桐搖一搖頭：「這座島嶼很溫暖，我不會感覺到冷。」犬犽打個呵欠，四肢伸展懶腰：「隨便妳吧！反正若是感覺到冷，多找一些樹葉遮住身體就行了，妳自己可要保重，免得生病。我先睡了，有什麼事明天再談吧！」梧桐猜想他非常疲憊，也沒囉唆，微笑：「犬犽哥晚安！」

風羌把箭筒揹在肩膀，站起身：「好了！我出去守夜。」梧桐問：「風羌大人，您不必睡覺的嗎？」風羌說：「我的職責是保護你們，對我來說，大家能夠安全抵達神廟，拿到捆仙繩才是最重要的事。」梧桐微笑：「風羌大人，謝謝您，您真偉大。」風羌滿臉通紅：「不必謝我，快去睡吧！明天還要起個大早。」

犬犽恍恍惚惚躺在地上，幾乎合眼，梧桐悄悄經過身邊，鼓著腮子，把一根食指貼在嘴唇：「噓！別吵醒犬犽哥了。」風羌追問：「叢林中很危險，妳要去哪？」梧桐回答：「風羌大人請放心，我不會跑遠的，我只是想去找香奈姐，很快就回來。」風羌吩咐：「別跑太遠。」梧桐微微一笑：「嗯！」

月光下繁星閃爍，香奈躺在粗樹幹上，翻來覆去無法入睡：「奇怪！我到底是怎麼樣？為什麼剛才會亂發脾氣？」正在思索，旁邊突然有人輕喚：「香奈姐！」香奈嚇得坐起：「是誰？」梧桐費力的爬上樹幹：「香奈姐！」香奈詫異：「咦！梧桐妹妹！妳怎麼跑出來了？」梧桐從口袋掏出野梅，遞給對方：「這些給妳！」香奈捧過野果：「咦！怎麼了呢？」梧桐道：「嗯…其實我是想來謝謝妳。」香奈好奇問：「謝我什麼？」香奈解釋：「謝謝香奈姐和犬犽哥在船上救了我一命，若不是因為你們兩個，我恐怕早就沒命啦！」

香奈不言不語，腦海想起犬犽與自己的情誼，隔了半晌，只搖搖頭：「梧桐妹妹妳別謝我，大家都是同伴，既然有難，就應該要互相幫助。況且你爹是郡主，為了治理四國，不曉得曾經救過多少百姓的性命，如今我所做得可算不上是什麼大事。」

梧桐聽她提起崑崙，又難過低頭：「不曉得我爹現在的情況怎麼樣了？」香奈見她神色淒然，忍不住在旁安慰：「妳別擔心，既有風羌大人和犬犽在身邊保護，我們很快就可以拿到捆仙繩了，到時候召喚四象獸對付那些暗行御史，平平安安將妳爹給救出來！」梧桐仰望著天空，嘆一口氣：「但願老天爺保祐爹他平安無事。」

香奈轉個話題，又問：「對了！救出妳爹之後，你們兩個有什麼打算嗎？」梧桐回答：「聽說杏花鎮附近有個水簾洞，別有洞天，若有機會，我想帶我爹去那邊遊賞風景。」香奈不識地形：「水簾洞？」梧桐點頭：「嗯！那地方好像是在杏花鎮的西北方。」香奈思索片刻：「那好！明天一大清早，風羌大人、犬犽和我會負責找出神器，再想辦法救出妳爹。」

梧桐指向星空：「香奈姐，妳瞧！」香奈抬起頭看：「什麼？」梧桐問：「妳看這繁星閃爍，你說它美不美呢？」香奈順目望去，黑夜中寂靜安寧，草叢附近幾隻蟋蟀窸窸叫，星辰像一條雲河映在天空，向那無限廣闊的天際伸展開，非常絢麗。

二人相視一笑，梧桐喜孜孜問：「香奈姐，剛才妳是不是有什麼事藏在心底？若跟我說，能辦到的，我一定想辦法替妳解決！」香奈臉頰潮紅，隔了半天說不出話，躊躇搖頭：「沒…沒什麼…我想睡了，天氣冷了，妳也趕緊回去山洞吧，免得著涼！」

梧桐原先只盼對方能夠道出真情，瞧她微笑不語，究竟有什麼事藏在心裡也看不出端睨，一時無法猜透，有點失望：「香奈姐姐…」

夜光下星雲爍閃，海風吹來，枯葉飄向了天空往下落墜，淹沒在一波波的海浪之中。隔日清晨，四人起個大早，放眼張望，島嶼的翠林中有叢鳥啼鳴。這樹林佔地甚廣，奇花異草，瓊瑤如茵，彷彿一張綠油油的絨布罩在大地。

龜靈山的峰頂清晨起霧，犬犽一行人向山坡下走，彷彿行在雲端。風羌揹著箭筒，走在前方引路：「山神廟就在前方不遠了，我們走快一點！」沿途雜草叢生，崎嶇偏僻的山路長滿荊棘，犬犽低頭一看，山坡下隱約可見一座神廟。

背後的樹林沙沙聲響，梧桐回過頭看：「咦？」六個黑影忽撞出草叢，口吐白沫，叫：「殺！殺！」香奈和梧桐嚇得花容失色：「啊！怎麼回事？」、「犬犽哥！」犬犽細看清敵人面貌，立刻分辨：「是金老爺船上的人！」風羌反應敏捷，從竹筒抽出羽箭，擋在三個同伴前：「退後！」六個舵夫雙眼翻白，喊：「殺！殺！」

犬犽愈看愈奇，見那幾個舵夫似乎想攻擊自己：「香！快帶梧桐妹妹退後！這裡讓風羌大人和我應付！」六個舵夫飛撲來咬：「殺！殺！」香奈呼應：「犬犽！」風羌舉起長弓，速如擎電的出羽箭：「大家後退！」

那疾箭掠身飛過，咻咻射倒四個舵夫，其餘兩人飛撲來，張口想咬犬犽：「殺！」風羌搶佔優勢，射倒四人立刻又拋弓進攻，雙手扯住兩個舵夫，旋圈一轉：「跪下！」

兩個舵夫肘臂脫臼，哀嚎幾聲仍喊：「殺！殺！」犬犽嚇得不知所措：「風羌大人！」風羌毫不理睬，見兩個舵夫張口想咬自己的手腕，迅速從腰帶抽出兩柄短刀，照向咽喉戳下：「躺着！」

兩個敵人血染全身，躺臥在地就此不動。犬犽見那六個舵夫雙眼翻白，模樣簡直和殭屍沒啥兩樣，嚇得瞪大眼看：「這幾個人怎麼會這樣？他們怎了？」風羌收起短刀：「難道是屍變？」犬犽驚訝：「屍變？怎麼可能！」香奈喊：「你看清楚！他們的樣子根本不像活人！簡直就是喪屍啊！」犬犽不可思議：「這世上怎麼會有殭屍？」梧桐問：「犬犽哥，難道是昨天金老爺的寶船沉沒，這些人在海裡溺死，引起屍變？」犬犽滿臉疑惑：「怎麼會？這實在太可怕了！」

香奈問：「犬犽！你記不記得，當我們帶著如意風火輪，去蓬萊島找白雲郡主的時候，也遇過類似的情況？」犬犽經由提醒，記憶中似乎很有印象：「嗯！我想起來了！好像是有這麼回事！」風羌打斷對話：「閒話先不多講！我們還有更重要的事情要辦，三位趕緊跟著我來！」犬犽點頭：「好！風羌大人請帶路吧！」

風羌引領三人穿越樹林，來到山神廟門口，門檻上有塊大匾額刻著「天地山海」四個大字。桌壇上擺置一隻石龜彫像，香奈站在廟外問：「就是這地方了嗎？」風羌點頭：「捆仙繩就埋在桌壇底下的石磚。」

犬犽捲起袖子：「我來和你一起搬嗎？」風羌點頭：「好！」二人雙手一沉，小心翼翼的搬移壇桌：「我的媽啊！這張桌子怎麼那麼重？是鐵鑄的嗎？」風羌飽吸口氣，漲紅臉頰解釋：「因為桌上的石龜很重！」

他們把壇桌移開，風羌左觀右顧搜檢幾回，掏出鐵椎敲打地板，石磚龜裂，露出一個小洞。梧桐和香奈圍觀問：「是埋在這嗎？」風羌小心翼翼的揭開地磚，挖出一包牛皮袋說：「這就是捆仙繩了！」犬犽道：「那我們趕緊去找嬋郡主吧！」

神廟門口忽有個青年迎面走來，詫異叫：「咦！怎麼會是你們？」四人轉身一看，見那青年目秀眉清，相貌斯文，正是好久沒見的月祭，犬犽和香奈驚呼：「啊！月祭？」、「是那個賞金獵人！」

風羌謹慎防備：「他就是你們說的那個竊賊？」犬犽不曉得該如何答：「扼…」香奈直言：「沒錯！就是他！當初他想偷竊神器！」月祭也不生氣，冷笑：「原來你們一直在背後說我壞話？」香奈反駁：「胡說八道！我們可沒誣賴過你，這是事實，你分明就是想偷東西！」

月祭曾遇上宮本武藏，防身用的折疊鐵扇被草薙刀砍成兩截已經壞損，這時又換一柄新的，掏出來道：「要打嗎？看來又是沒法避免的一戰了。哈！」風羌將牛皮袋、金鵰弓和箭筒放置在地上，赤手空拳，準備迎敵：「三位請後退！」

犬犽一個幌眼，忽跳到同伴面前：「風羌大人！我有個請求，這人讓我來應付吧？」風羌豁一怔：「咦？」犬犽解釋：「這人曾是我的旅伴，況且我還有事想要問他。」風羌退後幾步，站在旁邊審視：「那好！我暫不插手，但若三位有危險，我會立即阻止他。」

犬犽的心中滿是疑惑：「月祭，你為什麼會出現在杏花鎮？」月祭笑：「這還用問嗎？我可是賞金獵人呢！有寶物的地方，就會有我。」香奈驚呼：「啊！犬犽！那艘樓船！船上滿載著珍珠和瑪瑙！」犬犽恍然大悟：「金老爺的私人寶船，是被你挾持的？你就是那個水賊？」月祭哈哈一笑：「水賊？雖然我是賞金獵人，在四國各處搜尋昂貴值錢的東西，但我可不像強盜，放火殺人的勾當我沒興趣。」犬犽問：「既然你沒有挾持樓船，為什麼船上紛紛有人跳海，跳海時還一邊喊著水賊打劫？」

月祭回顧記憶，描述：「當時我悄悄上船，溜進了寶庫準備要收集寶物，誰曉得那船上似乎還有其他內賊。許多隸工被砍成重傷，到處都是血跡，我躲在倉庫觀察情勢，卻不慎被反鎖寶庫。這艘樓船原本是要往東海去的，後來不曉得為什麼突然轉舵，往這島嶼的方向駛來。」

眾人聽得一團迷霧，均想：「難道水賊也曉得龜靈山這地方？」香奈忍不住插嘴：「胡說！你說謊！你肯定是在跟蹤我們！若你只是純粹尋寶，怎麼會恰巧尋到這座島嶼上來？」月祭敘述：「當時我被反鎖在寶庫，聽見牆外有人呼喊水賊殺人，突然地板一震，整個船體斷成兩截，一隻海怪把樓船捲下海底。我被水流沖上海面，索性抓著浮木，才逃到這座島嶼。」

香奈叫：「這事情也太奇怪了，我才不信！」月祭說：「妳信也好，不信也罷，總之我都已經實話實說了。」風羌和梧桐也是半信半疑，均想：「水賊若是要搶珠寶，挾持樓船駛回賊窟就好，為什麼要跑到這邊？」

犬犽聽他供辭肯定，毅然點頭：「月祭，我相信你所說的，但那個水賊究竟是誰？你逃出樓船之後，有沒有看個清楚？」月祭看了地上的牛皮袋一眼，反問：「那包東西也是萬古神器吧？」香奈道：「犬犽在問你話！」月祭搖頭：「我可不是罪犯，你們沒資格審問我任何問題。」犬犽說：「我不是在審問你，我們只是想了解真相。」月祭道：「你既然那麼想知道真相，不如我們來打個賭吧！」犬犽愣：「什麼賭？」月祭說：「我們兩個來比劃，若是你贏了，我就把真相告訴你聽，若是我贏，那個牛皮袋就歸我的，如何？」

風羌瞪大圓眼，阻止：「絕不可能！我絕不允許有人拿四國的和平來當賭注，捆仙繩萬萬不可交給這人！」犬犽說：「風羌大人，你別擔心，我也是懂得衡量輕重的人。」月祭笑：「哈！看來這交易是沒得談了？」犬犽道：「月祭，你把實情告訴我們，我就拜託風羌大人別為難你，讓你和我們一起上船，離開島嶼。」月祭說：「樓船沉沒的時候，有許多救命竹筏被浪濤沖上岸邊，我只需要靠著那些救命竹筏，就可以離開這島了，何必低聲下氣拜託你們？」

風羌一個健步，擋在神廟門口：「既然如此，那只好要你留下來了！」月祭冷笑：「嘿！以眾欺寡嗎？」犬犽吩咐同伴不要出手：「風羌大人，為了公平起見，他讓我來對付就好！」月祭點頭：「你還算得上是個明理之人。」

犬犽凝氣提神：「你出招吧！」月祭一個快步，手持鐵扇撲向前：「叫你見識看看我的厲害！」犬犽向後倒退：「我和你無怨無仇，沒必要鬧得那麼僵！」月祭揮舞鐵扇，想砍敵人的腳踝，不料犬犽突然變招，雙膝一緊，夾住自己的手腕。

月祭抬不起右腕，伸出左手接住鐵扇想砍敵人：「可惡！」犬犽一個翻滾向後躍開，月祭揮扇砍空，犬犽見他勁煞不住，忽從腰帶抽出魚網轉旋一圈，捲著鐵扇，牢牢綁縛。

那魚網縛著鐵扇，二人僵持不下，誰都不肯退讓。雖然月祭的武藝不輸對方，可惜犬犽依賴打魚為生，因此力氣較大，被猛烈一扯拉飛過去。月祭抬起雙腿，在對方的胸脯連踢數腳，犬犽被踢得熱血上湧，向後倒退，手中的魚網一撕為二，斷成兩截。當下難以招架，向後連退幾步，喘息：「痛死人了！」

月祭一個健步，躍上木樑：「我奉勸你一句！別多管我月祭的閒事，免得捱揍。」犬犽看準敵人方位，飛快繞著圓柱旋轉幾圈，也爬上樑柱：「我可還沒認輸呢！」月祭飛躍木樑，在欄杆一踏一踩，犬犽追在背後喊：「別想逃掉！」月祭察覺不妙，反手回擊，二人拳腳相交，一股熱流衝得氣血亂湧，雙方往相反方向彈開，墜下一樓。

神廟內聽得碰撞聲響，二樓的屋檐被撞出窟窿，犬犽和月祭摔在地下，均是受了傷半句無言，抱著腦袋只叫頭疼。香奈和梧桐喊道：「犬犽！」、「犬犽哥！」犬犽撫著額頭：「妳們別過來，我能應付！」月祭跌在桌壇前，灰頭土臉的站起身：「好傢伙，要開始認真了嗎？」犬犽把衣服紮在褲帶：「那當然！」

月祭左看右看，從桌壇旁邊折斷一根桌腳，護住胸膛：「好！那就來吧！」犬犽向前飛撲：「小心了！」月祭揮舞木棒：「嘿！看你怎麼逞強？」那根桌腳打在對方的膝蓋立刻斷裂，犬犽強忍疼痛，迴旋一踢踹中敵人的臉頰，月祭被踢得向後翻飛，背脊撞斷了神廟桌壇，痛得幾乎暈去。

犬犽膝蓋受傷，痛得跪在地上站不起身，月祭則是撞翻桌壇，弄得木削滿堂紛飛。梧桐和香奈搶前叫：「犬犽哥！你怎麼樣？」、「犬犽！壓住他，別讓他逃！」犬犽踏出兩步，膝蓋疼痛又跪著站立不起：「可惡！痛死我了！」

風羌飛身一躍跳到面前，忽伸出右手捏住敵人的脖頸，質問：「說！那個水賊究竟是誰？」月祭的脈門被人扣住，喘不過氣：「我…我不知道…」風羌認定他在說謊，手指掐得更緊：「那個水賊長什麼樣子？」月祭臉頰漲紅：「咳咳…我說我不知道！」

正想拷問，神廟外忽有個年輕女子迅速跑來，抄出八枚鐵椎，擲向風羌的後腦：「嘿！去死吧！」犬犽、香奈和梧桐驚叫：「小心！」風羌回頭一瞥，見那暗器射得勢急，急忙放鬆月祭，袖臂一捲全數擋下：「什麼人？」月祭一屁股跌倒在地，抬起頭看，迎面有個女子躍進門檻。那位姑娘鴨蛋臉兒，身穿一件黑色飛魚服，黑褲搭配長靴，正是暗行御史的多蘿蘿。

眾人見到女子，均嚇得退後兩步，犬犽驚訝：「是暗行御史！」多蘿蘿道：「可惜啊！真可惜！那暗器沒打中你的腦袋嗎？」犬犽喊：「風羌大人！你的手臂！」風羌回答：「一點小傷，不礙事的！」

八枚鐵椎刺進右臂，顯然受傷不輕，風羌的袖袍血跡斑斑，忍痛戒備：「妳先前竟敢在懸樓殿搗亂？」多蘿蘿道：「你們這些傢伙在天山逼我使用引爆符，那威力把懸樓殿炸成廢墟，害我和貊走散了，剛才又殺掉我的偵查傀儡，是存心與我作對嗎？」犬犽反應不過，思索：「咦？什麼偵查傀儡？」香奈截斷話道：「殺人兇手！你是怎麼找到我們的？」多蘿蘿解釋：「告訴妳也無妨吧！我用引爆符逃出懸樓殿，原本受了點傷，想躲在森林暫時修養，好死不死又撞見你們，因此沿途跟蹤你們來到這裡。」

風羌撫著右臂，警戒問：「原來如此，妳就是那個水賊？」犬犽、香奈和梧桐均是恍然大悟：「原來是妳？」多蘿蘿哈哈一笑：「我見岸邊停泊許多船隻，挾持隸工跟蹤你們，若有不從的，我就一刀殺掉。」犬犽問：「妳挾持了金老爺的寶船，所以才會一直跟在我們後面？」多蘿蘿回答：「金老爺是誰我不認識，不過我的確是挾持了一艘寶船。那樓船中看不中用，什麼好處都沒有，只有一堆會發亮的石頭，我真後悔沒選小船。它除了船體堅固，速度簡直跟烏龜沒啥差別，被海妖糾纏住，想逃都逃不掉。」

原來，當初多蘿蘿挾持了樓船，一旦有不從者，就殺頭警示。後來樓船體積龐大，轉移了章魚海怪的注意力竟被攻擊，犬犽和同伴才僥倖逃脫。許多隸工趁亂跳海，免得被多蘿蘿一刀殺掉，因此才聽見有人喊說船上有賊。

月祭聽到這邊，忍不住想笑：「妳也是抓著浮木逃上島嶼的吧？還是妳搭著救命竹筏逃走的？」多蘿蘿瞪一眼：「少囉嗦！等我殺了他們，再解決你！」月祭急忙撇清：「尋寶是我的職責，我跟這四人毫無關係，妳要找萬古神器找他們就好，我沒打算跟妳搶奪。」香奈罵：「見風轉舵，你這小偷真是卑鄙又膽小！」

多蘿蘿又從口袋抄出鐵椎：「剛才是僥倖，這次看你們還躲不躲得掉我的暗器？若不想死，就乖乖把捆仙繩交出來。」犬犽道：「妳別想了！捆仙繩是要帶回去給嬋郡主的，絕不可能交給妳！」多蘿蘿悶了聲：「哼！你們害我損失一件桃紅戰袍，損失偵查傀儡，又被海水淋得濕透，打算怎麼賠償？」

風羌對犬犽、香奈和梧桐吩咐：「這個暗行御史讓我應付，你們保護好嬋大人的萬古神器！」犬犽道：「風羌大人！我來幫你！」風羌搖頭：「嬋大人吩咐過我，我的職責是保護你們，你們千萬別出手！」多蘿蘿仰頭一笑：「這次難得大家都聚集在此？哈哈！真是螳螂捕蟬，黃雀在後啊！那我就將你們全都解決吧！」風羌怒道：「哼！那也得看誰才是黃雀！」多蘿蘿低鑿妝飾，格格一笑：「廢話少說，你先來攻擊我吧！」

風羌雙足一蹬，撲去：「好！」多蘿蘿飛身一跳就有兩呎，連竄帶縱的躍上樑柱：「快來追我！」風羌追趕在後：

「別只會逃！」多蘿蘿放緩腳步，沿著木樑穿梭：「先追到我再說！」風羌的手臂受了傷無法射箭，況且擠在窄廟也不能使用金鵰弓，挺起左手防禦護胸：「咦！這人在跟我拖延時間嗎？」多蘿蘿嘻皮笑臉，忽抄出五枚鐵椎射向背後：「哈！你還挺不賴的嘛！」

暗器迎面飛來，風羌大吃一驚：「糟糕！」將身伏低，空轉個雀地之勢，五枚鐵椎平身飛掠，釘在木樑。多蘿蘿趁亂跳下屋檐，滾翻幾圈化開了落墜之勢，風羌依樣畫個葫蘆往下跳，誰知視線突然變得模糊，腳沒站穩，跌倒在地。

犬犽、香奈和梧桐甚為詫異，睜著圓眼：「什麼？」多蘿蘿一見敵人摔倒，哈哈大笑：「你不會走路的嗎？」風羌口乾舌燥，嚥一口唾液，吞下肚腹：「怎…怎麼回事？」多蘿蘿假意不解問：「怎麼了？你身體沒有力氣嗎？」

風羌半身酥麻，雙眼視線變得朦朧：「卑…卑鄙…妳…」多蘿蘿樂津津笑：「是了！你怎麼曉得我的鐵椎上沒有毒呢？」風羌擦拭額汗，臉頰弄得全是血跡：「妳…妳果然在暗器上塗了毒？」多蘿蘿微微含笑：「你們這夥人是從天山懸樓殿來的，嬋郡主在四國境內近遠馳名，可不好惹，我還是讓你們離去為妙，你說是不是呢？」風羌向前一撲，揮打敵人：「可…可惡！」

多蘿蘿從身畔掠過，探出兩指點在他右臂的天池穴，風羌吃痛怪叫，多蘿蘿又戳他腹下衝門穴，風羌膝蓋一軟，跪倒在地。犬犽急追來叫：「快放開他！」可惜動作太遲，多蘿蘿迴旋一踢，風羌向後飛出，撞斷樑柱，口吐白沫的倒在地下。

犬犽卯足拳力攻擊，多蘿蘿用力一跳飛上屋檐，躲避：「哈！我勸你還是省省力氣吧！那個毒藥發作之後，藥效就會擴散到四週經脈。用藥毒死你的同伴倒好，省得我費手費腳。等解決了他，再把你們三個殺了性命，吊在樹上。」

犬犽按住風羌的肩膀，扶他後退：「風羌大人！你撐著點！我替你搶回解藥！」風羌受了傷站不穩，臉白如霜道：「保…保護好捆仙繩…」月祭趁亂想走，梧桐驚喊：「啊！香奈姐！他要逃了！」香奈非常警覺，抄出飛鏢抵住脖頸：「想去那裡？」

三枚飛鏢架在項上，月祭不敢亂動：「你們的朋友受了重傷，你們不去關心他的傷勢嗎？」香奈把他扯倒，手肘彎曲壓在地下：「少囉嗦！你別想耍花樣！」眼前毫無善策，犬犽徬惶喊：「喂！妳塗什麼毒藥在暗器上？快拿解藥！」多蘿蘿站在屋樑上，捧腹大笑：「怎麼？昏睡無力，沒法解開了嗎？」犬犽又叫：「別那麼卑鄙！妳把解藥給我！」多蘿蘿反問：「你覺得我會那麼笨嗎？」

風羌被暗器射中受傷，雙眼惺忪，嗔怒道：「這人…這人心狠手辣，恐怕還有什麼詭計沒攤出來，你們三個千萬不可再上她的當！」多蘿蘿聽得一清二楚，不把那話放在心上，扮個嘴臉笑：「我們來做個交易如何？交出捆仙繩，我就給他解藥。」風羌雙腳酥軟，險些跌倒：「千…千萬不可以把捆仙繩交給她！」多蘿蘿微笑：「那也好啊！今天若能不費氣力就把你這個心腹之患除掉，那也挺好的，這樣日後再沒有人敢與我糾纏了。」

犬犽毅然站起：「好！我們來個交易，我們兩個公平鬥一場，若是妳贏，我就把捆仙繩交給妳。若是我贏，妳把解藥交出來，如何？」風羌阻止：「這柄萬古神器關係到四國和平，還有千萬百姓的性命，你絕對不能交給她！」犬犽眼神堅定的說：「連朋友都救不了的人，還空談什麼維護和平呢？放心吧！風羌大人，請相信我，我會打贏的！」

風羌的心中百感交集，嘴唇痲痺，也不曉得該如何答覆才好。多蘿蘿一個飛身跳下地板，點頭：「一言為定！」犬犽說：「就算妳能從我這邊奪走神器，也沒有用，為了維護四國和平，嬋大人他們遲早還是會找上妳的。」

多蘿蘿滿不在乎道：「隨便你怎麼說吧！總之！你們四個已經是走投無路。」犬犽盤算：「這個暗行御史武功頗高，但我不會射飛鏢，近距離鬥她終究不是辦法。況且那毒藥正在風羌大人體內發作，再過不久，恐怕就會毒發了，該怎麼辦好？」

多蘿蘿見他發獃，雙手一彎抄進袋：「暗器來了！看著！」五指挾起四枚鐵椎，投擲過去。梧桐喊叫：「犬犽哥！小心！」犬犽立刻回神，轉個半圈躲避開：「好險！」多蘿蘿又抄出兩枚鐵椎：「真敏捷啊！」

犬犽滑向右邊，抬起腳把桌壇踢個翻飛：「她射暗器我卻近身搏命，這種打法，遲早我先累倒的。」多蘿蘿又擲鐵椎，犬犽為救同伴，再把板凳踢個翻飛，桌椅和暗器相撞，搗成木屑，裂斷兩半。木凳滿堂飛舞，多蘿蘿左閃右躲，看不清楚前方視線：「哈！是障眼法嗎？」犬犽為拿解藥，一招旋乾轉坤，擊向敵人的肩膀：「有本事別躲！」

多蘿蘿看不清拳路：「這什麼功夫？」犬犽道：「八極螺旋！」多蘿蘿杏眼圓睜：「什麼鬼東西？」舉起雙臂擋架，一股強勢壓向胸口，多蘿蘿被震得向後滑行，背脊撞在牆壁，頭昏腦脹：「好傢伙！力氣真大！」犬犽靠一股蠻勁將她震飛，飛快又追上：「得趕緊結束才行！」

多蘿蘿身手矯健，在圓柱間東穿西梭，犬犽怕她又擲暗器，一時倒也不敢貿然衝動，謹慎的追在背後：「站住！」多蘿蘿雙手做爪，往肩脅抓下：「捆仙繩非我莫屬了！」犬犽一個掃腿，踢開手腕：「交出解藥！」多蘿蘿向後撤退：「哈！那也得看你的本事！」風羌視線模糊，有氣無力的喊：「這…這人太狡猾，給她逃走可難追回！快！你們別管我，保…保護好捆仙繩，帶回去給嬋大人！」

犬犽謹慎提防道：「風羌大人請相信我，我說過我絕不會輸的！」多蘿蘿抄出暗器，先射四枚鐵椎勢緩，再射三枚鐵椎勢急：「接我這招！」犬犽雙手著地一撐，在半空翻滾三圈，跳上木樑：「我該怎麼對付她好？」一眼覷定，瞥見神廟的屋頂被鑿出兩個大洞，顯然是風羌和多蘿蘿先前對招所破壞的，靈機一動：「不如就引她到這吧！」

多蘿蘿一個健步跳上木樑，抄出鐵椎防備：「喂！還不出來嗎？不擔心你的朋友？」犬犽站在木樑中央，挺胸道：「我在這！」多蘿蘿腳下移步，雙手握著鐵椎向前砍去，照向咽喉刺穿：「嘿！」

犬犽矮身一低迴避開，可惜動作太遲，肩膀還是被那利器劃破。多蘿蘿腰順風轉，迴旋又砍：「嘿！再躲啊！」犬犽抬起腳踢向她的手腕，那鐵椎拋飛了開，掉落底下。

多蘿蘿又從腰袋抽出鐵椎，向前直劈：「可惡！我就不信砍不中你！」犬犽抓她手腕，化個半圈向旁撇開，多蘿蘿三腳兩步踹向肚腹：「可惡！去死吧！」犬犽忍痛受了一腳，忽向後仰，屋頂破洞的陽光透射進來，多蘿蘿好生詫異，眼前忽變得照耀通明：「啊！」犬犽趁隙反擊，卯起蠻勁打她的肚腹：「這是替風羌大人還的！」多蘿蘿只顧閃躲陽光，忘記防備敵人，出其不意竟給擊中，天旋地轉的向後跌倒：「喲！」犬犽扯她肩膀滾出木樑：「下去！」

多蘿蘿一時不慎未曾提防，誰知對方站在陽光底下，等自己接近，陽光透過屋檐破洞從天空射下，立刻變得視線難濟。當下沒料此著，竟被打個措手不及，哪裡還有機會可閃？情急中竟被犬犽扯出木樑，墜往樓下。

二人在半空中纏成一團，多蘿蘿四腳朝天的摔到樓下，背脊撞裂了幾塊地磚，痛得爬不起身：「喲…」梧桐和香奈驚呼：「啊！」犬犽狼狽爬起，立刻掐住敵人的咽喉，灰頭土臉說：「妳輸了！還不快點交出解藥？」多蘿蘿動彈不得，躺在地上呻吟：「哎喲！你真卑鄙！你用陷阱欺騙我！」

犬犽反駁：「你把毒藥塗在暗器上就不卑鄙嗎？」多蘿蘿冷笑：「你又曉得那是什麼毒藥了？」犬犽罵：「我怎麼曉得？反正你快點把解藥交出來！」多蘿蘿道：「你不放開我，我怎麼給他解毒？」犬犽向後退開：「快替風羌大人解毒！」多蘿蘿向後一撤，身捷如猿的逃脫開，香奈驚喊：「犬犽！她想逃！」犬犽追趕：「糟糕！」

多蘿蘿抄出鐵椎：「嘿！你這人還真是蠢啊！」犬犽躲得稍慢，長袖給鐵椎劃出痕跡：「可惡！妳說話不算話！」多蘿蘿揮舞鐵椎：「胡說八道！看我劈開你的腦袋！」梧桐驚叫：「犬犽哥！小心危險！」犬犽叫：「別過來！」說時遲那時快，肩膀忽感覺劇痛，低頭看竟是鐵椎插在肩膀。犬犽又驚又怒：「妳真卑鄙！」

多蘿蘿先前受了敵人陷阱的羞辱，懷恨在心，刺他一刀後，逃出門檻：「嘿！抓不到我了吧？」犬犽氣憤不平：「妳這騙子，說話不算話！」多蘿蘿笑：「我不叫騙子，我名叫『多蘿蘿』，你好好記住啦！等你腦袋變聰明點，再來找我！」犬犽怒道：「妳快交出解藥！」多蘿蘿張嘴大笑：「哈哈！解藥？什麼解藥？我根本就沒有解藥。」犬犽驚呼：「什麼？」

多蘿蘿驕傲睥睨，佯著不瞧一眼：「哼！雖然人家都說我心狠手辣，起碼還算不上是卑鄙無恥之徒。好歹我也曾是狩獵族一流的傀儡師，不需要靠卑鄙手段打贏你們。放心吧！那藥是一般的迷魂藥，只會讓人昏睡，兩個時辰後自然甦醒。」犬犽半信半疑：「真的不是毒藥？」多蘿蘿瞇著眼笑：「這次算你僥倖贏了，我們走著瞧吧！」犬犽衝出兩步，企圖攔阻：「等等！」多蘿蘿矮身一低，衣褲連半點灰塵都沒沾染，竄出神廟：「再會！」

犬犽倉促跑去問：「風羌大人他怎麼樣？」梧桐立刻蹲下替傷者把脈，探出食指搭住風羌的脖子，在第六頸椎穴按幾下：「他好像真的沒有中毒，只是在昏睡。」犬犽問：「妳懂醫術？」梧桐解釋：「爹結識了幾位大夫朋友，曾教過我一點醫術。」

犬犽聽說風羌暫時無礙，放下心中大石：「可惜我沒捉到那個暗行御史。」梧桐道：「犬犽哥！你幫我一下忙！」犬犽點頭：「好！」二人合力把風羌翻面朝上，月祭在旁閒看野景，長吁短歎：「你們的同伴睡得可熟，不打算叫他起床嗎？」香奈用飛鏢抵住脖子：「你閉上嘴！這不關你的事！別亂動！」

犬犽分析情勢：「這地方太危險了，我們得趕緊離開龜靈山，去彩雲峽找嬋郡主，否則那些暗行御史又追上來，可就麻煩！」梧桐點頭稱是：「嗯！犬犽哥說得對！」香奈問：「這個傢伙該怎麼辦？」犬犽回答：「我們不能把月祭獨自一人拋在島上！」香奈臉色難為道：「你要把這個小偷帶上船？那不是引狼入室？」

「別管那麼多了！我們先離開這再說吧！」犬犽催促同伴，抓起金鵰弓和箭筒，又把捆仙繩綁在腰帶，引領梧桐扶著風羌離開神廟。香奈挾持月祭尾隨在後，五人在樹林兜個大圈，走下山坡，來到了礁岩海岸。梧桐問：「現在怎麼辦呢？」犬犽跳到水中，扯住繩索拉向岸邊：「先上船！」

五人登上甲板，犬犽拼命划槳轉舵，梧桐怔怔望著龜靈山看，見那島嶼山勢險峻，心想：「在這汪洋大海若沒一艘船，恐怕逃不出這座荒島了。」香奈挾持月祭站定甲板，向欄杆低頭一看，海中浪花沖刷上岸，遠處的浪濤滾打礁岩，激起怒流。犬犽邊攏船邊叫：「大家站穩，我們要離開龜靈山了！」

海風吹來，雲霧均被驅散，水船從岸邊蕩開，海風吹著眾人，心曠神怡。梧桐坐在旁邊觀察傷勢，見風羌睡得死沉沉的，終於能放鬆心情，當下梳凌雲髻把髮辮弄開，貌色顯得清新脫俗。

犬犽跑到船首，放眼瞻看，一望無際的碧綠海洋極為遼闊，便覺興奮叫：「你們看！好漂亮啊！」香奈雙眉微蹙，擔憂：「你別高興太早！這船上還有個賊盜，隨時都會對我們構成威脅。」月祭湊過耳邊，在旁閒說：「現在被人威脅性命的，好像是我吧？」香奈用飛鏢抵住脖子：「你住嘴！少囉嗦！」

月祭看她這般強硬脾氣，如敬畏天神一般不敢觸犯，梧桐轉個話題問：「風羌大人還在昏迷，如果我們又遇上海怪，該怎麼辦？」犬犽道：「別擔心！有我在，我會保護你們大家的！」

烈日當空，海面被耀照得清澈可見，輕船順著波浪起伏，犬犽閒來無事，躺在甲板發獃。水船東搖西晃，幾片浮木蕩在海中，梧桐詫異喚：「犬犽哥！」犬犽問：「怎麼了？」梧桐指著海面：「你們快看！」

犬犽、香奈和月祭仔細一看，忽見到處都是船骸與屍體浮在水面。那些屍體在水中浸泡一晚，腫如囊袱，還有浮屍呈現紫色，似乎是在水中溺斃而死。

突然一陣浪花打來，殘船的木板和浮屍蕩在海面，隨著潮水上下浮動。許多海鷗在空中盤旋，一見屍體，立刻飛下啄食。梧桐站在船上目瞪口呆，見了這光景叫聲不絕，犬犽也跑到欄杆旁圍觀，一時不曉得該如何是好，月祭首先開口道：「是那隻大海怪幹得好事吧？」香奈見那些屍體雙眸緊閉，嚇得肢體冰涼，似乎連心臟都要怦出來：「犬犽！我們快點離開！」

犬犽恍然回神，急忙衝到船桅，揚起帆蓬：「糟糕！這片海域是禁地，我們又闖入大章魚的地盤了！」正想把船移開，忽聽耳邊一聲海浪，離甲板百丈距離有個龐然大物載浮載沉，香奈嚇得呼喊：「犬犽！快走！是那隻大海妖！」犬犽察覺不妙，暗叫糟糕：「哎喲！完了！快點張篷！快轉向！」

大章魚突現原形，伸出觸角向上一抬，用力拍打海面。波濤洶湧，許多漂蕩的浮木都遭摧毀，海鷗鬧噪起來，屍體也不敢再啄了，成群結隊的飛向天空逃難。

犬犽猛轉舵位，反向划開：「梧桐妹妹！麻煩妳照顧風羌大人！」香奈見大章魚逐漸游近，臉色驚慌：「犬犽！牠追上來了！」浪花掀翻甲板，船邊突然湧起一股水流，潑得眾人淋淋漓漓。月祭掙身坐起：「要對付牠，你們需要我的協助！」香奈用飛鏢抵住胸口：「你別亂動！」月祭道：「這艘船若是翻覆，那大家就全都完了。」

犬犽叫：「香奈！他說得對！這個時候沒辦法再爭論了，我們需要他的協助！」香奈無可奈何，撤開飛鏢：「哼！你別給我打什麼壞主意！」月祭摩拳擦掌：「嘿！畜牲！看我怎麼把你這章魚翻在海裡，用水浸肚皮！」梧桐驚喊：「犬犽哥！小心！」

大海怪的觸角向水面一拍，滾滾浪濤把帆船沖得左搖右擺，犬犽被那勁勢彈出欄杆，急忙在空中扯住纜繩，旋轉半圈，踏在甲板：「好險！」木桅裂斷，風帆落墜，把船艙砸破一個大窟窿。

月祭和香奈都被震得跌倒，繩索飛脫，扯向海中，犬犽健步如飛的向前一滾，站立起身：「梧桐妹妹！快扶風羌大人進艙！」梧桐搭著風羌的肩膀，吃力攙扶：「我…我知道了！」月祭喊：「喂！這船上有沒有刀？」香奈罵：「真是蠢蛋！又不是海盜船，怎麼會有刀？」月祭莫名其妙被罵，反問：「那要怎麼殺海怪？」香奈回答：「拿櫓和槳攻擊牠吧！」

月祭無可奈何，舉起木槳想攻擊章魚的觸角：「來吧！大畜牲！看我怎麼剖開你的肚腹！」浮木在小船週圍蕩來蕩去，突然一陣海浪迎面撲打，眾人被那浪濤打得濕漉，甲板又破一個洞，香奈伸手去抄暗袋：「糟糕！我的飛鏢都丟完了！」

大章魚在海上搗亂，五人被攻個出其不意，月祭拿槳去打，不慎被一根觸角掃中，倒在地下，爬不起身：「可惡！真敢打我？」梧桐扶著風羌走向船艙，滑一跤跌個四腳朝天，兩根觸角恰巧掃到，用吸盤將二人捲上天空。香奈驚喊：「犬犽！快救他們！」

這船上除了置備的魚網就只剩下木槳，犬犽焦急也掏不出什麼武器，靈機一動，忽想起腰帶上的捆仙繩，用力扯落牛皮袋，抽一鞭喊：「四象獸！出來吧！」

一陣海浪迎面拍打，兩隻海鷗從高空飛過，卻不見有什麼巨獸出現。犬犽怪眼圓睜，把捆仙繩甩一甩叫：「欺哄人的吧？哪裡有什麼四象獸啊？」香奈急叫：「喂！他們兩個要被海怪吞吃了，你還在幹嘛？」

犬犽睜大眼看著神器，見握柄處鑲了一顆鵝蛋大小的靈石，天藍如水，稀薄透光，似乎也沒什麼特異之處：「這是一根普通的繩子啊！我沒辦法召喚什麼四象獸！」香奈喊：「用心召喚牠啊！還記得白雲郡主怎麼跟我們講過的嗎？」

犬犽仔細回想，憶起白雲齋曾對自己說過的話：「這很簡單，你只要把神器握在手中，心裡想著召喚四象獸，牠的實體就會出現。」這下仿彿當頭棒喝，飽吸口氣，用力再把捆仙繩旋圈三轉，用力一抽鞭，喊叫：「四象獸！出來吧！」

海中突然湧起一團白霧，巨浪翻滾，洪水濤天。一隻烏龜體形大得駭人，甲殼如高山冒出海面，直達島嶼峰頂。頃刻間狂風驟起，水浪洶湧，大章魚被無數的波浪沖到遠方。犬犽、月祭和香奈均是看獃，見那隻巨龜連頭帶尾攪動海面，旋出許多渦圈，巨浪排打，殘船的斷木和浮屍都被拒出百里之外。

月祭見那巨龜軀體龐大，驚訝叫：「這隻海獸綠殼爍閃，難不成竟是傳說中海龍王的金鱉龜奴？」香奈破口罵：「胡說八道！你才是金鱉龜奴！他們都快沒命了，你還有心情頑笑？」

眾人的小船被龜殼頂在高空，顛簸不平。低頭俯瞰，可見龜靈山巒峰起伏，犬犽見大章魚在海中左飄右蕩，心中盤算：「梧桐妹妹和風羌大人有危險，我得救他們才行！」想到這邊，轉頭吩咐：「香！妳和月祭在船上等候，我馬上回來！」香奈驚問：「你打算怎麼做？」犬犽答：「我去救他們！」香奈攔阻：「你瘋了嗎？從這麼高摔到海裡，不死也半條命了！」

「放心！我會把他們救回來的！」犬犽見龜殼光溜溜的也不顧危險，跳出欄杆，往大章魚的方向奔去。他順著龜殼愈滑愈快，天空中的浮雲向後倒退，抬起頭看，忽見前方陽光耀眼，犬犽在空中翻滾三圈，往龜甲一踏，向上跳起：「梧桐妹妹！風羌大人！我來救你們！」突然眼前明亮，腳下盡是浩瀚汪洋，犬犽身在半空被高壓逼得無法喘氣，把捆仙繩疾風一抽，甩向章魚的觸角：「來對決吧！你這隻殃禍人間的大海怪！」

繩索往觸角旋纏兩圈，犬犽奮不顧身的撲向章魚，暗叫：「糟糕！」雙手死抓著繩子不放，迎面撞向了觸壁：「梧桐妹妹！快抓住我！」梧桐被黏在吸盤動彈不得，身旁是昏迷的風羌，驚覺：「犬犽哥！我們被黏住了！」低頭看兩眼，腳下波光倒影匯成一漣，幾粒沙石落墜萬丈，沉沒海中。

犬犽抓著捆仙繩一盪，跳向二人：「別擔心！我來救你們！」風羌迷糊甦醒，眼前一隻偌大巨龜：「什…什麼！是玄冥龜？怎麼會？」犬犽衣袖填風，驚喜叫：「風羌大人！你醒來了嗎？真是太好了！」

風羌掙扎想動，無奈肩膀和大腿黏在吸盤，硬是拉扯只會疼痛難當：「咦！怎麼會動不了？」犬犽滿頭大汗，緊迫也顧不得危險，張口往章魚的肉咬下：「可惡！」

章魚的吸盤被咬得滿是鮮血，犬犽毫無懼色，只管張嘴咬住不放：「快放開他們兩個！你這傢伙！」那觸角像是失去吸力一般，風羌和梧桐毫無防備，傾向前往下墜落。犬犽暗叫不妙，急伸出手：「梧桐妹妹！」梧桐五指一抓，對方手腕立刻皮破血流，犬犽疼痛難當，咬緊牙根：「絕…絕不放手…」梧桐驚魂未定，抓著手腕不敢鬆脫：「犬犽哥！」

風羌摔下半空，索性應變機靈，立刻抱住觸壁的吸盤：「你們沒事吧？」梧桐嚇得花容失色，狼狽又把手腕抓得更緊：「犬犽哥！」忽聽喀喇幾聲，犬犽的長袖撕裂，竟被同伴抓出五條血痕，忍著痛喊：「快！梧桐妹妹！抓住繩子！」梧桐抓著同伴不敢放鬆，僥倖碰觸到捆仙繩：「我抓到了！」

二人抓著捆仙繩吊在半空，像蜘蛛網高高懸掛，好似盪鞦韆一般。梧桐嚇得說不出話，差點兒就摔到海裡：「我…我好害怕…」犬犽叫：「風羌大人！我們現在該怎麼辦？」風羌回答：「快吩咐玄冥龜，送我們回牠的背上！」犬犽怪眼圓睜：「怎麼做啊？」風羌道：「當你手中握著萬古神器，你的心靈就會和四象獸聯結一體，你心裡怎麼想，牠就會怎麼做！」犬犽半信半疑：「真的嗎？」風羌叫

：「若在患難之日膽怯，你的力量就微小，但你因有指望，就必穩固，也必四圍巡查，坦然安息！」犬犽信心滿滿，大聲喊：「好！玄冥神龜！旋渦水柱！」

玄冥龜抬起前腳，一個撥浪姿勢往下拍打，海浪排蕩如山的迎面湧來，嚇得風羌、梧桐和犬犽扭身躲避：「抓緊！快抓繩子！」

海面上浪花激蕩，從頭頂淹沒，犬犽、風羌和梧桐被淋得一身濕透，模樣看來好不狼狽。天空一陣冷風瑟瑟吹過，三人悲歌淚彈，滄海一生不平事，盡在無言中。

犬犽滿臉濕淋，喊道：「風羌大人！你剛才到底說什麼啊？我聽不懂！」風羌解釋：「要知道學武之人最忌諱心浮氣躁，掌控四象獸的喚召師更是如此！先閉上眼，安靜你的心，然後再試試看！」

犬犽閉上雙眼，在這生死關頭精神專注，腦海忽又浮現風羌告誡自己的那段話：「若在患難之日膽怯，你的力量就微小，但你因有指望，就必穩固，也必四圍巡查，坦然安息！」腦袋忽變得明亮清晰，大叫：「水象通靈！玄冥神龜！旋渦水柱！」

海平面波光如漣，三道水柱升高百丈，洪波湧起，捲向天空。犬犽對同伴喊：「快跳上去！」風羌往那漩圈跳，水柱急滾翻飛，將他沖上十餘丈高。轟聲頓止，水柱突然往下一落，仿彿噴珠灑雪的散開，風羌做個翻身鷂子，安安穩穩的落在龜殼上。

梧桐見玄冥龜的形體大得駭人，又見旋渦水柱升高百丈，嚇得臉色蒼白：「犬犽哥！我好害怕！」犬犽拉住她手，向前一躍：「走！」二人同時往漩圈內跳，可惜加在一起身體負重，水柱急滾翻飛，在半空中濺散開。

兩人幾乎要摔下海中，犬犽暗叫不妙，連忙又集中精神喊：「水象通靈術！旋渦水柱！」海中波浪急速攪動，激成大急漩往中心匯流，梧桐和犬犽被那逆水沖上天空，雲起霧騰的掉在龜甲。梧桐飽受驚嚇，差點兒一跤跌倒，犬犽將她扶住：「妳沒事吧？」梧桐雙頰暈紅，搖頭：「嗯…」

香奈和月祭奔出小船，踏在龜甲追趕來：「犬犽！」、「喂！現在情況如何？」風羌吩咐：「快！趁現在快點解決，給牠致命一擊！」犬犽把捆仙繩轉旋兩圈，抽一鞭：「好！玄冥神龜！大力鎚頭功！」

眾人滿臉疑惑：「那什麼招術？」抬頭一望，玄冥龜抬起腳掌猛向下踏，大章魚的頭殼受不住巨力震撼，泰山壓頂的腦漿迸裂，口中咕嘟嘟直冒黑氣，沉到海底，再看不見。

香奈歡喜叫：「我們打敗牠了！」梧桐喊：「犬犽哥你好厲害！」月祭心裡暗詫：「玄冥龜的威力真大。」犬犽喘一口氣：「終於可以離開這了！」風羌吩咐：「大家快回船上！我們趕緊去彩雲峽和嬋大人會合。」

話說犬犽長期依海為生，對於海洋非常熟悉，想必是因為這個原因，所以駕馭海靈獸也特別得心應手。他們乘船回到了杏花鎮，犬犽撐著櫓槳，把行船移到旁邊，停靠碼頭附近。岸邊遊人如織，沿途的街鋪滿掛了燈籠，樓閣築立，私家碼頭仍舊停泊了許多船隻。月祭的雙手被麻繩綁縛，狼狽問：「喂！你們打算押我去哪裡？」

香奈見他倉惶之態，幸災樂禍說：「你這樣一個賊人若要活命，就只有送到地牢去住，照著常人傭工幹活一輩子，方可饒命！」月祭道：「天山懸樓殿的嬋郡主一向光明磊落，馳名天下，難道她的手下會白白折磨死我這樣一個落魄之人嗎？如此行徑，在四國境內傳開了，只怕不太好聽。」

香奈怒罵：「我們和你有什麼情誼？你想從我們這邊偷走神器，你以為我不曉得嗎？」月祭說：「像妳這樣霸道的女人，我還是第一次遇見。」香奈又罵：「你這賊盜既沒良心又沒廉恥，這樣不達時務，我非要叫衙門先把你杖刑一番！」月祭含笑不語：「嘿！」香奈問：「你笑！笑什麼笑？有什麼好笑？」

犬犽道：「月祭，當初你偷走如意風火輪的事，我們已經不跟你追究了，你若擔心四國安危，就應該與我們一起協力合作。」月祭說：「尋寶是我的興趣，跟你們一起合作，只會對我礙手礙腳。」香奈怒氣填胸，大罵：「你這傢伙，偷竊人家東西，竟然還說得頭頭是道？」犬犽連忙勸阻：「香！妳冷靜一點！別衝動！這傢伙殺他不得！否則連妳也要受到牽累！我們去衙門陳情告狀，自有官司會審批他！萬萬不可意氣用事！」

月祭故意激她：「妳不打我了嗎？」香奈罵：「賊盜！你若再喧嚷，我把嘴巴割下，叫你變成啞巴！」犬犽強壓同伴：「香！」月祭故意又笑：「若是要斷我性命，須得砍了手腳，妳只把我嘴巴割下，有何用處？」香奈被激怒叫：「好！既然如此，那我便如你所願！」

月祭向旁一滾，忽把雙手伸進懷中，摸出藥彈：「嘿！我們後會有期啦！」犬犽和風羌均詫：「糟糕！」月祭把藥彈擲在地上：「哈哈哈！真是可惜！」

風羌追上前想捉人，不料藥彈墜在甲板，爆出許多煙霧。眼前朦朧一團，混亂之中聽見香奈喊：「可惡！那賊逃跑了！」、「咳咳…犬犽哥！你們在哪？」、「糟糕！看緊捆仙繩，別讓小偷搶走！」霧裡傳來噗通一聲，月祭已經跳到海中，潛水躲避。

那煙霧把視線全都遮蔽，月祭利用煙霧彈逃跑，便如生了翅膀，在雲端消失不見。待得煙消霧散，月祭早就已經不見蹤影，香奈氣得捶胸，對著天空叫：「可惡！那賊好狡猾，居然用無恥的招數逃跑了！」梧桐問：「風羌大人！我們要不要去追他？」風羌搖頭：「來不及了！我們還有更重要的事情需要完成，等解決了暗行御史，再搜那賊。」

香奈咬牙切齒道：「那賊陰險狡猾，若是躲起來，日後可說是後患無窮。」犬犽安慰：「算了吧！香！我們雖是遭他計弄一場，如今也算學個經驗，日後再遇上月祭，也懂得如何應對了。」香奈道：「豈有此理！那賊用計脫走，日後上街害人，你還有心說這番太平話嗎？」

犬犽安靜閉嘴，也不再與她爭辯。風羌吩咐：「三位！時間緊迫，我們趕緊啟程去彩雲峽，與嬋大人和雷少主會合吧！」犬犽和梧桐異口同聲：「好！」

第十章 海棠的動機

四人登岸，風羌引領犬犽、香奈和梧桐穿越了市集，離開杏花鎮。屈指計算，此時相隔去到龜靈山的時間，大約經過了二十幾日。這天黃昏，樹梢上翠影搖曳，幾隻野鳥振翅驚慌，往樹外飛逃。溪澗的山路崎嶇，風羌用金鵰弓撥開草叢，犬犽、香奈和梧桐尾隨在後。

天空朦朧，土濕泥滑，南北兩邊皆有峽谷。「彩雲峽就快到了！」風羌停下腳步，指向前方一座鐵鎖橋又問：「有人累了嗎？要不坐下歇息？」犬犽、香奈和梧桐均搖頭：「不累。」香奈喊：「咦？你們看！」

山崖對面殘留兩行腳印，疑是有人經過，風羌沉思：「是嬋大人和翠雲少主嗎？難道他們已經來了？」犬犽興奮不已，一個健步跑到鐵鎖橋的彼端，高聲喚：「大家快過來！」香奈邊走邊說：「別跑太快，當心摔下山谷！」梧桐問：「犬犽哥！你看見嬋郡主沒有？」犬犽回答：「你們大家快跟上啊！」

舉目觀望，鐵鎖橋上橫鋪著木板，紋理粗糙，八寸厚度的吊橋高高懸掛。香奈率先走去，梧桐有點畏懼，扶著鎖鏈不敢放鬆。犬犽感覺新奇，一路在鐵鎖橋蹦蹦跳跳：「後面快走！快點過來！」香奈撒開嗓門罵：「找死嗎？別搖這橋！」犬犽未曾提防，一腳踢破木板：「哎喲！」風羌和梧桐異聲喊：「小心！」、「啊！犬犽哥！」

犬犽低頭俯瞰，見懸崖下雲霧飄渺，屁股打顫：「喲！」這下死裡逃生，安分守己的緊握住鐵鎖，漫步過橋。四人穿越了鐵鎖橋，又走半晌，風羌用金鵰弓指向北邊：「你們看！那邊就是彩雲峽了！」

犬犽、香奈和梧桐舉目眺望，北方山峰被霧遮蔽，朦朧的靄雲之中隱約可見四個大字透在霧裡，均想：「咦？那是什麼？」

刻痕入石三分，雲消霧散，字跡忽變得清晰。犬犽仰頭一看，左邊山峰刻著「天地」，右邊山峰刻著「山海」。四個字渾然雄勁，仿彿一幅巨匾懸在高峰，風羌解釋：「那四個字是祖先遺留下來的。」犬犽問：「這地方有什麼特異之處嗎？」

風羌解釋：「三年以前，四國和狩獵族的戰爭還沒結束，彩雲峽曾是天山國、翠雲國、蓬萊國和鬱樹國的中心交界處，只要敵人佔領這個地方，就能控制整個戰爭局勢。因此嬋大人和其他三位郡主分別都曾差派大批軍隊，鎮守在此。」犬犽道：「真是厲害！」風羌又說：「彩雲峽的岩石堅固，山路險阻，即使是敵人千軍萬馬也不易攻陷。可是若一旦失守，通往四國的大門就會立刻敞開，因此兵役的統制在這防守格外謹慎。」香奈轉身對三人叫：「你們快看！前方那人是誰？嬋郡主嗎？」犬犽圓眼一睜：「咦！那什麼人？」

雲霧朦朧，隱約可見兩個男子頭戴斗笠，身穿篷衣，木柴堆聚圍個小圈坐在地上。營火堆前烈燄騰騰，怎知忽有風吹來，其中一人被黑煙薰得滿頭灰土，捂著嘴巴咳嗽：「咳…咳咳…咳…可…可惡…」

另個同伴把唇齒湊去，幸災樂禍的笑：「忍者！你真是笨，怎麼坐在順風的位置？風吹來了都不曉得哩！」男子咳嗽，勉強睜眼：「誰…誰曉得風會往我這邊吹？」

迎面又是一陣大風把煙捲飛，二人直嗆著咳嗽：「咳咳…浪人！你還不是？」、「可…可惡！怎麼突然轉了風向？咳…咳咳…」兩個男子被薰得難以目視，對那煙霧磕頭道歉，炭粉吸入鼻孔，灰頭土臉的只想流淚。香奈睜著杏眼，站在遠處驚呼：「哎呀！犬犽！是那兩個奇怪的傢伙！」

兩個篷衣男子坐在路邊歇息，一見風羌四人走來，瞪大怪眼看著犬犽和香奈：「咦？你們…」宮本武藏滿腹疑心，叫：「你是那個打魚的？」犬犽謹慎防備：「你們有什麼事情嗎？」宮本武藏摩拳擦掌：「嘿嘿！忍者，我們有朋友來拜訪了！」猿飛佐助相視一笑：「是啊！怪不得這麼眼熟？」宮本武藏笑呵呵問：「打魚的，你來找我們兩個練功嗎？」犬犽退後一步：「不是啊！你們兩個怎麼會在這邊？」

宮本武藏解釋：「聽人說彩雲峽是因為山靈水秀而聞名，時常有俠士高人聚集在此。忍者與我為了要成為天下第一的武行者，因此來這修行。怎麼？你們幾個也是來練功的？」香奈聽他口出狂言，冷笑：「胡說八道！就憑你們兩個垃圾，也想成為天下第一？」

宮本武藏和猿飛佐助頓時變臉：「忍者！我沒聽錯吧？她罵我們是垃圾？」、「可惡！小鬼！妳說什麼？」犬犽急忙替同伴打個圓場：「她是說出色，你們兩個武藝出色！」宮本武藏想要揍人：「你說謊！我明明聽見她說垃圾！」犬犽一時也沒主意，胡言亂語的爭辯：「是出色！武藝出色！」

猿飛佐助兩道電眼如鷹一掃，冷森森說：「你們四個好大膽子，快點投降，否則通通各砍一隻腳！」宮本武藏掌聲如雷，笑呵呵說：「忍者，你別嚇唬他們吧！這些小鬼無將無兵的，如今再受你一番羞辱，怪可憐的！」

香奈罵：「你們兩個怎麼動不動就是砍刀殺人？簡直就是野獸畜牲！」宮本武藏和猿飛佐助獃望幾眼，面面相覷：「忍者！我又沒聽錯吧？她罵我們是畜牲？」、「可惡！小鬼！妳罵我們是什麼？畜牲？」犬犽大驚失色，再替同伴打圓場：「她是問你們何年何月出生！是出生！不是畜牲！」

猿飛佐助囉哩囉叱罵：「浪人！那個臭丫頭一番言語把我們兩個都給罵盡了，你覺得要不要剝她衣服凌辱一番，然後殺掉？」宮本武藏回答：「忍者！區區一個臭丫頭，沒必要與她計較，打爛嘴巴就好。」

猿飛佐助說：「這個臭丫頭頑強固執，我手好癢啊！若是不砍掉她一塊肉，難消我怒氣！」宮本武藏安撫：「忍者！咱們來到四國境內，動不動就會遇上這等惱人氣事，你爭我罵總免不了。我們既要當天下第一，就要學會忍氣吞聲。」猿飛佐助陰森森笑：「浪人！不如用繩索綁縛起來，賣了這丫頭去，從旁賺獲一筆銀子也討便宜，豈不美好？」

「那好！正巧缺錢花用！」宮本武藏怒髮衝冠，展開雙臂往敵人撲去：「可惡！小鬼！敢罵我們是畜牲和垃圾？捉了妳可要剝皮剔骨！」風羌飛身一躍，攔在面前：「三位請讓開！我來應付！」

猿飛佐助抄出隱霧飛鏢：「浪人！這個傢伙讓我搞定！」手腕一翻，四枚飛鏢挾著勁風射去，風羌踏個斜萬勢閃避，宮本武藏抽出草薙刀想砍腦袋：「別想逃走！」風羌撿起石塊，叮叮噹噹的把刀擋開：「你們兩個究竟什麼人？」宮本武藏回答：「你們若不快投降，瞧我把你折磨不成人樣！」香奈在旁觀戰：「你出生的時候，就長得不成人樣！」宮本武藏愣愣一怔，氣憤罵：「大膽狂徒！小鬼敢在嘴上討我便宜？」雙手揮舞著草薙刀砍得更猛，試圖把敵人砍個腦漿爆裂：「趕快領死吧！」

風羌冤枉被當成出氣袋，倒霉做了香奈的替死鬼，被那二刀流千人斬的劍氣籠罩，無法脫困。猿飛佐助抽出甲賀萬力鎖，對準腳踝投擲：「看你還能逃多久？」風羌左閃右避，側翻滾開：「三位！躲遠一點！」

犬犽見同伴有難，一個掃膛腿如電閃出：「喂！你的對手是我！」宮本武藏不曉得這是虛招，蹤身躍起：「可惡！你敢攻擊天下第一的武行者？」犬犽忽把掃膛腿轉變迴旋之勢向上一踢，對方正在講話，竟被攻個出奇不意，胸膛中腳，向後摔倒。

索性宮本武藏穿有貼身鎧甲，犬犽一腳踹去，仿彿踢到鐵板，強忍住痛：「哎喲！怎麼那麼硬？」猿飛佐助靈機應變，搶來追擊：「浪人！我們合攻小鬼！」宮本武藏的刀法一變，使出二刀流千人斬的必殺技封鎖左右，滿地飄花落葉被風捲起，沙塵亂舞：「嘿！小鬼！你逃不掉了！」

犬犽腳尖蓄力，一個鯉魚打滾躍上樹幹。他僥倖潛避，忙打滾四五圈，翻個筋斗化解重力。宮本武藏和猿飛佐助竭盡生平之力，均亮出刀想砍敵人的肩窩，誰曉得二人距離太靠近，照面撞個滿懷，跌倒在地。

二人撞到額頭痲痺，灰頭土臉的爬起身罵：「可惡！敢耍我們？非把你們宰了不可！」、「浪人！你怎麼樣？」、「廢話！這還用說？痛死人了！」風羌看兩人跌倒在地，當然是趁勝追擊，把指尖蓄力，朝他們的天靈蓋抓去：「納命來！」宮本武藏和猿飛佐助摟抱一團，怪叫：「好漢饒命！」

飛沙逆拂，犬犽連竄帶縱跳過來，舉起手腕擋架：「風羌大人！千萬不可！」風羌鐵青著臉：「這兩人發覺了我們行蹤，今日若不殺人，日後他們被暗行御史捉住，肯定會嚴刑逼問，泄露口風。」犬犽將對方的手臂扳開，忍著痛說：「風羌大人！你冷靜一點，他們兩個只是無辜百姓！」

宮本武藏和猿飛佐助嚇得兩腿發軟，跪地求饒：「求英雄饒命！」香奈呵呵笑：「怎麼幾個月沒見，你們兩個的武功一點長進也沒有？」宮本武藏和猿飛佐助連磕響頭：「

四位大英雄饒命！」香奈笑說：「你們別謝我，風羌大人可還沒說願意放人。」

二人聽了這話，胸口如受重擊似的，如癲如狂再磕幾個響頭：「大英雄饒命！四位大英雄饒命啊！」犬犽擋著風羌：「你們快走吧！我們不為難你們。」

宮本武藏和猿飛佐助千恩拜謝想要走人，背後忽有聲音喚叫：「且慢！」風羌表情凝重，又說：「那些暗行御史正在四國境內搜尋得緊，若找不到我們，肯定到處拷打盤問。你們兩個若被細查，不會洩露我們的行跡？」

宮本武藏和猿飛佐助嚇得磕頭：「四位英雄饒命啊！」犬犽問：「風羌大人！我請問你一件事情！」風羌道：「什麼？」犬犽問：「失去一個重要的人，那種感受，你可曾否體會過？」風羌說：「為什麼突然問這個？」犬犽解釋：「他們兩個也是有血有肉的，也有非常在乎他們的人，對那些人來說，他們兩個都很重要。無論是誰受傷害，那可都是終身恨事啊…」風羌黯然愧疚，點頭：「你們走吧！」

宮本武藏和猿飛佐助見犬犽極力阻止，勸服同伴手下留情，一時之間愣在原處：「這打魚的救了我們？」香奈罵：「你們兩個還不快滾？」宮本武藏喊：「喂！小鬼！你為什麼要救我們？」犬犽搖了搖頭：「我只是不想看見有人受傷。」

樹林突然傳來一個女孩聲音，笑嘻嘻說：「你還真是偉大啊？」風羌急忙抓起金鵰弓，抽出羽箭：「糟糕！難不成中了埋伏？」

一時之間白刃耀眼，有個黑影從高處落下，多蘿蘿的手中拿著鐵椎，身穿桃紅征袍道：「多虧你們天山懸樓殿那場戰役，害我用掉幾千張引爆符燒了紅袍，如今好不容易，終於又弄到了一件新的長袍。」

犬犽、香奈和梧桐均喊：「風羌大人！是暗行御史！」多蘿蘿揪著髮辮，唧唧噥噥的嘟著嘴嚷：「我說過我還會再回來的吧？」風羌墊腳換個雙人字步，攔截去路：「三位，快逃！」犬犽一把扯住香奈和梧桐的手，向後退避：「香！梧桐妹妹！我們快離開這！」多蘿蘿踏出腳步追趕：「嘿！想往哪逃？」風羌做個伏虎鶴行，衝到面前：「妳的對手是我！」多蘿蘿向左閃避，格格一笑：「就這麼一點招術？」風羌抽了羽箭，用金鵰弓瞄準目標：「別動！」

多蘿蘿一個飛身竄上樹幹，那羽箭從肩膀掠過，差點中箭：「好險！」風羌跟著躍上樹幹：「糟糕！不能讓她逃走！」多蘿蘿回頭驚看：「這傢伙速度好快！」
風羌持起金鵰弓向前一揮，對準敵人的膝蓋橫掃去：「給我下來！」

多蘿蘿在半空中換翻姿勢，橫越樹幹：「哈！」風羌掛在樹幹左搖右晃：「可惡！沒辦法靠近她！」忽覺腦後生風，兩枚飛刀投擲來，立刻鬆指，墜下樹幹：「咦！糟糕！難道還有同伴？」鯀站在大樹蔭下，陰沉沉笑：「嘿嘿嘿！那兩枚飛刀值個一千兩錢，免費送給你還不要？真不識貨！」風羌心想：「不曉得附近還有幾個埋伏？」落墜在地一滾，撿起碎石塞在腰袋：「這可以當作武器。」

鯀抄出飛刀，喚：「多蘿蘿，妳擋住他的後路！我從正面攻擊！」才剛講完，突然樹林中又冒出一個女子：「鯀！小心陷阱！」犬犽、香奈和梧桐看見女子，心中均詫：「是那個笙！」鯀一愣：「什麼陷阱？」風羌舉起金鵰弓，照面揮來：「鯀烈士！我們好久不見！」

鯀手持飛刀，雙臂交叉向前一擋：「嘿！風羌！那麼久沒見到你，腦袋變得不機靈了嗎？弓可不是這樣使用的！」風羌把金鵰弓擋住飛刀，另一隻手掏出碎石迎面砸去：「這個我當然曉得！」

鯀自恃武藝高強，平素與人過招多半萬無一失，沒料得風羌故意放個破綻。石塊熱辣辣的擊在臉頰，毫無防備，竟被砸中鼻樑，痛得他跌倒。多蘿蘿撥撩髮絲，哈哈大笑：「真是愚蠢！」鯀撫著鼻樑：「可惡！這個晦氣狗頭！」

笙一見同伴受傷，立刻也追上：「多蘿蘿！合力從左右包抄！快！」多蘿蘿回答：「我們不是同一列隊的，為什麼我非得聽妳不可？」笙狠狠一瞪：「哼！真是不懂得互相合作！」風羌趁機跳出圍困，衝向犬犽三人：「快走！」犬犽掏出捆仙繩，喊叫：「風羌大人！我來幫你！」

風羌一個飛身，落在面前，扯住手腕阻止：「不行！在這地方不能喚出玄冥龜！地勢太窄，我們都會摔下懸崖的！」犬犽立時醒悟，點頭：「我明白了！」風羌指著山上：「彩雲峽的高峰有個平坦高地，把他們引到那邊！」笙杏眼圓睜：「是捆仙繩！快追！」

多蘿蘿和鯀眼睛一亮，各抄出鐵椎和飛刀快步追趕，想從左右兩邊繞樹圍攻：「嘿！這次捆仙繩是我的了！」、「小鬼，貊怎麼沒有跟妳在一起？你們兩個又吵架了，是不是？」

犬犽拉住香奈和梧桐的手，沿著山坡向上奔馳：「快跑啊！他們追過來了！」風羌拿著金鵬弓，抽出羽箭射向背後：「我掩護你們！快走！」宮本武藏和猿飛佐助也嚇得追在背後，戰戰兢兢叫：「等…等等我們！」、「浪人！為什麼連我們兩個都要逃跑？」

森林中樹林茂密，三個黑影左穿右梭的愈靠愈近，梧桐香汗淋漓，喘不過氣：「犬…犬犽哥…我跑不動！」犬犽抬頭眺望，遠方一列飛鳥在高空盤旋，山峰被雲霧遮蔽，隱約可看見高原：「快！到了山頂，我們就安全了！」

宮本武藏怪眼圓睜，鼻孔淌著清涕叫：「喂！我們要逃去哪裡？」猿飛佐助見多蘿蘿從背後疾追上，嚇得拉扯同伴的肩膀：「浪人！」宮本武藏被勒住脖頸，喘氣不過：「混帳！你皮癢嗎？快放手！」

風羌抽出羽箭颼颼射去，多蘿蘿速度敏捷，擲出鐵椎：「嘿！看是誰準！」鐵椎被羽箭彈出樹林，落墜山谷，鯀從旁追上，又補三枚飛刀：「這次躲不掉了吧？」宮本武藏喊叫：「忍者！快點！暗器暗器！」猿飛佐助手忙腳亂的抓出隱霧飛鏢，亂擲一通：「浪人別吵！我丟了！我丟了！」

笙踏著岩石躍上大樹：「你們兩個左右包抄，我從空中攻擊！」鯀笑道：「妳總是喜歡單獨行動。」

風羌把金鵰弓瞄準樹幹中央，鬆開兩指：「下去！」颼一聲樹幹斷裂，笙的腳下沒處可踩，右腳在斷木上用力一蹬，連翻三圈，落在地下。宮本武藏忍不住豎起拇指，嘖嘖稱讚：「好箭法！」

多蘿蘿和鯀從背後追上，宮本武藏和猿飛佐助怪眼圓睜，嚇得轉身就逃：「快走！快走！」風羌抽出羽箭想再射笙，無奈鯀把手中的飛刀擲過來，只好閃避：「糟糕！被追上了！」

多蘿蘿的手中光影閃動，抄出鐵椎刺向肩膀：「哼！還想射箭？廢了你的雙手！」風羌飛身翻滾，從多蘿蘿的腹下滑過，抬起腳向上一踹，把她踢進灌木叢：「妳的動作太遲鈍了！」

鯀和笙靜觀其變，肩並肩靠攏著把敵人擋住，封閉去路：「風羌！那麼久沒見，你的武藝又進步了。」風羌抽出羽箭，拉弓撐開準備攻擊：「你們的心也被闇給迷惑了嗎？想當初大家是為了什麼理由，齊心努力保護著萬古神器，共同抵抗狩獵者的？」笙冷道：「風羌，我們的目標只有捆仙繩，把它交出來！」

風羌說：「若是鬧得到了萬古神器，會有什麼後果你們可曉得？笙！妳哥哥呢？難道妳對自己親人的安危都不關心了嗎？」笙沉默不語，緜壓低聲說：「笙，別聽他的，這人是在利用感情迷惑妳。」

風羌見她稍有猶豫，舉起金鵰弓攻擊，不料兩枚鐵椎從灌木叢射出，刺在手臂，痛得他拋下羽箭：「糟糕！太大意了！」多蘿蘿踏著快步，飛出灌木叢：「嘿！那一椎是還給你的！」

風羌被糾纏住，與其他同伴距離越遠，犬犽回頭一看，急忙撇開香奈和梧桐，對二人催促：「別停下來！繼續向山上跑！」香奈驚呼：「犬犽！你要去哪？」犬犽回頭叫：「別管我！快上山去！」猿飛佐助不敢停步，轉頭問：「浪人！打魚的小鬼要去哪裡？」宮本武藏回答：「忍者！別管那麼多，逃命要緊！」梧桐喊：「犬犽哥！」

犬犽奔下斜坡，腰勢一低從灌木叢穿過，飛腳踢向敵人的背脊：「風羌大人！」緜把視線全放在風羌身上，左右不防竟沒避開，身子向前傾飛，撞在草叢。

風羌原本被三個暗行御史圍攻，勢落下風只能抵擋，這時同伴來助，情勢逆轉。多蘿蘿記恨在心，氣憤憤罵：「嘿！哪裡冒出來的狗東西？」犬犽攙扶著同伴的手臂：「風羌大人！你怎麼樣？」風羌忍著痛說：「你…你為什麼回來？快逃去山上！你手中拿著通往四國和平的鑰匙，千萬不能落在他們手中！」

犬犽正氣凜然道：「連朋友都棄置不顧的人，還談什麼維護和平？」緜撫著肩膀，走出草叢：「現在是什麼情況？」多蘿蘿說：「你真倒霉啊！他誰不踢，偏偏踢你。」緜咬緊牙根，矯正顎骨：「我會償還給他的！」

犬犽扶著風羌站在中央，凝神望著笙看，眼前這女子雙眼明澈，直言便問：「妳就是雷昊大哥的妹妹嗎？」笙吩咐：「把捆仙繩交出來。」風羌攔阻：「千萬不能交給她！」犬犽把捆仙繩拿在手中，高高舉起：「妳想要這個？」

鯀和多蘿蘿圍繞半圈，迎面衝去：「快搶！」、「這小子想喚出靈獸，快阻止他！」犬犽把捆仙繩旋圈一轉，大叫：「水象通靈！玄冥神龜！」

彩雲峽底下的急流浪濤翻滾，半山湧起一團白霧，突然有巨大龜殼冒出森林，千奇百怪的飛鳥撲振翅膀，遠遠逃去。

那隻玄冥龜軀體龐大，方圓半里的土石全都像浪中雪崩，紛紛坍塌，山坡地也似波濤起伏，震裂下沉。風羌驚呼：「斜坡的土石承受不住海靈獸重量，全都會墜落山谷的！」

聲如轟雷，千丈塵沙捲上天空，玄冥龜一聲厲嘯，連著龜殼向山坡滑下。鯀和多蘿蘿見週圍峭壁側立，下臨深潭，害怕一個不慎摔落谷底，均是踏著快步，向上奔馳：「快逃！這山崖要崩裂了！」、「在這種地方召喚四象獸，簡直就是蠢蛋！」

玄冥龜體形大得駭人，壓倒千百畝樹林，一邊擺動著長尾一邊滑向懸崖。頃刻間地震山移，笙不顧危險，往犬犽和風羌追去：「把捆仙繩交出來！」犬犽曉得若給敵人追上，後果不堪設想，扯住同伴向山上逃：「風羌大人！你先走，我掩護你！」

風羌擔心他寡不敵眾，提起金鵰弓，連竄帶縱的跳上岩石：「接我一箭！」鯀和多蘿蘿勢落下風，不敢接近：「小鬼頭！小心那傢伙的羽箭！」、「廢話！這我當然知道！」

千百斤重的岩石從頭頂墜落，犬犽唯恐壓成肉泥，雙腳在落石用力一蹬，直衝天空：「糟糕！整座山都迸裂了！」鯀和多蘿蘿左閃右躲，紛紛避開落陷坍塌的石塊，抬頭一看，兩支亂箭迎面射來，多蘿蘿抄出鐵椎還敬，叮叮噹噹的擋開羽箭：「可惡！那傢伙真不怕死！」

鯀騰在半空，雙腳往岩石一踏，抄出飛刀：「我來對付羌左使！」笙喊：「鯀！別理風羌，先搶神器！」鯀不敢抗違，改變心意把三枚飛刀往犬犽擲去：「知道！」可惜算計不準，風羌的三羽流星箭射來，將飛刀彈出懸崖：「快帶著捆仙繩走！」

犬犽躍上落石，差點兒跌下山谷，撇頭一看，見笙、鯀和多蘿蘿窮追不放，風羌則試圖幫自己解圍，隨著危岩墜落峽谷：「風羌大人！」

懸崖邊的樹木擋不住岩石下墜之勢，從中折斷，多蘿蘿踩在落石打滾三圈，一個飛身又往高處跳：「這地方太混亂了，我先離開啦！」鯀和笙左右包抄，往犬犽追去：「可惡！笙！多蘿蘿又臨陣脫逃了！」、「別管她，先追那小子！」

危岩禁不住巨力重擊，玄冥龜拖著幾畝樹林塌陷下去，激起灰塵滿空飛灑，無數的黑影直往彩雲峽谷落墜。眼看懸崖被龐大巨獸平壓下，只怕沒幾千萬斤也有幾百萬斤重。犬犽見風羌隨著危岩掉落，把捆仙繩拋空一抽，捲住斷裂的樹幹，追向谷底：「風羌大人！」

砂石橫飛，幸虧鯀和笙的武藝不差，在空中比飛鳥還要靈活，腳下發勁，如鬼魅一般踩著落石東穿西梭，看準落腳處往斜坡一蹬，抓住藤蘿：「笙！妳怎麼樣？」、「別管我，海靈獸和捆仙繩摔下去了！」

鯀抓著樹藤懸吊半空，兩頰的黑鬢順風飛舞：「放心吧！玄冥龜死不了的！頂多是靈力耗盡，遲幾天才能再次召喚，待那小鬼摔個粉碎，我們再去溪流打撈捆仙繩。」才剛講完，突然有塊危岩從頭頂落墜，笙抬起頭看：「咦！又是落石！」拉著樹藤向外一蕩，借風阻力側過身軀，踩在落岩向山崖跳了回去。

鯀來不及躲，把十根指頭往岩壁一抓，插入三寸，整個腰身如壁虎盤踞，緊貼峭壁：「嘿！真是危險！」碎石從背後平身滑過，向下落墜，二人低頭俯瞰，巨大的玄冥龜摔出危崖，隨著無數黑點落在半空，瞬間消失無蹤。

崗巒環繞，山下是巍然壁立的峽谷，峰頂則是碧綠如茵的高原，長滿野參花果。放眼眺望，坦蕩蕩的雜草順風搖擺，如浪起伏，還有漣漪的環湖和磅礡的飛瀑襯托氣勢，隔世於外。

宮本武藏、猿飛佐助、香奈和梧桐不敢停頓，踏著快步逃上山頂。沿途顛簸陡峭，四人在那崎嶇山路兜繞幾圈，抬頭眺望，遠方的高山被雲海遮蔽，映照著岩湖和飛瀑，簡直就像瓊瑤仙境。

梧桐嬌聲喘息，邊跑邊回頭看：「犬…犬犽哥他…」香奈抄出飛鏢：「快找個屏障掩護，恐怕埋伏就要追上來了！」宮本武藏喊：「忍者！你那雙飛檐走壁鞋呢？快拿出來啊！我們用鞋子飛下山去！」猿飛佐助問：「浪人，什麼飛檐走壁鞋啊？」宮本武藏道：「你以前賭博輸了，窮苦潦倒又缺銀子，要我花錢跟你買一雙飛檐走壁鞋，籌錢還債。當時我不肯，你說那是一雙絕世寶貝，有了那雙鞋，想去哪裡就去哪，怎麼你不記得？」

猿飛佐助道：「哪裡有什麼飛檐走壁鞋啊？有這種東西，我現在還會在這裡修行嗎？早就發跡去做富豪了！」宮本武藏焦急起來，嗓門特高：「什麼？吹牛皮子！忍者！原來你以前欺騙我？」

猿飛佐助憤憤不平的說：「浪人，我之所以會有今天，還不都是你害的？」宮本武藏叫罵：「忍者！你別胡亂誣賴，我害你什麼？」猿飛佐助回答：「當初大家來四國一塊兒打天下，現在你當老大可威風啦！我卻還是貧窮潦倒，不怪你我怪誰？」宮本武藏怒氣沖沖道：「臭小子！你這小雜碎竟然不尊重老大，敢叛變我？」猿飛佐助回答：「浪人！你不知道凡我尊敬的，就是不尊敬，不尊敬的，才是真尊敬的嗎？」

宮本武藏臉色一沉，伸手去掐脖子：「你這隻老甲魚！平時聞屁清香，一見老大態度就變得謙虛恭敬，現在沒有好處，對我說話這麼惡劣？」猿飛佐助被掐得莫名其妙，撲向前抓住對方的肩膀：「你打我做啥？可惡啊你！」宮本武藏臉漲通紅，嘰哩咕嚕與他對罵：「你不知我浪人原則，我打你就是沒打你，沒打你才是真打你！」梧桐勸：「二位大叔！拜託住手！」香奈也忍不住罵：「喂！這般吵吵鬧鬧的，你倆究竟在幹什麼？」

宮本武藏掐著同伴脖子，尷尬解釋：「扼…這個…我在試他脖子多粗…」猿飛佐助心恨得癢癢，罵：「浪人！你這個糞便人！你這個屎尿人！」宮本武藏沉下臉色：「哪呢！你罵我什麼？」香奈破口大罵：「吵死了！大家都在擔心四國安危，你們兩個卻還在爭鬧什麼發財的事？你們真的應該都去吃些肥料狗屎，清潔良心！」宮本武藏和猿飛佐助聽了有些羞慚，把臉一紅，無言可答，梧桐焦急說：「糟糕！再不跑快一點，那些人就要追上來了！」

「妳說誰要追上來啦？」多蘿蘿滿臉土灰，一個飛身擋在面前：「你們四個想去哪裡啊？」香奈抄出飛鏢防備：「是妳！」多蘿蘿冷笑：「唉呀呀！人啊！真是天真，幹了點好事，總是想讓鬼神知道，幹了點壞事，總以為鬼神不知，妳說是不是呢？」

「妳胡說什麼？」香奈兩個健步奔向前，抄出飛鏢：「去死！妳這個殺人兇手！」多蘿蘿向後一仰，兩枚飛鏢平胸掠過，一腳踹在宮本武藏的牙齒：「嘿！想偷襲我？」

宮本武藏不及反應，半顆牙齒莫名其妙給打飛，不覺驚獃，捂著嘴唇猛抬頭看：「妳！妳做什麼打我？」猿飛佐助抽出伊賀秘刀，往她砍去：「可惡的小鬼！打了浪人便想一走了之？」多蘿蘿甩出紅袍長袖，旋圈一轉，牢牢勒住敵人的項上。猿飛佐助脖頸受縛，掙扎：「啊喲！浪人！救命！」宮本武藏伸出毛茸茸的大手，抓道：「可惡的小鬼！我宰了妳！」

多蘿蘿一腳踹中對方的胸膛，宮本武藏熱血上湧，向後一滾竟和猿飛佐助撞個滿懷。二人糾纏一團，跌倒在地：「哎喲！痛死人了！」、「浪人！你屁股壓到我的臉頰了！」

梧桐嚇得倒退幾步，指向懸崖邊喊：「香奈姐！妳看！」香奈撇頭一瞄，忽見鯀和笙身法詭異，迅速奔近：「留下這四個活口，若是那小鬼還活著，可以拿他們去交換捆仙繩！」多蘿蘿嘻皮笑臉道：「算你們四個走運！」

鯀左觀右望：「這四個傢伙還有沒有其他同伴？」多蘿蘿格格笑：「就剛才那兩個，可惜已經跌落彩雲峽，摔得粉身碎骨了。」香奈和梧桐均是詫異：「什麼？」笙冷道：「若是你們的同伴當初肯乖乖合作，這種悲劇就不會發生。」

香奈抄出飛鏢，擲向敵人：「你們這些殺人兇手！」鯀的雙手畫圓，化開勁勢，把那暗器抄在掌心：「咦？妳不錯啊！居然還懂得射暗器？」多蘿蘿笑：「嘿！省省吧！這種鵰蟲小技，在鯀的面前是不管用的！」鯀問：「笙，這四個人該怎麼解決？」笙沉吟半晌，冷道：「先帶回去！」

鯀正眼不瞧，疾指探出，戳向敵人手臂的關元穴：「明白！」香奈的穴道被點，雙臂痲痺的動彈不得，軟軟垂下：「你做什麼？可惡！快解開我！」話才講完，懸崖邊忽有一道水柱升高百丈，震耳欲聾，衝上雲霄。香奈和梧桐抬起頭看，喜出望外喊：「犬犽！」、「犬犽哥！」

那道水柱激成急漩，乘載著千百斤重的玄冥龜，犬犽和風羌站在鱗甲殼紋，衣褲被風吹得柔活，俯瞰底下：「快放開他們！」多蘿蘿看得驚奇，也忍不住喝彩：「啊！真是有趣啊！」笙吩咐：「鯀！先拿下那個男孩！」

鯀在岩石上一踩，撲向玄冥龜：「明白！」風羌舉起金鵰弓，從揹筒抽出羽箭，瞄準目標：「下去！」眼看鯀就要被利箭射穿胸膛，突然右手一抄，從腰帶抽出落魂鞭，把那羽箭劈開兩截：「水象通靈術！蟒麟蛇出來！」

彩雲峽峰頂的寒湖原本寧靜無寂，突然間浪濤洶湧，一條巨大蟒蛇竄出水面。風羌謹慎戒備：「小心那隻蟒麟蛇！牠也是水性靈獸！」犬犽點頭：「我知道了！」

蟒麟蛇連頭帶尾攪動湖面，嘩啦啦的掀起無數波浪，旋出一圈好大水渦。宮本武藏、猿飛佐助、香奈和梧桐衣衫盡濕，嚇得掉頭就跑。多蘿蘿追奔在後，抄出鐵椎：「站住！你們這四個懦夫！」香奈對同伴喊：「喂！你們兩個！我的雙手痲痺了，沒辦法戰鬥，你們快掩護我，把那殺人兇手擊退，我們三人一起合作，肯定能成功的！」

宮本武藏喊：「忍者！我牙齒斷了，你去對付她！」猿飛佐助叫：「浪人！我的手也不慎扭到，還是你去吧！」二人狼狽逃命，只恨不得爹娘少把自己多生幾隻腳，香奈見他兩人嚇破膽子，氣憤憤罵：「一個和尚挑水喝，兩個和尚扛水喝，三個和尚沒水喝，人多有啥屁用？不要露出那種沒出息的表情！你們兩個真是沒用！」梧桐驚呼：「啊！大家！小心！」

蟒麟蛇突然衝出寒湖，露出兩根尖銳獠牙，往自己四人撲來。犬犽見同伴有危險，旋起捆仙繩揮舞：「海靈獸！快攔住大蛇！」大水柱升高百丈，把玄冥龜捲向寒湖，蟒麟蛇見敵人撲到，咬向甲殼。風羌急喊：「牠過來了！」犬犽微笑：「哈！我就在等這個時機！」

才剛講完，懸崖邊忽又沖起四道水柱，急滾翻飛，往蟒麟蛇的頭頂壓下。蟒麟蛇張口想咬，竟被水柱壓得眼花撩亂，喘不過氣。鯀憤怒道：「可惡！中計？」吆喝一聲，把落魂鞭旋轉半圈：「水禦水牢術！」寒湖的水面翻滾攪動，形成一道巨大水牆，激起無數波浪。

四道水柱震耳欲聾，狂浪翻滾，高湧如山。風羌高聲喊叫：「快！把我送到高處！」犬犽點頭：「好！」一道旋圈水柱從旁升起，風羌縱身躍近，瞬間沖上十餘丈高，抽出羽箭瞄準鯀的額頭：「這次不會再讓你逃掉了！」二指鬆開，那支羽箭流星擎電的射向底下，笙抬起頭看，急抄出掌心雷擲向天空：「糟糕！」

掌心雷打在羽箭尖端，爆出火花，鯀抬著頭哈哈笑：「嘿！笙！多謝妳了！」笙毫不理睬：「風羌！我的目標只有捆仙繩，你們將它留下，我就饒了你們眾人性命！」說著，再度抄出三粒掌心雷，又擲向天空。

風羌暗驚：「糟糕！」掌心雷在半空中爆炸，水柱像是噴珠灑雪似的如沫散開。風羌身子一沉，向下落墜，四腳朝天的跌在龜殼。犬犽回過頭看，驚呼：「風羌大人！」鯀笑：「笙，終於要使用必殺秘技了嗎？」笙看他一眼：「你忘記了嗎？我的必殺秘技可不是掌心雷，而是轟天雷。」鯀笑：「無論哪個，都是威力十足。」

風羌的雙手向下一撐，做個翻身鷂子跳起來：「小心笙的掌心雷，那是一種火藥爆彈，對付她必須要用你的海靈獸才行。」犬犽問：「該怎麼做，才能打贏她？」風羌說：

「你只要想辦法讓她全身淋濕，火藥發揮不了作用就行了！」

笙跳上岩石高處，從暗袋抄出兩粒掌心雷：「小子，我所使用的掌心雷和轟天雷，在四國境內遠近馳名，一旦爆開，那威力會炸得你粉身碎骨。鯀的飛刀也很厲害，他是個暗器投擲的好手，沒有什麼目標是瞄不準，你們迎不上幾招的。若是把捆仙繩交給我，我擔保你們二人不會出事，只是你若逞強，別怪我們不再留情！」風羌對同伴吩咐：「絕對不能將海靈獸交給他們！」犬犽眼神堅定，點頭：「放心吧！風羌大人，我不會的！」

笙把長髮一甩，往頂上四轉結成雲髻圈狀，用銀釵固定：「鯀！我們上！」鯀舉起落魂鞭用力一抽，叫道：「蟒麟蛇！海嘯攻擊！」

大蟒蛇的尾巴疾風一掃，遮天般的駭浪排打上岸，那海嘯波濤洶湧，把寒湖攪得逆行翻滾。犬犽站在龜殼上，急思策略：「糟糕！該怎麼擋？」靈機一動，對巨龜喊：「用旋渦吸收它！快！」

玄冥龜巨口張開，水柱齊往中心點匯流，激成一個大急漩。巨浪海嘯迎面壓到，被那水渦漩了進去，潛流逆行翻滾，鼓成大球。鯀和笙見了這景象，滿臉驚詫：「什麼？」犬犽喊：「海靈獸！水柱旋螺衝！」

巨龜脖頸一震，那顆大水球像沖霄火炮，比箭還疾的射出。儘管蟒麟蛇百萬斤重，幾乎也受不住巨力震撼，整個身軀翻滾，蕩起無數浪花。

笙怕全身被水浸個濕透，一個健步向山岩高處逃，喊叫：「鯀！擒賊擒王，先攻擊那小子，把他打下來！」鯀咬牙切齒，從袋中抄出飛刀：「好傢伙！耍小聰明？」敵人的暗器颼颼旋轉來，風羌羽箭一射，彈開飛刀：「快！趁勝追擊！」犬犽點頭示意，喊：「海靈獸！衝過去！」

寒湖中的水浪急漩攪動，驚天動地的狂湧而上，浪濤乘載著玄冥龜捲向巨蛇，犬犽呼叫：「大力鎚頭功！」玄冥龜張口厲嘯，正要抬起腳掌猛向下踏，不料地表突然裂縫成紋，坍塌陷落，巨龜整個翻滾，掙扎在地，爬不起來。

犬犽和風羌審細觀看，地底好似波浪起伏，震脈崩裂，一隻巨大麋鹿破穴而出。眾人看了怪眼圓睜，風羌心中詫異：「咦！怎麼會有土系靈獸？」笙恍然醒悟：「海棠來了！」鯀微笑：「兵來將擋水來土淹，那太妙了！土獸來得正是時機！」落魂鞭用力一抽，喊道：「蟒麟蛇！水牢纏裹術！」

大蟒蛇蠕動著身軀滑行到近處，轉個幾圈將玄冥龜連殼捆綁，闊口開張，露出兩根尖銳獠牙。風羌見勢危急，抽出羽箭瞄準目標，射向左邊一株大樹：「海棠！快住手！」

那支疾箭飛向敵人，周圍青草蔥鬱，原本廣闊的高原忽激起綠葉，滿空飛灑。枝上滿綴繁花，成排的古木全都像春筍似的冒出新芽。茂林密樹遮蔽了峻嶺，羽箭刺在一根樹幹，抽拔不出。丈許方圓的闊地瞬間變得繁花如蔭，藤蘿瑤草，鋪滿全地，草木舒展開，頓成奇觀。

海棠臉色蒼白，柔細髮絲垂落在肩膀，道：「風羌，我們好久不見了。」

「妳…妳…」風羌噓幾口氣，觸景生情，腦海又浮出舊日記憶：

天山懸樓殿內傳來嬋的叫聲，喊道：「來人啊！」風羌快步飛趕，循著路徑推門進房：「嬋大人！發生什麼事情？」

士兵隊伍人數極多，陸續湧進殿堂：「殿內有動靜！保護嬋大人！」嬋回望眾人一眼：「立刻召告翠雲國、蓬萊國和鬱樹國，海棠盜竊了地靈獸白尾麋，叛離天山。從今天起，她不再是天山懸樓殿的棠右使，遇者斬殺！」講完，轉身先向外走，飄然出門，頭也不回的往大殿離去。

事出突然，風羌聽聞這話，心裡感覺冰冰涼涼，站在原地猷著不動：「什…什麼…海棠她…」

眾人聽了命令不敢違抗，許多兵丁分作四隊，湧入殿堂：「嬋大人有令！把懸樓殿看守住，海棠那個叛徒應該還沒跑遠，快搜出她的行蹤！」幾個守衛又持槍趕來，喊：「保護嬋大人！大家快捉住叛逆者！」風羌跪倒在地：「怎…怎麼會這樣？」

想到這邊，腦海記憶又變一團模糊。風羌勉強鎮定，咬牙切齒道：「可惡！是土禦盾術？」犬犽驚訝看著，暗想：「啊！是那個叫海棠的女子？就是她背叛了嬋郡主，盜竊地靈獸，並且加入了暗行御史？」

多蘿蘿、宮本武藏、猿飛佐助、香奈和梧桐仇人相遇，原本是在草原前後追逐，互相搏命的。誰曉得周圍突然變得瓊花瑤草，幽鳥翠嵐？眾人還疑自己置身夢境，幾處藤蘿纏住手腳，繞不出那座茂密森林。

風羌見彩雲峽的高原瞬間冒出許多草木，謹慎戒備，對同伴吩咐：「小心！土獸能剋你的玄冥龜，若不小心失手，很快就會被他們打敗的。」犬犽無心思索，一雙黑漆眼珠盯著海棠看，不曉得為何，腦海裡突然浮現一個畫面：

當時的海棠，曾向自己和同伴詢問：「你們為什麼不肯乖乖的將四象獸交出來呢？」香奈罵：「廢話！這還用說？如果把四象獸交給你們，整個四國就淪陷了吧？」

海棠描述：「在很久以前，四國遭受了空前浩大的劫難，冰洋極海的積雪被烈焰融化，形成無數大小的流川，洪水為災。那時，有四位仙人費盡了千辛萬苦走遍天下，收集四象靈珠鑄造成神器，希望能用力量解救天下蒼生，並且化災難為祥和，樹立了萬世典範。可惜後來有人逆勢而行，四國的秩序被萬古神器所取代，凡是四象獸所經之處，淨地都變成了人間煉獄。此類後事因果循環，誰也不能因此而置身事外。告訴我吧！假如這些神器是交在你們手中，你們真的也能保證以此大業為任，為四國百姓樹立萬世的典範嗎？」

犬犽問：「這就是妳搶奪萬古神器的理由？妳信得過自己的本領，想另創規條，開拓一片屬於自己的萬里之地？」海棠嘆一口氣：「當人面對與自己不同的生物，真能互相理解，互相接納嗎？在認識彼此差異，真的可以和平共存嗎？」犬犽斥責：「如果你們真的能接納四國百姓，並理解和平的真諦，你們就不會打算搶奪萬古神器，引發戰爭了！」海棠微笑：「人都只是依賴自己的感官而活，確信眼睛所看見的才是事實，但我們所能見的究竟有多寬廣呢？人都只是被局限在自己的思想之中，你們不這樣認為嗎？」犬犽滿臉疑惑：「什麼？」

海棠道：「小伙子，我有個問題想問你，如果你能給我一個滿意的答案，我就不殺掉你們，如何？」香奈罵：「犬犽！別聽她的！她想套出萬古神器的消息！」犬犽冷靜點頭：「妳說！」

海棠問：「在野火戰亂的年代中掙扎生存，無論走到哪裡都是一團黑暗，奸盜者將搶來的婦女剝了衣裙，任其辱受姦淫荼毒，惡霸劫奪良人產業，燒殺擄掠。就算雲端上有陽光，但雲底下的會是什麼呢？」

念到此處，那昔日舊憶又是模糊一團，耳邊聽有個聲音催促：「小兄弟！你怎麼樣？」犬犽甦醒：「咦！什麼？」風光謹慎防備，重複一句吩咐：「別不專心！要小心！土獸能剋你的玄冥龜，若是不慎失手，很快就會被擊垮！」犬犽點頭：「嗯！我知道了！」

鯀全神貫注：「嘿！蟒麟蛇！讓這海龜見識你的厲害！」大蟒蛇闊口張開，露出鋒利的獠牙往頸項咬下，玄冥龜噴沫如雲，連皮帶肉扯掉了半塊，一聲怒嘯，尾巴掃向樹木。犬犽曉得情況不妙，集中精神控制水流，寒湖激起一陣波浪，旋渦水柱急滾翻飛，撞向蟒麟蛇的身軀。

鯀見機可趁，擲出兩柄飛刀：「小鬼還掙扎？賞你暗器！」飛刀旋空一轉，不料土壤忽冒出茂密的盤根，圍裹一團，竟將飛刀吞在藤蘿的蔭僻處。鯀怪眼圓睜，對著遠處疑問：「咦！海棠！妳做什麼？」

海棠站在一株大樹高處，紅袍飄蕩，說：「鯀，就像笙所講的，我們共同的目標是捆仙繩，並非那些人。」笙冷笑：「嘿！海棠！妳為了自己脫罪，把我也扯進來嗎？」海棠的手中握著鐵樺殺威棒，高舉道：「白尾麋！把牠們分開！」

白尾麋鹿的前蹄向地上蹬，後腿一個打直，整個身軀立起來。地表好似波浪起伏，危岩塌陷，激起滿天飛揚的煙霧。寒湖中的水浪狂湧翻滾，漩起幾個大圈往岩石裂開的縫隙中央匯流，瞬間抽乾。

犬犽狐疑不定，疑問：「風羌大人！那個海棠想做什麼？」風羌回答：「土靈獸能夠剋水，若是要打贏她，只有召喚天靈獸才行了。」

白尾麋鹿仰起牝角，四蹄一蹬，衝到兩隻海靈獸的近處。海棠喊道：「土縛術！」百畝方圓的土地忽伸展出遮天蔽地的大樹，藤蘿破土而出，纏繞住蟒麟蛇和玄冥龜的身軀，牢牢捆縛，將牠們硬生拉開。

鯀一個飛身跳上樹幹，手持落魂鞭道：「晦氣狗頭！海棠！妳也想來跟我搶功勞嗎？」

蟒麟蛇見白尾麋鹿想搶自己的獵物，張開闊口，露出獠牙咬向巨鹿的臀部。白尾麋將後蹄往蟒麟蛇的身軀一踹，踢得牠鱗片紛飛，撼震天地，整座彩雲峽谷都在搖動。

高大的危岩塌陷下去，激起灰塵，白尾麋一身閃亮的鬃毛，映著日光。玄冥龜和蟒麟蛇癱在地上，軀體濕淋，口中咕嘟嘟冒著氣泡。鯀和笙見那情勢，看準海棠站立之處，飛馳去：「晦氣狗頭！不顧蟒麟蛇死活，連自己人都打？」、「海棠！玄冥龜倒下了，快趁現在解決敵人！」

二人幾個健步飛上樹幹，忽然之間天空傳來巨鳥啼鳴，翅翼展開，一陣颶風天旋地轉，把地上的沙石捲入雲端。白尾麋鹿仰頭一看，頂上有隻巨鳥翱翔於碧海青天之間，週身繚繞著祥光幻彩，俯瞰整座彩雲峽谷。

海棠、鯀和笙均沒料到，詫異：「咦！天靈獸！是赤鶩？」風羌見巨鳥的白羽長尾，驚喜喊：「嬋大人！」犬犽笑：「是嬋郡主來支援我們了嗎？太好了！」

赤鶩瞪著一雙奇光幻眼，兩翼開展，向下俯衝撲往獵物。白尾麋左穿右梭，飛快的躲進茂密樹林。赤鶩又振翅一拍，藤蘿和樹木被颶風連根拔起，灰沙和林木全都吸上天空。白尾麋鹿毫無著力之處，隨著斷木旋轉在空中，海棠黯嘆口氣，把鐵樺殺威棒收入腰袋，對鯀和笙說：「撤退吧！」

白尾麋被颶風捲著旋轉，鳴叫一聲，身軀忽化為塵土，煙消雲散。海棠躍下高樹，風羌提著金鵰弓追趕來，呼喊：「海棠！妳等等！」海棠望他一眼：「替我向嬋大人問好。」講完，形如鬼魅的奔到懸崖邊，雙腿一蹬，跳下山去。

風羌意圖追趕，轉頭一望，鯀和笙紛紛抄出落魂鞭和掌心雷：「風羌，你可幸運，有人來救援了嗎？」、「鯀！別跟他多說廢話，趁現在搶了捆仙繩走人！」風羌怒視耽耽，抽出羽箭：「你們這些暗行御史必須及早剪除，日子一久，恐怕殃禍誅身。」

鯀道：「我的蟒麟蛇可還沒有靈力耗盡！你想一個打我們兩個？豈不自尋死路？」笙吩咐：「鯀！風羌不擅長近身攻擊，我們必須速戰速決！」犬犽跳下龜殼，疾奔來喊：「風羌大人！」風羌叮嚀：「小心笙的掌心雷和鯀的飛刀！這兩個人不易對付！」笙說：「既然曉得，就乖乖把捆仙繩交出來！」

「犬犽小兄弟！羌左使！」一個男子披掛著盔甲，空翻三圈落在眾人身前：「你們兩位沒事吧？」犬犽和風羌均喊：「雷昊大哥！」、「翠雲少主！」

笙杏眼圓睜：「咦！」雷昊濃眉一揚，打量兩個暗行御史：「笙！」鯀笑：「嘿！是妳哥來了吧？」

笙看見兄長，凝神思索，腦海裡喚起一個記憶：

「笙！別做傻事！」雷昊伸出雙手攔阻：「不能去！」笙揩抹了淚眼，掙扎叫：「放開我！我要去找那個叛徒！把來龍去脈搞清楚！」雷昊費盡氣力，阻止：「不能去！他會殺掉妳的！」笙愈發憤恨，喊道：「當初若不是你偷走如意風火輪，爹也不會去找你，他就不會死！這全都是你的錯！」雷昊甚為愧疚，鬆開雙手：「是我的錯，對不起…」

「別攔阻我！」笙撇開對方的手，奔向斜坡，一路穿越槮松樹林，經過樓台，消失在遠處。

「雷少主！」許多侍衛見笙倉惶離開，填門塞戶的一擁而來：「雷少主！二公主她…」雷昊出神無語，搖頭：「讓她走吧…」士將道：「雷少主！狩獵族的戰爭才剛結束，翠雲國的百姓需被安撫，現在這時刻可禁不起任何內訌，大家都曾受過雷烈大人栽培恩待的，若是雷少主和二公主有什麼不可調解之紛爭，大家都很願意幫忙！」

雷昊心中納悶，雖然一時無法理解妹妹的抉擇，怨恨之心終究勉強竭住：「這一切都是我不好，是我對不起了她，也對不起父親大人！若非我當初沒聽勸告，擅自把如意風火輪竊去使用，父親大人也不會賠上性命。」士將勸慰：「雷少主，大家都曉得您是一片好心，境內被狩獵族襲擊，雷少主是為了保護四國安危，情非得已才會出此策略，誰都沒有責怪您的意思！」

雷昊灰心沮喪：「已經發生的事情可再無法挽回，父親大人已經送掉了性命，我能體會笙心中所受的傷痛。」侍衛也明白人死不得復生，雖覺鼻酸，也只能把悲傷難過都往心裡埋：「大家聽說雷烈大人逝世的消息，都很難過，但誰人保得世常無事呢？雷少主千萬不可把這責任全數攬在自己身上。」

雷昊和笙骨肉同長，親情切深很是心傷，半晌不語，轉身離開：「謝謝大家一股熱忱，我想自己靜一靜。」當下心中滿是感慨，孤伶伶的背影往山下走。

念起往昔舊事，如夢初醒，回憶到此，笙的心中也都酥痲半邊，臉色一沉，對同伴吩咐：「鯀！把落魂鞭收起來，我不願見他，撤退！」鯀問：「不打算搶捆仙繩了嗎？」笙奔向懸崖：「走！」

鯀於對方的心思原也可猜得七八分，明白她心底深處有個傷痕無法沫滅，應道：「笙！你先離開，我掩護妳，隨後就走！我們五天後在平瑤鎮會合，把這消息告知闇大人！」笙點頭：「嗯！」一個飛身跳下峽谷，不見蹤影。

鯀凝定策略，微笑：「小子！今天算你走了好運，我沒時間和你糾纏。」犬犽舉眼頻視：「你別想輕易離開，快把崑崙郡主的落魂鞭歸還我們！」鯀問：「你可知道闇大人為什麼要收集萬古神器嗎？」犬犽說：「你們搶奪萬古神器，不就是為了要引發戰爭？」鯀反問：「你認為只要萬古神器留在嬋、崑崙和白雲齋的手中，四國就會永遠和平了嗎？」

犬犽從沒想過這個問題，一時無法回答，吱吱唔唔：「他…他們既是一國之尊，就能治理國家，帶給天下百姓和平的生活。」鯀冷笑：「人類的歷史，本來就是戰爭的歷史，從古到今一直都是如此。只要有人的地方，就有紛爭，沒有誰比誰清高，也沒有誰比誰卑賤這種標準。所謂的規範，都是人自己制定出來的。一個人的死和一百個人死，最大的差別，就在於當你一個至親至愛的人逝世時，你會為他哀悼悲傷，但是一百個不認識的人死去時，那對於你來說只是一個數字，這就是一和一百的最大差別。」犬犽無從辯駁：「我不曉得你為什麼告訴我這些，但我絕對不能讓你搶走神器！」鯀搖頭：「唉！小子，你犯了人生之中最大的錯誤了。」犬犽滿臉茫然：「什麼？」鯀說：「我們後會有期！」犬犽想再追問：「等等！」

風羌抽出羽箭，瞄準目標：「糟糕！他想逃走！」雷昊前後追趕，鯀試圖擺脫糾纏，喊道：「蟒麟蛇！洪流水遁！」

巨蛇闊嘴張開，洶湧的駭浪沖出口中，雷昊急向後退：「糟糕！大家快閃…」還來不及講完，浪濤已經淹至口鼻。那水勢非常急促，眾人眼前一花，全身旋在水裡轉圈，儘管風羌和雷昊的武功再高，溺在水中也毫無用處，給那激流沖出數十丈遠，犬犽識得水性，閉住呼吸逆向前游，只是那湧急的暗流擠住胸膛，難以喘氣。

赤鷲盤旋在空中，看準蟒麟蛇的咽喉，振開翅膀俯衝而下。鯀抬頭見天上陽光耀眼，把落魂鞭旋圈一轉，貼在腰間：「哼！晦氣鳥頭也想吃蛇肉？」

天靈獸正要撲下，蟒麟蛇的身軀卻仿彿水氣蒸發，散成氣泡。雷昊和風羌的耳邊嗡嗡響，狼狽的嘔出腹中積水：「咳咳…大家怎麼樣？」、「糟…糟糕！他逃走了！」犬犽半身浸漬水中，濕淋淋的站起身：「可惡！都怪我太大意了！」

鯀、笙和海棠作鳥獸散，分別先後撤退，多蘿蘿滿臉土灰抬頭一看，見赤鷩展開羽翼盤旋在天空，嚇得驚呼：「喂！你們三個真不夠義氣，天靈獸出現了也不警告我？可惡！等等！」退到懸崖邊，隔岸觀看，忽見峽谷下那條鐵鎖橋有成群侍衛蜂擁來，喧聲四起，追兵陸續渡橋：「在山上！快！快保護嬋大人！」多蘿蘿嚇得驚歎：「天啊！捉我一個，需要動用那麼多人力嗎？」香奈喊：「喂！殺人兇手！妳站住！」多蘿蘿回頭看：「這次算你們走了狗運，我不跟妳鬥，再見！」跳下懸崖，一個溜煙不見蹤影。

犬犽、風羌和雷昊追到懸崖，可惜太遲，敵人早就逃之夭夭。侍衛喊聲震天，擁擠一團的衝上山頂，隊伍嚴整，場面浩大。群眾飄揚旌旗，高聲喊：「天山國！嬋大人駕到！」有人跟著叫：「天山國！嬋大人駕到！」

一個女子蓮步輕移走出人群，赤鷩振翅一拍，衝向雲端消失不見。風羌奔來，立刻下跪：「啟稟嬋大人！彩雲峽這一帶樹木茂盛，四面臨山，又有岩洞可作隱身之處。這地勢易容藏身，那些暗行御史應該躲在附近，我們必須趁勝追擊，才能將他們一網打盡！」

嬋點了點頭並沒講話，峰頂高原靜蕩蕩的，群眾不敢出聲，就連細蚊飛過都能聽見嗡嗡振翅。宮本武藏和猿飛佐助仔細打量，見那女子相貌端莊，均想：「咦！這人是盟主嗎？」雷昊走來鞠躬，敘過一禮：「嬋郡主！多虧您及時趕到。」

嬋問：「翠雲少主，你已經調派潛伏軍隊去蓬萊國和鬱樹國了嗎？」雷昊點頭：「潛伏軍都已經準備好了，一旦收到消息，就會立刻回報。」

嬋望著天空，黯嘆口氣：「四國近年來的軍力，已經不如往昔。自從大家和狩獵一族發動戰爭之後，四國均是消耗了大半戰力，現在又有暗行御史這個組織撅起，實在令人懮心。為了天下蒼生與萬民著想，所有人必須同心協力的聯合作戰，才有勝算。」

香奈拉著梧桐奔來：「犬犽！」宮本武藏和猿飛佐助緊跟在後，也喚：「喂！打魚的，你們沒事吧？」犬犽看見同伴安然無恙，滿臉歡喜：「香！太好了！你們大家都平安了！」

嬋問：「風羌，你們乘船去島嶼尋找海靈獸，一切都還順利嗎？」風羌恭敬抱拳，行禮下跪：「啟稟嬋大人！大家在海上遇見一隻海怪，多虧了犬犽兄召出海靈獸，我們才得以安全脫困。」犬犽把捆仙繩遞送面前：「嬋郡主，這根捆仙繩現在交還給您了！」嬋瞇著雙眼，微笑：「為什麼你召喚玄冥龜的時候，如此得心應手？你懂得駕馭四象獸？」殊不曉得對方長期依海為生，對於海洋生物異常熟悉，因此也容易駕馭。

犬犽一臉茫然，搖頭：「沒…沒有啊！」嬋又問：「那你們是怎麼打敗海怪的呢？」犬犽解釋：「是風羌大人教我的。」

嬋望了風羌一眼：「是你教他如何使用海靈之力？」風羌搖頭：「嬋大人，那是犬犽兄的天賦，我並沒有教導過他。」嬋驚訝：「噢？剛才雷昊與我在彩雲峽附近，看見有旋渦水柱衝上天空，可是犬犽小公子自己釋放出來的？」

風羌點頭：「啟稟嬋大人，那確實是犬犽兄自己釋放出來的！」雷昊沉思半晌，詢問：「嬋郡主，我有個請求想拜託您。」嬋點頭：「你說吧！」雷昊道：「若是嬋郡主允許，請將捆仙繩託付給犬犽小兄弟，讓他保管。」眾人聽這話均是詫異，犬犽驚呼：「雷昊大哥！你不會是開玩笑吧？」

嬋問：「翠雲少主，能否請您解釋其中原因？」雷昊道：「嬋郡主！犬犽小兄弟心地仁厚，從他的性格我可以看見一股堅韌和執著，我相信若是把海靈獸交託保管，他肯定能勝任這項任務的。」嬋思索：「這麼重大的事，可是關係到四國未來，你覺得他真的能靈活駕馭玄冥龜，對付暗行御史嗎？」

風羌在旁聽了，跟著下跪：「嬋大人！這項決定，風羌也願意用自己的性命來擔保！」眾人聽了又是一驚：「什麼？」風羌解釋：「嬋大人！在狩獵一族的年代，當初為了戰爭需要，您曾把海靈獸暫時交託給屬下保管。雖然風羌練習如何駕馭玄冥龜已經有五年時間，始終沒有太大進展。自古以來，我們天山國雖有海靈獸守護，但真正能駕馭玄冥龜的人少之又少，犬犽兄卻有這個天賦。」

雷昊繼續又說：「嬋郡主您請放心！，我的眼光絕不會看錯，犬犽小兄弟會是一個值得託付的人。」嬋鬆口氣笑：「這或許都是都是天意吧？我們千辛萬苦，犧牲家園之樂來到這邊，乃是為了要拯救蒼生萬民，不圖富貴也不求名望，唯有互相信任，才能齊心造福天下百姓。況且駕馭靈獸，乃是為了要救人性命，消滅世間災禍，既然你們都已經那麼說了，如果我再這麼鐵石心腸，豈不就是太不通情理了嗎？」轉過頭去，對犬犽說：「那麼，就請你收下這柄捆仙繩吧！」

犬犽滿臉驚訝：「啊！嬋郡主！我⋯」雷昊豪爽適意，拍兩下肩膀：「你別扭扭捏捏，還不快點收下捆仙繩，向嬋郡主道謝？」風羌壓低聲囑：「快謝謝嬋大人！」犬犽閒話不談，把那捆仙繩揣在懷中，點了點頭：「嬋郡主，那就多謝您了！」嬋道：「不必謝我，但願你能好好運用玄冥龜的力量，維護四國和平，造福天下。」

一個報訊的迎面衝來，飛捷喚報：「啟稟嬋大人！彩雲峽南方有動靜！好像是兩隻四象獸在纏鬥！」嬋和雷昊驚訝：「什麼？」報訊的躬身下跪：「看那情況可能是海靈獸和山靈獸，森林全都著火了。」

颪羌推開人群，飛快追趕：「嬋大人！屬下先去查看！」香奈對犬犽和梧桐說：「我們也快去看！」宮本武藏和猿飛佐助追隨在後：「等等我們！」、「浪人！他們剛才說什麼？」、「別管那麼多，跟著走就對！」

眾人來到南邊懸崖，向下俯瞰，突然成群飛鳥衝出叢林，果見一隻巨蛇掀起濤天狂浪，颪羌看了驚呼：「咦！是蟒麟蛇？」雷昊隨後跟來：「是鯀！他還沒有逃遠！」

再看另外一端，有隻山靈獸盤踞森林，火勢燃起，週圍瀰漫著嗆鼻的濃煙。宮本武藏和猿飛佐助異口同聲，大叫：「啊！是那隻大火龍！」雷昊道：「那是虓龍。」犬犽、香奈和梧桐驚叫：「是白雲郡主！」

天空浮雲紅遍半邊天，虓龍的嘴巴一旦張動，便噴出十餘丈火焰，蟒麟蛇無法靠近，噴出水柱防禦。火焰吞噬了整座森林，成群飛鳥振翅逃難，巨樹傾垮，天坍地塌似的陷在火海。雷昊臉色嚴肅，暗想：「白雲郡主和鯀撞上面了嗎？」

烈焰竄上天空，紅煙直冒，好似陰天起個霹靂，竟連附近的野花野草都焚燒殆盡。颪羌跨開腳步，追奔下山：「你們保護嬋大人，我先去看看！」兩個護衛左右跟隨，嬋走來問：「是白雲齋和那個叫鯀的暗行御史？」雷昊點頭：「雙方都召出四象獸了。」

嬋對護衛吩咐：「傳令下去，現在森林的火勢太大，無法靠近。以那兩隻靈獸為中心點，分派四隊守住東西南北，勘察情勢，千萬不得擅自離守，一旦有何動靜，即刻回報！」、「是！」報知軍情的護衛抱拳應聲，加快腳步，倉促離開。

待得捷報退下，嬋回過頭望眾人看：「看來暗行御史已經毫無顧忌的展開行動了，你們大家都準備好了嗎？」雷昊說：「羌左使已經往南移動，我也必須趕去調查！」犬犽說：「雷昊大哥！我跟你去！」雷昊點頭：「好！儘管海獸能剋火，但是鯀才剛和你戰鬥過，蟒麟蛇的靈力肯定已經消耗盡，撐不了多久的。按照道理，應該是無法和白雲郡主互相抗衡了。」香奈道：「喂！你們忘記還有我嗎？」

宮本武藏和猿飛佐助同時開口：「忍者和我也一起去！」、「浪人！說得好！我也要加入！」犬犽怪眼圓睜：「你們兩個也要跟來？」宮本武藏解釋：「打魚的！忍者與我來到四國境內修行，為了就是要變得更強，我們兩個會成為天下第一，稱霸四國！」猿飛佐助拍手喝彩：「浪人！說得好！我們會成為天下第一！四國第一！」

「我也要去！」梧桐搶一句話：「犬犽哥！香奈姐！我也要跟你們一起去！」犬犽臉色為難：「梧桐妹妹，那太危險了！」嬋態度嚴謹，當場回絕：「妳是崑崙郡主的女兒，我們不能讓妳受到任何傷害，為了避免危險，妳留在我的身邊比較安全，我會差派士兵保護妳。」梧桐一張雪素臉蛋，為難的搖了搖頭：「可是…可是我…」

犬犽信心滿滿，拍胸脯道：「梧桐妹妹！妳別擔心，我們會把崑崙郡主平安救回來的，妳請放心！」梧桐悲傷難過，彷彿蕩去三魂七魄似的，滿腹心事：「犬犽哥…我…」

犬犽見她眼眶含淚，疑惑不解問：「咦！梧桐妹妹，妳…妳怎麼了？」梧桐語言失措，默然低頭：「我… 我是擔心犬犽哥…」犬犽睜開大眼：「擔心我？」梧桐以袖遮臉，匆匆跑開：「沒…沒有…」犬犽暗想：「她怎麼了？」

香奈看在眼中，胸口壓得疼了痛了卻沒心思去疑慮別的，冷靜喚：「犬犽！時間不多，我們趕緊去追那些殺人兇手吧！」犬犽點頭：「嗯！」嬋招手辭別：「請各位小心保重！」

雷昊抄出火爆彈，率先飛奔下山：「保重！」犬犽跟在背後：「雷昊大哥！我也來了！」香奈、宮本武藏和猿飛佐助紛紛追趕去：「等等我們！」

五人腳步輕快，一個溜煙衝下山坡，身邊的樹叢和花草迅速倒退，腳下竟是愈奔愈快。雷昊縱身一躍跳出灌木，抬頭眺望，隱約可見虤龍和蟒麟蛇正在遠處激烈的搏鬥著。森林的大火沖上雲霄，陽光底下焰氣衝天，蟒麟蛇張開闊口，用水柱沖向幾畝樹林，火勢立即扑滅。

雷昊吩咐：「犬犽小兄弟！這邊火勢太大，看不清楚，我們分頭去追！」犬犽點頭：「好！」雷昊再次叮嚀：「切記！你才剛召喚過玄冥龜，因此靈力有損，不到緊要關頭，千萬別再把牠召喚出來！」犬犽回答：「我知道了！」說著，矮身一低，踏著快步躍入火叢。

第十一章 笙和闇的秘密協議

彩雲峽附近的森林被風勢煽著，煙氣薰天，卻沒看見白雲齋和鯀。樹木坍塌，幾株大樹陷在火海中愈燒愈旺，猿飛佐助指著叫：「浪人！那邊著火了！」宮本武藏斜看一眼：「忍者！沒空閒了，繼續向前衝！」猿飛佐助驚慌喊：「浪人！你的衣服著火了！」宮本武藏怪眼圓睜：「什麼？」急伸手撲打火苗，不料卻助長火勢愈燒愈旺，整條長袖燃燒起來。

猿飛佐助嚇得向後一跌，狼狽爬開：「糟糕！浪人燒起來了！」宮本武藏焦急道：「忍者，快來幫我！」猿飛佐助恨不得脫身逃走：「啊！浪人！快趴下！」宮本武藏飛撲來，夾領揪著同伴喧嚷：「忍者！再不幫忙，我也把你燒成烤豬，聽見沒有？」猿飛佐助被他拉扯，嚇得掙扎：「哎喲！浪人！快放開我！」

香奈喊叫：「犬犽！」犬犽回頭見兩人身上被火燃燒，一把將他們按翻在地：「快點趴著！」濃煙瀰漫著樹林，四人臥倒在地，香奈捂著口鼻急叫：「咳咳…犬犽！我好難受…」

犬犽從長袖撕了塊布捂在同伴的口鼻，將她扶起：「忍著點兒！我馬上帶你們出去！」抬起頭看，四週圍被火海吞噬，木柴乃易燃之物，被火燃燒之後禍患極大，宮本武藏和猿飛佐助嗆著濃煙，倒在地上爬不起來。

眼見那火勢極為猛烈，犬犽焦急叫：「糟糕，這煙太大，這樣下去不是辦法，我得趕緊先撲滅火！」正要使用捆仙繩召喚玄冥龜，突然天空一陣狂風大作，蟒麟蛇和魆龍化成煙霧，霎時之間風消雲散，滿天變得晴空萬里。

眾人倒臥在地，均困惑：「咦！怎麼火突然都不見了呢？是幻覺嗎？」香奈爬起身驚呼：「哎喲！你們快看！」宮本武藏、猿飛佐助和犬犽狼狽起身，日陽艷晒，前方是連綿不絕的焦樹延續二十里。猿飛佐助搓揉雙眼：「怎麼火突然都不見了，我剛才沒看錯吧？」宮本武藏撫著手臂：「笨蛋！當然是真的，我的手到現在都還在痛！」

酷日當空，四人愣愣站著猷看，犬犽先回過神：「山靈獸魈龍和海靈獸蟒麟蛇被驅走了，快！我們先去找白雲郡主和雷昊大哥！」宮本武藏和猿飛佐助解開胸前衣鈕，想消炎驅熱，被香奈罵：「你們兩個笨蛋！這地方偏山僻野，可沒有村坊酒店給你們歇腳，快去找人！」二人滿面愁容：「是！」

犬犽指向樹林南邊，對同伴三人道：「那好！我們從那邊去搜！」香奈說：「你來帶路！」犬犽自信滿滿道：「放心吧！跟著我走，準不會錯！」香奈叮嚀：「別太自大，還是小心謹慎好，若是再遇上暗行御史可就麻煩了！」

四人循著森林向南邊走，犬犽把捆仙繩用力一抽，打斷焦樹：「大家小心點！」猿飛佐助戰戰兢兢的說：「浪人，那隻火龍威力好大啊！樹都焦掉了。」宮本武藏點了點頭：「我一隻手，也差點兒燒爛。」

遠方傳來腳步聲響，有個人影跌手跌腳的衝撞來，兩隻手臂燒得焦黑，跪倒在地：「可…可惡…」香奈驚呼：「有人！」犬犽靈機應變，扯住同伴伏在草叢：「快躲起來！」向外張望，忽見鯀口乾舌燥，心力交瘁的跌倒在地。宮本武藏和猿飛佐助嚇得睜眼，紛紛抽出刀械防備：「又是那傢伙！」鯀察覺有人，咬牙切齒的問：「是誰？」

香奈的心臟怦怦悸跳，非常害怕，草叢被風吹得簌簌聲響，犬犽走出來說：「是我！」鯀的額頭冷汗涔涔，撐著氣力勉強站起：「晦氣狗頭，原來是你？」犬犽見他雙手燒焦，詫異問：「你被白雲郡主打傷了？」鯀冷笑：「什麼白雲郡主？小子！我不是早就跟你說過了嗎？你犯了一生最大的錯誤！」

宮本武藏、猿飛佐助和香奈見敵人被火紋身，皮肉燒個紅腫，陸續跳出草叢：「嘿嘿！你終於受重傷了嗎？」、「浪人，我們該拿他怎麼辦？」、「犬犽！快一刀解決這傢伙吧！」
犬犽說：「你別亂來，我們就不傷害你！」香奈喊道：「犬犽，跟他講那麼多做什麼？先捉起來用繩子捆住！」鯀勉強站定，兩道濃眉電眼如鷹一掃，忽然把飛刀擲向四人：「你們能拿得住我再說！」犬犽驚呼：「大家小心！」

四枚飛刀凌空旋轉，宮本武藏和猿飛佐助連滾帶爬，踉蹌跌個大跤：「哎喲！」香奈向後一仰，將身避開：「好險！」犬犽正想掏出捆仙繩去捲敵人的腳踝，不料背後突然衝出一個女子。香奈臉上變色，喊叫：「犬犽！小心！」犬犽回過頭看，瞥見海棠從身畔呼颼掠過：「退開！」

海棠伸出雙掌，擊向鯀的肩膀：「把落魂鞭交出來！」鯀招架不住，被那拳掌擊中肩膀，口吐白沫的橫飛出去。犬犽和香奈一時沒搞清楚狀況，怪眼圓睜：「什麼？」

宮本武藏和猿飛佐助又見一個暗行御史出現，嚇得想逃。鯀的身上滾滿泥沙，滿臉塵垢，爬起身道：「可…可惡…海棠，妳要背叛我們嗎？」海棠不敢戀戰，揮動長袖攻擊：「別逃！」鯀的雙手燒成焦黑，無法抵擋攻勢：「妳放心吧！我絕對會把這事報告給閻大人知道的！」海棠無欲爭論，迅速棲近身邊：「那你也得活著回去才行！」

鯀強忍著雙手疼痛，揚起落魂鞭，用力一抽：「抓住妳了吧？」海棠心驚：「糟糕！」沒料得那軟鞭雖握在手中，蟒麟蛇卻沒被召喚出來。鯀咬牙切齒的罵：「可惡！果然不能用了！都怪白雲齋那個晦氣狗頭！」海棠冷然問：「蟒麟蛇的靈力被魈龍消耗盡了嗎？」掌心運氣，五指往敵人的脖頸抓落：「那就留下性命吧！」

鯀吃驚失措，急把身子在地上打滾四圈，僥倖躲避。饒是如此，肩膀也被抓得鮮血淋漓：「可惡！」海棠見對方受了重傷，心想若是讓他逃去告狀，另生事端可就麻煩：「你走不掉了！」鯀沒看清楚敵人來路，肩膀被指甲刺穿，哀叫一聲，倒在地下：「啊！海…海…」海棠見他尚未斃命，掌心運氣往後頸骨一抓，用力捏住，絞成裂碎。

犬犽和同伴見敵人瞬間被殺，虛驚受嚇，均是詫異：「他們怎麼自相殘殺？」
海棠從鯀的右手抽出落魂鞭，揣入腰袋：「這隻海靈獸我收下了。」犬犽張口結舌，驚訝：「喂！妳…妳等等！」海棠轉頭一問：「這柄落魂鞭是我殺了鯀才獲得的，你打算要跟我搶嗎？」香奈喊：「犬犽！」宮本武藏和猿飛佐助也驚慌叫：「打…打…打魚的！危險！」

海棠抓住鯀的後頸，五指貫穿經絡，把脊骨捏碎拋擲開，重重的摔在地上：「我們後會有期！」犬犽顧不得凶險，向前追趕：「等等！妳且慢著！我有話想要問妳！」海棠用力一跳，躍上樹幹：「再見！」宮本武藏和猿飛佐助嚇得冷汗直冒，吱吱唔唔說：「打魚的！別追了吧？」

海棠飛躍樹幹，舉起軟鞭劈空一揮，捆著樹幹蕩了開，在地上打滾四五圈，落在遠方。犬犽追趕在後，跑下斜坡：「喂！等等！我有事情要問妳！」海棠不願給人察覺，撤到樹林後藏匿隱身，香奈喘著嬌氣喊：「犬犽！你等等我！」宮本武藏和猿飛佐助跑得全身是汗，體力透支，索性就慢下腳步：「浪…浪人！我跑不動了！」、「忍…忍者！喘死我了！」

眾人穿越森林，香奈跑到滿汗浹背，喘氣：「犬…犬犽！她…她跑去哪裡了？」犬犽喘息不定，看著地上腳印：「前方！」四人東尋西搜，霎時竟來到了一處鄉鎮。犬犽左顧右盼：「糟…糟糕，她去了哪裡？難不成是跟丟了嗎？」猿飛佐助問：「若是追不到，不如就別追了吧？」宮本武藏拍他腦袋：「蠢才！這麼膽小，你這樣還像個武行者嗎？」

將近兩個時辰過去，四人似乎跟丟了海棠，香奈抬頭眺望，見那鄉鎮有山環繞，一座寬闊的木屋築立水畔。山泉澗瀑隱在霧中，犬犽謹慎走入鎮上，向同伴吩咐：「大家小心，我猜那個暗行御史應該還在附近。」

那座小鎮雲煙瀰漫，眾人也不曉得究竟哪個地方才是去路，宮本武藏搔搔鬍腮，疑問：「大家要分開行動嗎？」香奈道：「你們兩個去左邊搜，犬犽和我往右邊走。」宮本武藏和猿飛佐助點了點頭，分別往霧中行去：「好！」

犬犽和香奈走到鎮上，見東鄰西舍大約七八十家，尋訪片刻才曉得這個地方叫「平瑤鎮」。市集有賣漿者搭了棚子在做生意，二人奔跑良久，渴得前胸貼後背，可惜囊底無銀哪有錢買？犬犽沿著石階奔下斜坡，香奈尾隨在後。那道上有石牌跨路，經過一座牌坊，抬頭觀望，見石牌屹立中央，附近有四面彎轉的巷道，宗宇祠堂，還有水磨砌成的青磚高牆，古色古香。

韻味濃厚的建築物古意盎然，有種迷離之感，前庭後院呈階梯狀，房屋外匾額高掛，大紅燈籠和雕花彩繪的木柱豎立在兩邊。犬犽抬起頭看，牆高三層樓，一整排屋簷向外翹，陽光從高處透射下，池塘映照得波光瀲灩，與先前所經過的杏花鎮有天壤之差。香奈站在暗巷，兩邊皆為房簷遮蔽，抬頭觀看，天只長長一條隙線，忍不住問：「犬犽，這地方太容易躲藏了，我們該從何找起？」犬犽懊惱道：「跟丟她了，真是糟糕！」

臉頰邊吹過一陣涼風，香奈見泉水順著房屋的渠道流過，像條小溪沖走，心中平靜想：「這地方真是寧靜！」

道路旁有柳枝被風撫動，鎮上的茂密樹林，每一處都是依山傍水，曲徑通幽。犬犽二人來到鎮上，見那暗巷窄窄覺得有趣，因此便想揀一處清淨場所休息，可惜來這是要搜尋海棠，因此也不敢耽擱。香奈不太耐煩，喃喃囈語道：「犬犽，我看我倆恐怕是跟丟了，不曉得那個浪人和忍者有沒有發現什麼？」

畫面轉到另外一端，宮本武藏和猿飛佐助穿越街道，沿途閒聊：「忍者，我跟你說，人和牲畜都是媽生的，有手有腳，都是一樣。」、「不對啊！浪人，你聽我說，雖然人和牲畜都是媽生的，畢竟人是人媽生的，牲畜是牲畜牠媽生的，兩種當然不同！」

宮本武藏反駁：「忍者，你怎麼曉得牲畜肯定是牲畜牠媽生的呢？我偏偏就說小雞小鴨不是媽生的！」猿飛佐助按奈不住，反問：「小雞和小鴨不是雞媽鴨媽生的，那是誰媽生的？」宮本武藏回答：「我偏偏就說小雞和小鴨是蛋生的！」猿飛佐助怪眼圓睜：「浪人！可是小雞和小鴨的蛋，也是從雞媽鴨媽來得啊！」

二人雞同鴨講，討論半天沒個結果，不知不覺走到一座梨花樹林，那地方有飛瀑垂落，嘩啦啦的白茫一片。四處可見花蜂飛舞，甚至還有彩蝶繚繞，宮本武藏詫異問：「忍者！這什麼地方？」猿飛佐助觀看：「浪人！我也不曉得耶！」

山坡上填滿了雪白梨花，耀眼奪目，二人抬頭望著天邊痴想，似乎給這美景陶醉一般。梨花樹馨香迎鼻，雪白皚皚的把四方都渲染潔白。那梨花遍滿的樹林吐蕾初綻，一條溪水潺潺流過，被陽光照得晶瑩如玉。飛瀑泉湧直瀉而下，氤氳飄渺，構成了壯觀景緻。宮本武藏和猿飛佐助走向前看，瀑布近處長幾株梨花樹，樹蔭下立了兩座墓碑，一個男子站在石碑前，飛瀑浪花濺起，沾濕男子的身上。

男子穿著桃紅征袍，幾片梨花雪瓣飄蕩下，掉在頭頂，紅百相映，遠遠看了倒似雪中紅梅。此時正值初春，那飛瀑一柱擎天的直瀉而下，在這梨花樹林更顯孤寂。宮本武藏和猿飛佐助走到近處，齖看男子，心裡均想：「咦？怎麼有人？」

萬樹梨花和槮花蔭木被暮光照耀，交織出迷人風景。男子凝神望著兩座石碑，冰涼泉水濺上臉頰，花瓣掉在頭頂，沾得髮辮到處都是。宮本武藏滿臉詫異：「忍者！你看他的衣袍！」猿飛佐助疑曾相識：「浪人，是那些傢伙？」二人面面相覷，異口同聲叫：「暗行御史！」

男子身材魁偉，頭頂蓄了一綹長辮，轉過身來，一雙邪眼看著兩人：「你們是誰？為什麼到這來？」宮本武藏搓了搓鬍鬚，微笑：「踏破鐵鞋無覓處，得來全不費功夫！忍者！看來我們找到那個女的同黨了。」猿飛佐助相視一笑：「浪人，若我們捉住他，應該就能在四國境內揚名天下了吧？」宮本武藏問：「嘿！小子！你也是那個什麼御史的嗎？你叫什麼名字？」

男子沉默寡言，仿佛還有許多事埋藏心底，冷冷一句：「你們兩個是專程來找我的？」宮本武藏摩拳擦掌：「小子，在問別人問題之前，最好先報上自己姓名，你懂嗎？這可是江湖規矩。」猿飛佐助道：「是啊！是啊！想要闖蕩天下，揚眉吐氣，可得依照規矩來行。」

男子的手中捧著兩壺磁壇，將它埋入土中，翻倒泥土覆蓋住：「我叫闇。」宮本武藏和猿飛佐助心中納悶，均想：「沒聽過這人名字，是新加入的嗎？」闇走了過來，面無表情說：「我可以問你們一個問題嗎？」宮本武藏和猿飛佐助一臉茫然：「什麼問題？」

闇看著墓碑，似乎有點割捨不下，轉頭又睨二人一眼：「我在安靜獨處，你們來打擾我，不怕被殺掉嗎？」猿飛佐助一股熱血湧上胸腔，抽出伊賀秘刀：「浪人！這傢伙太狂妄了，我的手又開始癢，咱們把他切成兩半，一人一半！」宮本武藏捲起長袖，露出毛茸茸的大手，笑得合不攏嘴：「忍者！我們把這人皮給剝了，殺得他屍骨無存，到時候肯定揚名四國！」

闇也沒留意二人舉動，喃喃問：「天下薄情之人不少，有的人卻甘願把大好青春都給耽擱了，一生悽苦，無辜折殺了幾年光陰，只為了讓百姓能夠安居生活。人家總說世間最痛最苦之事，莫過於生死離別，但我卻覺得天下最苦痛之人，莫過於受盡委屈和斷腸之痛，反被當成笑柄看待，你們兩個覺得如何呢？」

宮本武藏和猿飛佐助沒有聽懂，搔腮弄鬚，各是滿腹疑團的互看一眼：「忍者！他剛剛說了什麼？」、「浪人，我也聽不太懂。」闇望著墓碑旁的梨花樹，冷然道：「鳥雀凰鳳皆有棲，唯獨紅顏多薄命，這個地方花草芬芳，時常又有青鳥從天外飛來，你們說…假如天下江山都能變成這樣，草色青青，水泉澈澈，那有多麼美好？是不是呢？」

宮本武藏素來慣走江湖，野性不改，直言問：「喂！小子！你囉哩八嗦在講什麼？忍者與我一句都聽不懂！」闇嘆了口氣，仰頭望天：「我總覺得…人的一生似乎都在等待，孩童等待長大，中年等待老邁，衰老等待死亡。每天一睜眼甦醒，就只有等待，早上等待日出，黃昏等待日落，今天等待開始，明天等待結束，你們兩個覺得是不是呢？」

這個暗行御史言行詭異，宮本武藏和猿飛佐助不曉得他葫蘆裡賣什麼藥，一時也摸不清對方來歷，不敢隨便出手。闇見他兩人站著發獃，又問：「怎麼不來攻擊我呢？你們兩個全沒骨氣，只會吃飯放屁嗎？」二人聽了相顧失色，面面互覷：「什麼！？」宮本武藏放開粗嗓叫：「你罵我們吃飯放屁？」

闇應變奇速，一手扯住對方的手腕向後倒退，腳下踏個斜萬勢，將敵人甩向右邊。宮本武藏閃避不及，背脊撞在梨花樹幹，痛得怪叫：「忍者！快來幫我！」猿飛佐助舉起雙掌，擊向敵人的心窩：「可惡！看我怎麼暗殺你！」

闇見招拆招，雙手畫弧轉個天地向，不偏不倚的把招式化開，扯住敵人的衣襟：「暗殺我？多麼有趣？」猿飛佐助嚇得臉如白紙，雙腳蕩在半空一踢，掙扎怪叫：「放…放我下來！」闇順手一拋，宮本武藏和猿飛佐助撞個滿懷：「哎喲！」

宮本武藏怒火更盛，恨不得把對方痛揍一頓，狼狽爬起，中氣充沛的喊：「忍者！你攻擊他左邊！我攻擊他右邊！」闇並未追擊，站在原地靜觀奇變，桃紅征袍蕩在風中，形如鬼魅：「你們想殺掉我嗎？」猿飛佐助掏出伊賀秘刀：「浪人，我現在手又開始癢了，非要砍這傢伙一隻腳不可！」

宮本武藏抽出兩柄草薙刀，怒罵：「留一隻手給我砍！」闇飛身一閃，迎面來擊：「想砍我手腳？真有趣。」宮本武藏揮刀斬下，闇突然鯉魚打滾從旁閃過，猿飛佐助緊接追上，手持伊賀秘刀砍向膝蓋：「殺！」

闇的腳尖用力一踏，踩住秘刀，單手扣住對方的手腕，痛得猿飛佐助哎喲呻吟。宮本武藏舉起草薙刀，一股開山裂碑的勁力劈頭砍來：「放開忍者！」氣彙掌心，闇把長袖一捲，牢牢抓住對方的手腕：「你們兩個只有這點本事？」宮本武藏和猿飛佐助的手腕被扯，均是無法掙脫：「忍者！」、「浪人！」

闇把二人的手腕向下一扳，折他肩膀關節，痛得兩人哇哇大叫：「好…好漢饒命！」闇一出手就攻個出奇不意，將二人向內一扯，蓄力的拳頭照面迎擊，宮本武藏和猿飛佐助噴射一柱鼻血，仰後摔倒，頭昏腦脹的爬不起身：「痛…痛…」、「血…流鼻血了！」

闇轉個迴旋之勢，腳尖蓄力踢向胸膛，宮本武藏往後滑行，撞在瀑布，全身盡濕：「忍者…痛…痛死我了…」猿飛佐助抄進袋去掏霧隱飛鏢，喊叫：「浪人…你撐著點…」

闇早料到對方想擲暗器，一腳踩住手腕，五指往肩脅抓下：「你們兩個想砍我手腳，需再回去修練五十年。」猿飛佐助痛得哇哇叫：「好…好漢饒我！我…我再回去修練五十年…」闇聽他講話語無倫次，硬是踩著肩骨：「你們兩個鬧動了我，還奢望逃跑？」

猿飛佐助的肩膀受傷，鮮血把遍身染得半邊殷紅，叫苦連天：「浪…浪人和我是來找人的…我們沒打算要暗殺你…」闇左觀右顧，好奇問：「是誰差派你們來殺我呢？」宮本武藏和猿飛佐助雙膝一軟，嚇得跪倒，背貼冷汗叫：「好漢饒命！」

峰頂的瀑布轟隆聲響，化成無數條水簾分散開，如同雲霧落到碧草地上。突然之間，陽光下有個人影追至，細看清楚，那人衝來擋在宮本武藏和猿飛佐助的面前，闇微微一怔，見犬犽喘著氣對自己說：「你！你住手！」闇面無表情：「你是誰？」

犬犽道：「你也是暗行御史嗎？你們計劃搶奪四象獸，給四國帶來戰爭和災難？」闇冷問：「你要殺我？」犬犽道：「你把萬古神器歸還，這些都是屬於四國郡主的東西！」闇問：「那我的東西呢？誰能償還給我？」犬犽怔愣：「什麼？」

闇不等講完，疾速衝來，一把揪住對方的腰部，提起叫：「我所失去的，誰能還我？」犬犽被人拋向半空，幾乎就要跌個四腳朝天，突然五枚飛鏢投擲來，闇瞥目一看，跳向左邊躲避：「誰？」

那飛鏢雖然射得出奇不意，畢竟方位偏差，失了準頭沒有打中，犬犽空旋一轉跌倒在地，狼狽爬起：「香！小心！

這傢伙速度好快！」香奈的雙手抄進袋，又摸飛鏢：「犬犽！你怎麼樣？」闇問：「你們是誰差派來的？」香奈回答：「沒人差派我們，是我們自己來的！快放棄吧！你們的陰謀不會得逞的！」闇微笑：「你們膽識不小，不如這樣吧！若是跟從我，可以有財寶賞賜，我也不殺你們性命，如何？」

犬犽眼神堅定：「你們暗行御史利用靈獸，想把四國搞得百姓淪亡嗎？我們萬萬不能替你做這惡事！」闇收斂笑容：「你們兩個真是天真，我若不搶奪靈獸，總有一天，必定也會有其他人搶奪走的，假使我真的要在四國境內引發戰爭，你們有辦法阻止我嗎？」

香奈不等對方講完，先衝過去：「即使沒辦法阻止，也要嘗試！」犬犽驚呼：「香！」闇甩出長袖，轉旋一捲，竟把香奈的右臂綁縛住：「妳是沒辦法攔阻我的！」香奈左掙右扎：「犬犽！」

犬犽追在背後，急忙揮拳攻擊：「快放開她！」闇橫眉冷對，忽把香奈向右一甩，拋空飛開：「你也來攪和嗎？」犬犽連肩帶胛的向前一推，擊向敵人：「放她走！」

闇矮身一低，踏個斜萬勢避開，把雙手著地一撐，翻滾半圈抬起腳向上一踹，踢中對方的胸膛。犬犽的胸口中招，氣血翻湧的向後跌倒，彷彿五臟六腑都要倒轉，吐口鮮血，摔倒在地：「啊！可…可惡…」香奈摔在泉池，弄得滿身淋漓：「犬犽！」闇冷笑：「嘿！假仁假義，不懂識趣的，學人家逞什麼英雄？」身形一閃，三腳兩步飛快竄來。

犬犽急忙滾開，躲避殺機：「好險！」闇笑：「你還躲得過嗎？」再衝過來，揮拳迎擊：「小子，你叫犬犽？」犬犽縮身護胸，雙臂平挑壓住對方的手腕，闇一雙快腳颯腿如風，抬起腳一踢：「挺機靈的！」

犬犽忙做翻身鷂子，雙手著地一撐，後翻三圈：「香！快逃！這傢伙太難應付了！」闇突然躍起，飛風撲下：「你們幾個逃不掉的！」犬犽閃避不及，頭頂上突然有個黑影落墜，竟被對方擊中肩胛，按翻在地：「我都已經說過了，你是逃不掉的！」犬犽被一拳重擊下巴，打得鼻塌眼歪：「香…快逃！」闇冷笑兩聲，忽伸出手揑住脖子：「說！是誰差派你們來殺我的？」犬犽的脈門被人扣住，喘不過氣：「咳咳！沒…沒有！」

闇的手指掐得更緊：「你是自己想來殺我的？」犬犽臉頰漲紅，吃力辯解：「我沒打算殺你！」半空中有三枚飛鏢擲向自己，闇見那暗器射得飛快，急忙鬆手，躲避攻擊：「嘿！妳也不肯放棄嗎？」香奈秀髮濕淋，喘著嬌氣叫：「放開犬犽！」

犬犽跌坐在地，忽見梨花叢又走出一個女子，喚道：「闇！」眾人視線望去，那女子容嬌俏麗，長髮黑亮如漆，正是先前曾在彩雲峽出現過的笙。

犬犽和香奈均是吃驚：「啊！是雷昊大哥的妹妹？」、「糟糕！又來了一個麻煩的！」笙看見宮本武藏、猿飛佐助、犬犽和香奈，同樣也是滿腹疑惑：「咦！是你們？闇！這些人怎麼會在這？」犬犽和香奈聽這話，心驚：「原來這傢伙就是闇？」

闇問：「怎麼樣？笙，妳從崑崙那逼問出了什麼消息嗎？」笙搖頭：「崑崙很頑強，他不肯輕易透露口風。」闇點了點頭：「妳別擔心，我遲早會用咒術從他口中套出第九柄神器的下落，只不過要先等候月蝕之象接近。」笙問：「月蝕之象什麼時候會出現？」

闇微微一笑，撇開話題：「就快到了！呵呵…對了！妳是來報告鯀那邊的消息嗎？他搶到神器沒有？」笙淡淡說：「鯀已經死了。」闇有些詫異，問：「是誰幹的？」笙搖頭：「還不曉得，據說鯀生前曾經遇見了白雲齋。」闇冷笑：「哈！原來又是白雲郡主嗎？」笙說：「看來你還是對四國戀戀不捨吧？為什麼還稱呼他是郡主呢？」

闇瞪大邪眼，咬牙切齒道：「我對四國戀戀不捨？怎麼？連妳也懷疑我是想要利用靈獸，篡位為王，支配四國嗎？」笙搖頭：「我相信你不是這樣的人，所以才會改變主意來追隨你。如果你真的要那麼做，當初四國境外有個狩獵一族，你早就先讓他們和四國聯盟來個鷸蚌相爭，漁翁得利，等狩獵一族與我爹他們鬧得兩敗俱傷，隨時都可以坐收巨利，但是當時你並沒有。」

闇笑道：「當初你們幾個願意跟隨我加入暗行御史，都有你們自己各人的想法，那麼…我倒想聽聽，如今的妳，是怎麼看待我這個人的呢？」笙說：「搶奪四象獸既是勞重事業，就有我跟隨你的理由存在，一點工資酬勞我看不上，不過…你如此大費周章搶奪神器，做出了這般鬧動天下的行徑，目前的我還無法對你做出合理評判。」

闇仰頭一笑：「隨便妳怎麼說吧！反正自從三年前戰爭結束後，我就已經死了。」笙冷冷說：「闇，不要再故作玄虛了。無論四國百姓也好，郡主也好，我全都不在乎，我只要你說出真相。」闇道：「我不是曾告訴過妳了嗎？一旦所有的萬古神器收集到手，妳的殺父仇人就會出現。」笙道：「三年過去，我已經等得夠久了。」

闇問：「妳應該要衡量自己的光景，妳已經背叛了翠雲國，背叛了蓬萊國、背叛了天山國和鬱樹國，若是妳再無視我的吩咐，日後還有誰可以投靠呢？」笙反問：「都已經三年了，你從未對我提起我父親的事，而我答應你的事情也都全數做到，你還打算再欺騙我多久？」闇笑：「我曾答應了妳的條件，將如意風火輪暫時歸還給妳，但妳卻沒保管好，竟不慎讓妳哥給搶走。」笙沉默不語，闇繼續又說：「如果我現在就告訴妳害死妳父親的人是誰，妳會立刻脫離暗行御史，離開我嗎？」

犬犽和香奈把他二人對話聽得滿頭霧水，在旁靜觀勢態，笙沉默不語，看了眾人一眼：「闇，你想要得到玄冥龜嗎？捆仙繩就在這些人的身上。」犬犽暗驚：「糟糕！」闇立刻轉頭，瞪視著犬犽和香奈：「交出來！」犬犽心意已決，搖頭：「我不能交給你！」闇冷問：「你想尋死嗎？」

笙突然奔來，攔在二人中間：「闇！在你對他們出手之前，我還有個問題想要問你。」闇點頭：「妳說。」笙問：「究竟是不是你殺了我爹？」闇嘆口氣：「事到如今，妳還不相信我嗎？我曾經怎麼告訴過妳的呢？」

笙經由對方提醒，追憶往事，腦海裡依稀有個模糊的畫面浮現眼前：

「啟稟嬋大人！是雷烈大人！我們發現雷烈大人了！」前方有數列劍戟排開，一個哨兵飛快趕來報信，那執事折疊雙膝，下跪又說：「報告嬋大人！雷烈大人已經毫無生命跡象了，看那慘樣，恐怕是被山靈獸所殺的。」

嬋和凰羌半晌無語，躊躇想尋思幾句安慰的好話，雷昊得悉父親逝世的消息，站著發獃：「什麼！爹…爹他…」笙焦急喊：「爹！」嬋吩咐：「攔住他們，在這戰爭的關鍵時刻，千萬要冷靜才行！」身旁的哨兵看得慌張，一團圍住：「翠雲少主！請您冷靜！」

雷昊左右掙扎，打翻身邊幾個哨兵，怒吼：「放開我！爹他在哪裡？笙！等等我！」笙快步奔跑，一股惱兒撞在人群：「爹！爹他究竟怎麼了？你們快告訴我！」凰羌吩咐：「二位請冷靜！現今這般情勢，大家應該團結起來，才能突圍，與狩獵族做拼死一戰！」

雷昊推開人群，見父親的屍體倒在地上，火焰把那軀體燒得焦氣沖天，早就辨認不清。笙把雷烈的遺體擁抱懷中，雙眼流淚，哭得更加難過：「爹！爹！」雷昊背脊冰涼，低著頭癱坐在地，咬牙切齒道：「是那個叛徒！他從我這邊搶走了如意風火輪，是他召出山靈獸把爹殺死！肯定是！可惡！我必須要去找他！」

笙抱著父親哭成淚人兒：「哥！你為什麼要違逆爹的話？你為什麼要擅自帶走如意風火輪？如果你沒把它帶走，爹就不會去追你，也不會被殺死了！你說話啊！你說話啊！」

雷昊聽了這話非常懊悔，嬋和風羌無可奈何，沉默不語的站在一邊。這個時候，忽見遠方旌旗揮舞，有執事飛來捷報喊：「好消息！啟稟嬋大人！有好消息！白雲大人和崑崙大人攻陷冰獸了！」風羌驚喜：「太好了！白雲大人和崑崙大人打贏勝仗了嗎？」

白雲齋和崑崙率領軍隊，飛趕來問：「現在情況如何？」笙抱著父親，滿眼流淚喊：「爹！爹！」崑崙滿臉土灰：「發生什麼事情？」嬋暗嘆一聲：「雷烈死了。」崑崙鐵青著臉問：「什麼？」

白雲齋見那屍體燒得焦黑，一望而知：「是被魃龍所殺。」笙禁不住潸然淚下，喊叫：「是他！他從我哥手中搶走了如意風火輪！他殺了我爹！」雷昊心中悲慟，也跟著垂淚下跪：「爹！孩兒一定會替您報仇血恨，讓您安享九泉！」

白雲齋見他兄妹二人誓言哀慟，諒體其心，在旁安慰：「翠雲公主，人死無法復生，雷烈大人被我那個叛徒所殺，我們無論如何，都會派出大隊兵馬捉他回來，並且嚴刑拷問。」

笙的心中難過，緊緊摟住父親屍體，失聲泣涕：「爹！爹！你怎麼能拋下女兒不顧？」雷昊擦拭兩行淚痕，站起身道：「白雲大人，這件事情不必麻煩你們勞師動眾，即使叫我雷昊與草木同腐，我也會負責把他捉拿歸案的！」白雲齋回答：「翠雲少主，這件事情你也曉得，我那個叛徒練就了一身奇門遁甲，靠著孤身之力，可不需任何幫助就能對付百名高手。你若是要追殺他，很容易就會被置於死地，你必須小心謹慎才行。」雷昊道：「笙，妳等著看！我會帶著那個叛徒的人頭，平安歸來的！」

腦海中的記憶迅速閃過，笙凝過神，忽又聽闇繼續問自己：「怎麼樣？妳想起了什麼沒有？後來我們兩個在古廟相遇的時候，那時我身受重傷，是怎麼告訴妳的，妳還記得嗎？」笙經他提醒，腦海畫面忽又抽離現實，回到過去：

「叛徒！你從我哥的手中搶走如意風火輪，又殺了我爹，今天我要你用命來血償！」笙跳進門檻，抽出長劍叫：「這次你逃不掉了！」闇手酥腳軟的靠在牆壁，抬頭一望：「是妳？」笙臉色疑惑：「咦！你受了傷？」闇回答：「不干妳的事。」笙指著怒罵：「無論如何，你殺了我爹，我要報仇！納命來吧！」闇哼一聲：「是誰跟妳這樣說的？」

「少囉嗦！替我爹償命！」笙的雙腳墊個人字步，向前攻擊：「看招！」闇向後稍退，背貼著牆壁立站起身，將手臂護住胸前：「妳是打不過我的。」笙出劍揪他肩膀，不料闇做個翻身鷂子從頭頂飛躍，應變奇速的落在背後。笙心中一驚，扭腰攻擊：「想往哪裡逃！」

闇的雙掌交叉用力一推，空拳折斷了劍刃，翻起手腕把她的手臂扭到背後：「給我安靜！」笙杏眼圓睜，痛得彎腰：「放…放開我！」闇冷一聲：「妳想殺我？是誰差派妳來的？說！」

笙動彈不得，忍氣吞聲道：「你這叛徒背叛了四國，你殺了我爹，又從我哥手中搶走如意風火輪，你遲早會被砍頭的！」闇冷冷說：「我沒有殺妳爹。」笙忍著淚眼：「騙人！大家親眼看見了！我爹的屍體被火燒焦，你從我哥的手中搶走了如意風火輪，你這個殺人兇手！」

闇道：「別攔著我，我還有重要事情要辦，現在得離開這了。」笙咬牙切齒：「別做夢！你殺了我爹，我絕對不會放過你！」闇向後退步，鬆開手腕：「我現在並不打算傷害妳，但妳最好別礙著我，一旦證據確鑿，我就會揭開真相。」笙一愣：「什麼真相？」闇回答：「殺妳父親的兇手。」笙臉色詫異：「你說什麼？」闇道：「妳曉得為什麼我要從妳哥的手中搶走如意風火輪嗎？」笙問：「為什麼？」闇撫著胸膛：「那是為了要對付殺了妳父親的兇手。」

笙半信半疑，伸手想抓衣袖：「等等！」闇把腳一蹬，順著風勢躍上屋樑，衝向天窗：「我們後會有期！」笙抬頭一看，敵人的黑影躍上橫木，急抄出掌心雷，向上擲去：「慢著！」

闇回過頭看，脫去半截上衣綁縛手腕，旋圈一轉，捲開掌心雷的攻擊：「再會！」笙見敵人身影極快，如鬼如魅的竄出天窗，瞬間跳下屋檐，不見蹤影：「叛徒！還我爹一命！」

想到這邊，腦海記憶又變成一團模糊，笙觸景生情，眼眶突然濕了大半，凝過神搖了搖頭：「闇！別廢話了，當初你什麼都沒告訴過我！」闇面無表情的問：「妳不是想尋找真相嗎？」笙冷道：「戰爭結束，都已經三年過去，你到底還想隱瞞什麼？」闇道：「我就是真相。」笙問：「你還打算糊弄我多久？」闇嘆口氣，繼續又說：「倘若我死了，應該就沒有人可以告訴妳真相了吧？」

犬犽和香奈聽得滿頭霧水，不敢插手，均想：「笙背叛了雷昊大哥，加入暗行御史，是為了要查出誰殺她爹？」笙思索良久，沉住氣道：「闇！你的目標只有神器對吧？那就別再跟我囉嗦了，先殺了那個叫犬犽的人，奪他的捆仙繩。」

四方萬籟俱寂，氣氛凝重，闇轉過頭瞪著犬犽：「你到底交不交出來？」犬犽專心防備，不敢衝突：「你的陰謀絕不會得逞的！」宮本武藏重傷倒地，喘著氣說：「打…打魚的…快走！別跟他鬥！」猿飛佐助滿臉是血，嚥口氣：「浪人…我們…我們現在該怎麼辦？難…難道就死在這邊？我原本還指望稱霸四國，成為天下第一的武行者…」

犬犽見宮本武藏和猿飛佐助重傷倒地，將右手揣入腰袋去掏捆仙繩，對同伴吩咐：「香！答應我一件事！」香奈見同伴舉止有異，猜測不透的問：「犬犽！你打算怎麼做？」犬犽回答：「妳負責替我帶他們兩個走，這邊讓我來應付，我會掩護你們三個逃脫的。」香奈剔一眼：「別說笑了！我怎麼可能拋下你不顧？」

犬犽說：「妳若不走，我們四個都要死在這邊！」闇感慨萬千，冷笑：「小子！你和你的夥伴倒是血性好漢，只可惜虎落平陽被犬欺，愈是好人善人，愈受苦痛，不如早點死了比較好吧？」犬犽說：「闇！你到底有什麼陰謀？為什麼千方百計的要搶奪神器，殃及百姓？」

闇倨傲之態，冷冷一笑：「天生萬物養人，人無一德報天，貪官污吏殺！外邦異族殺！出賣兄弟殺！我只殺貪官，不殺順民，逆我者死，順我者活，你們要死還是要活？」犬犽套句話問：「聽你口氣，似乎很憎恨人？」闇哈哈笑幾聲：「既然如此，你覺得我最恨四國裡的誰呢？」

犬犽謹慎防備：「真是可惜！我沒本事測透人心，可不曉得你心裡恨誰？」闇描述：「三年前，曾經有個人被按立為鎮國御史，他負責在四國境內通聯，報知戰爭情勢。那人建立了四國聯盟的首批聯合軍，後來黨政暗鬥，那人被嫁了禍，不僅被冤枉，連身邊的好友都被殘殺。你說這等是非不分的朝政，該滅不該？」

犬犽詫異問：「你說什麼？」闇冷笑：「什麼捍衛國土？什麼體恤水火？懷忠抱節的人，最後往往落得殞亡於自家百姓，為什麼要盡心侍民，肺腑生死呢？」犬犽遲疑：「你就是當年那個負責通聯各國的盟友？」闇道：「我可不是什麼攀權附勢之人，既要親自行動，就要轟動四國，鬧得天下名垂萬冊！」

笙插一句話：「闇，你講這話都是真的？若是你為了大局著想，為什麼不肯親自勸斂四位郡主，非得要鬧動天下不可？」闇冷笑：「笙，為什麼我要勸斂他們？難道四國就只有那四位郡主，才有一段輝煌成就嗎？只有他們才值得被人尊敬嗎？」

犬犽說：「你曾經遭遇過什麼，我並不曉得，但是我已經答應了雷昊大哥、嬋郡主和風羌大人，決意要幫大家一起捍衛四國，就絕對要和你抗戰到底，我不會把捆仙繩交出來的！」闇微笑：「若是四國的郡主真的能夠團結一致，就不至於讓我把四象獸搶到手了。」犬犽抽出捆仙繩喊：「香！趁現在！快帶他們兩個走！」

泉池浪花翻滾，瀑布湧起一團白霧，玄冥龜龐大的軀殼突然冒出地面，千百畝梨花樹被壓個扁平。闇瞪大邪眼，命令：「笙！替我保護好兩壺磁壇！」笙奔到墓碑前，翻倒泥土挖出磁壇，揣在懷中：「拿到了！」闇吩咐：「千萬顧好！」

笙唯恐自己被靈獸的巨腳壓成肉泥，飽吸口氣，把兩壺磁壇塞入袋中，跳上岩壁：「闇！小心那隻玄冥龜的水柱！」闇冷笑：「有趣！」身形一閃，飛快衝向敵人：「那我們兩個就來玩一玩！」犬犽舉起捆仙繩防備：「水象通靈術！旋渦水柱！」

一道水柱沖出池潭，旋轉幾圈，往敵人捲了過去。闇的長袍飄拂如風，一躍一縱避開水柱的攻擊，穿梭在岩石之間：「交出來！」犬犽見他速度極快，不由大驚，甩起捆仙繩去捲敵人的手腕：「這傢伙速度好快！」

不料面前忽閃出幾道霹靂光環，原來竟是闇右手一揚，抄出鋸齒飛輪擋架：「小子，你挺有潛力的。」捆仙繩擊在霹靂光環，瞬間纏縛，二人向後一扯，僵持不下。犬犽倚長攻短卻佔不上風，闇瞪大邪眼，冷笑：「是海靈獸嗎？今日就叫你見識看看混天乾坤圈的威力吧！」霹靂光環燒成一團藍火，突然間焰氣衝天，週圍旋起藍雲。

犬犽見這景象哪敢大意？抬起頭看，一隻龐大的蛟獸冒著濃煙，身軀盤踞在梨樹叢林，暗詫：「這是什麼？」闇喊：「蟠蛟！別在此戰鬥，把他們趕出墓園！」

蟠蛟露出獠牙，嘴一張噴出十餘丈的藍色火焰，犬犽驚喊：「糟糕！水牆防禦！」泉池的水流掀起波浪，像一堵牆擋住藍焰，頓時驚鳥四散，逃飛方圓百里躲災避難。藍色火焰爆散開，如隕星墜雨，梨花樹皆化灰燼，焦灼之痕清晰可見。

犬犽見水流斷斷續續，似乎水源不足，心想：「糟糕！我需要更多的水，若是這一帶的溪流全被火焰煮沸，村莊附近決無倖免。」心中盤算，喊道：「水象水牢術！洪流攻擊！」

突然一波萬丈洪濤由頂透下，闇抬起頭看，那道水流激成急漩，在半空中將蟠蛟身軀籠罩住，形成一道巨大的水鐘：「嘿！想捆住我的山靈獸？」犬犽集中精神喊：「玄冥龜！封住牠！」大水圈突然急速攪動，從頂罩下，蟠蛟想噴藍焰，可惜水鐘迎頭壓到，激成急漩往中央匯流，蟠蛟被水渦漩進去，逆行翻滾，鼓成大水球。

週圍震耳欲聾，闇見山靈獸蟠蛟無法施展，持起混天乾坤圈衝向敵人：「好個招術！」犬犽曉得對方想要衝來廝殺，立刻捲起捆仙繩戒備：「來吧！」

闇試圖攻個措手不及，身形一閃，棲到身邊：「你的召喚術是夠靈活，可惜手腳速度還不夠快！」犬犽正想甩出捆仙繩捆綁他，誰知對方已經衝到身邊，不由大驚：「這傢伙實在太快了！」闇右手一揚，鋸齒飛輪劈面砸下，那霹靂光環勢走偏鋒，利輪下壓：「我留一條活路給你們走，你卻還頑固不冥？」犬犽向後滑開，滾到玄冥龜的巨腳底下：「可惡！你們還要繼續胡歹非為，塗炭萬靈嗎？」闇臉色一沉，目露凶光：「對於過去的戰爭，你懂得多少？」

犬犽展開腳步逃竄，可惜對方快如電閃，瞬間奔近：「把捆仙繩交出來！」香奈捱肩搭背，扶起宮本武藏和猿飛佐助喊叫：「犬犽！」笙見勢有異，躍下岩壁：「闇！那三個傢伙想逃！」闇回答：「阻止他們！」霹靂光環順勢一揮，從敵人的耳邊掠過，犬犽感覺銳刃生風，僥倖避開：「香奈！快走！」

笙從袋中抄出兩粒掌心雷，準備擲向香奈，犬犽見狀，急忙驚喊：「水柱攻擊！」原本罩住蟠蛟的水牢球突然分裂，沖出一道水柱往笙噴去。笙見這景象，滿臉驚詫：「什麼？」犬犽喊：「沖開她！」水柱比箭還疾，笙的身體承受不住水壓震撼，滾翻倒地，紅袍被水浸個濕透，掌心雷再也引爆不了。

闇瞪大邪眼：「笙！我的磁壇怎麼樣？」笙仿佛受辱一般，恨不得趕緊爬起身找犬犽算帳：「磁壇沒事！」闇趁隙追擊：「找死！」手中的霹靂光環連肩劈下，犬犽躲避不開，手臂被環刃掃中，鮮血淋漓：「哎喲！」霹靂光環冒出藍煙，焰氣逼人，犬犽撫著手臂，心驚膽顫的向旁一瞄，看不清楚同伴情況：「香！你們怎麼樣？」

香奈扶著宮本武藏和猿飛佐助，回過頭喊：「這兩個傢伙身體好重，我抬不動！」犬犽盤算計策，心想：「現在該怎麼辦？那水牢捆不了敵人多久，很快就會被衝開的。」闇擋在面前：「快把捆仙繩交出來，我就饒你一命，否則待我再次出手，你可再沒活命機會！」犬犽曉得情勢凶險，把心一橫，喊叫：「香！快帶著他們往左邊逃！」笙狼狽爬起，搶先一步擋住：「想逃？」

罩住蛟獸的水牢球忽又分裂，一道水柱沖向左邊，闇恍然醒悟：「笙！是陷阱！攔截右邊！」笙見那水柱迎頭壓到，不敢拼命，躲避：「可惡！」三道水柱激成急漩，湧向宮本武藏、猿飛佐助和香奈，把他三人捲上高空，犬犽旋起捆仙繩喊：「海靈獸！水象水牢術！」

水柱升高百丈，竟把宮本武藏、猿飛佐助和香奈捲在空中。那旋渦急滾翻飛，三人溺在水中，闇和笙看這景象，無法理解：「他想溺死自己的同伴？」宮本武藏溺在水牢，咕嘟嘟喊：「打…打魚的！你…嚕嚕嚕…你幹嘛！嚕嚕…」猿飛佐助想要呼叫，忽然一股大水漲到口邊，沖進嘴巴：「浪…浪人！咕嘟嘟嘟…」

香奈被困在水球中，無法掙脫：「犬…犬犽！咕嚕咕嚕咕…」犬犽集中精神，再喊：「你們忍著點！水象通靈！水渦炮！」

玄冥龜張開巨口，竟把三道水渦全數吸收，三顆水牢齊往中心匯流，激成一顆大球。宮本武藏、猿飛佐助和香奈漩進水渦，逆行滾翻的困在水牢裡逃脫不掉。笙見這景象，滿臉疑惑：「他幹什麼？」

闇恍然大悟，衝向犬犽：「別想逃！笙！快阻止玄冥龜發射水球！」犬犽放開喉嚨，喊：「海靈獸！水柱旋螺衝！」

玄冥龜脖頸一震，大水球像火炮射去，瞬間把三個同伴沖出十里之外。地上的落花葉瓣旋風飛轉，宮本武藏、猿飛佐助和香奈溺在水中，轉眼就被衝擊波射出森林，幾隻雀鳥振翅想逃，不巧卻被水柱擊中。太陽從雲端透射下，把雀鳥羽毛照得耀閃，半空飄零，順風蕩落。

情勢混亂也難以分辨，混天乾坤圈照面飛來，沿著犬犽的肩膀砍下，鮮血濺灑，削去好大塊肉。犬犽血流如注，痛得幾乎暈去：「啊！」闇命令：「我再警告一次，把捆仙繩交出來！」犬犽猛搖頭：「絕不！」

闇的攻勢如龍蛇變幻，潛運內勁，雙方二掌相交，震得犬犽向後滑行撞在岩石，腦袋嗡嗡的響：「可…可惡！」闇的拳速如狂風暴雨，幾乎把威力揮發得淋漓極致：「嘿！今日便叫你大開眼界！」

犬犽的手臂好似骨折似地使不出半點氣力，忍著劇痛，集中精神喊：「水象通靈，水柱攻擊！」忽覺背後有風逼近，闇回頭一看，強大的水壓沖向自己，驚覺：「什麼！」水柱急速擁上，闇急把混天乾坤圈迎面一擋，水柱被藍焰燒成蒸氣：「哼！別再做無謂的反抗！」

水牢的水流分散，壓力變小再也困不住巨大的蟠蛟。蛟獸吐出藍色火焰，水勢全被燒成蒸氣。犬犽的眼前一花，藍色火焰照面撲下，嚇得他翻滾避開：「啊！好危險！」闇拿著霹靂光環，走來道：「頑固的小鬼，還不打算放棄嗎？」

在這生死關頭，犬犽的腦海突然浮現一個畫面，回憶起當時在彩雲峽的時候，雷昊正在追趕敵人，鯀試圖擺脫糾纏，曾命令道：「蟒麟蛇！洪流水遁！」念及此處，依樣畫葫蘆也跟著喊：「水象通靈，玄冥龜！洪流水遁！」才剛講完，原本有水墜落的瀑布突然斷流成旱，不知怎麼的瞬間抽乾。

天空一陣東風吹來，闇凝神戒備：「想用水遁？」笙抬起頭看，驚喊：「在山上！」果見頭頂濁浪滔天，震天動地的激流順勢沖下。闇高舉起混天乾坤圈，喊道：「火象通靈！焰禦防火牆！」

蛟獸掙脫水牢，沿著山脈爬過來，遍山的梨樹煙霧瀰漫，全被藍火焚燒。山溪的洪流湍急異常，兩股強大勢力撞在一塊兒，水火湮滅。瀑布的大水沖上全身，笙被水花弄得長袍盡濕，腳下岩石突然崩裂，一個飛身躍上高處，躲避：「闇！我們從左右兩邊包圍他！」

大水遇上了藍焰瞬間蒸發，忽見玄冥龜的身軀化為氣泡，消散空中。闇沉默不語，對同伴吩咐：「我的磁壇呢？」笙打開布袋，掏出磁壇：「沒有弄壞。」

闇伸手接過兩壺磁壇，冷冷說：「不必追，他已經逃掉了。」笙驚訝：「什麼？」闇指著前方的敵人，冷然道：「妳看清楚，那只是一團水影而已。」笙仔細凝看，遠處的犬犽透明無色，原來竟是水流所凝聚而成，不可思議的問：「那是什麼？」

水凝結成的犬犽站著不動，若在遠處不仔細看，還以為是個人形，闇仔細回想，解釋：「剛才那小子施展洪流水遁，趁我們兩個抬起頭看，就已經利用水遁逃走了。嘿！狐假虎威，山上的洪水只是一個障眼佈局，引開我們注意而已，其實附近的山溪幾乎早就流光，根本沒有足夠的水源可以引發洪災，那小子把剩餘的水源全都聚集起來，製造出洪流的假象。」

笙聽了不敢相信：「怎麼可能？你是什麼時候發現的？」闇分析：「海靈獸屬於水象系，能剋火象系的山靈獸，一旦引發洪流，水勢怎麼可能會瞬間被大火燒乾呢？除非是水源不足，才有這個機會。」

水影凝結的犬犽突然如沫散開，笙左環右顧，望見藍火愈燒愈旺，問：「蟠蛟的藍焰一直在燒，你打算毀了這個地方嗎？」闇留心觀看：「那小子毀了這座墓園，我不會饒過他的。」把霹靂鋼環懸掛腰袋，蟠蛟冒起一團藍霧，軀體消散，轉眼之間不知去向。

笙問：「你不打算去追他們？」闇盤算：「我們已經把這地方鬧得驚天動地，若是去追，立刻曝露行蹤，肯定會被伏兵攻擊。嬋和雷昊都曉得這道理，絕對會利用此良機，集結力量突襲我們。此刻，多蘿蘿、貊和海棠都不在場，這場戰役沒有完全的勝算，不值得一試。」

笙問：「那幾個人逃走了，我們現在該怎麼辦？」闇道：「現在時候不多了，若是日月和九道相交，日光為地所掩，月蝕之象很快就會出現。用飛鴿傳信把多蘿蘿、貊和海棠叫回來，帶著鵜鳳凰和白尾麋到鑄劍山莊來見我，我要先融合鵜鳳凰、白尾麋、瑞麒麟和蟠蛟的靈能。」

笙問：「那剩餘的該怎麼辦？」闇說：「我參遍了曆法，才曉得日蝕和月蝕往往僅隔數日之差，剩餘沒有收集到的萬古神器，我會等候日蝕之象出現，再次融合。」笙問：「這個意思就是說，你必須趕在日蝕之象出現前，搶到魮龍、蟒麟蛇、玄冥龜和赤鷩？」

闇點頭：「嗯！」笙道：「白雲齋的手中有魮龍，既然他已經殺了鯀，那肯定也把蟒麟蛇給拿走了，你不打算先奪回這兩柄神器？」闇冷笑：「嘿！這個用不著妳來擔心，白雲郡主會親自帶著魮龍和蟒麟蛇來找我的。」笙問：「為什麼？你怎麼能夠那麼肯定？」闇沉默不語，笙心亂如麻，又追問：「那下一步你打算如何計劃？」闇全沒把話聽進耳朵，沉默寡言，從身畔經過：「走吧！」

笙背對著闇，身體簌簌的顫抖，腦海裡想起昔日舊憶，當初自己加入暗行御史的情形：

三年前戰爭結束後，闇曾對自己說：「妳終於又來找我了？」笙冷然道：「我只有一件事情要問你。」闇冷笑：「怎麼樣？現在的我打算成立一個反抗組織，目的是為了要對抗翠雲國、蓬萊國、天山和鬱樹國，妳打算加入反抗組織，幫我收集萬古神器嗎？」笙憤怒：「我絕對不會放過你！更不可能加入什麼組織！」闇回答：「我還是同樣的話，若是妳想了解真相，隨時歡迎來加入我。」笙道：「若是要我加入，那是做夢！要我替你收集萬古神器，更不可能！除非你能給我一個說服我的理由。」闇搖了搖頭：「事到如今，妳還不明白嗎？」笙質問：「說！究竟是不是你殺了我爹？」闇的表情漠然：「妳特地造訪，為得只是要問我這個？」笙厲聲道：「我只要真相！」

闇面無表情道：「我就是真相，我已經跟妳講過了，我沒有殺害妳的父親。」笙厲聲問：「既然如此，為什麼當初要從我哥手中搶走如意風火輪？」闇道：「那是為了要維持住這個虛偽的和平。」

笙情緒激動的問：「什麼叫虛偽的和平？我憑什麼聽信你的話？」闇嘆一口氣：「妳不一定要信，但是…妳的殺父仇人似乎有個極大秘密不能讓人知道，這秘密關係到四國百姓的生死存亡，一旦收集到所有的萬古神器，妳的殺父仇人就會出現了，這就是為什麼妳要幫我。」笙詫異：「你說什麼？」闇點頭：「妳可以不必相信我所說的一切。」

笙強忍怒氣，冷靜半晌，點頭：「好！我姑且相信你，我也願意加入你的行列，但我有個條件。」闇微笑：「妳說。」笙道：「如意風火輪不僅是翠雲國的鎮寶，更是我父親的遺物，我要你歸還給我，並且幫我找出殺我父親的兇手。」闇答應：「這個容易，但我也有個條件。」

笙問：「什麼？」闇說：「我暫時將如意風火輪歸還給妳，但是時限一到，妳要借我使用。」笙微微一怔：「時限是什麼時候？」闇道：「當妳殺父仇人出現的時候。」笙追問：「你真的曉得我的殺父仇人是誰？」闇點頭：「曉得，但我要妳自己親手找出來。」笙疑惑不解：「我怎麼曉得我的殺父仇人是誰？若我曉得，還會來找你？」闇道：「我不是已經跟妳說過了嗎？當我收集到所有的萬古神器，妳的仇人就會出現，這也是為什麼妳要加入我的行列。」笙咬牙切齒：「既然如此，你為什麼不直接就告訴我？」

闇問：「如果我現在就告訴妳妳的殺父仇人是誰，妳還會願意幫助我收集神器嗎？」笙說：「如果某天我反悔了，要來殺你呢？」闇微笑：「妳應該要衡量自己光景，既然妳已經願意來找我，就代表妳背叛翠雲國了，背叛了妳哥，也背叛了三位郡主，若是妳殺掉我，日後還有誰可以投靠呢？」笙道：「如果你立刻告訴我殺我爹的人是誰，我就替你收集齊全所有神器，不計任何代價。」闇笑：「妳有這個能力嗎？目前看來，靠我自己一人尚且無法達成，況且！如果我現在就告訴妳殺妳父親的人是誰，妳應該會立刻跟我撇清關係吧？」

憶想到此，笙回過神，腦海中的畫面又變成一團模糊，眼前朦朧竟是淚水湧入眼眶，兩淚交流，忍不住從臉頰滑落下。

墓園附近的梨花樹化成焦炭，煙霧瀰漫，被藍焰燒得好不悽慘。這時天空朔風凜凜，笙被吹得滿頭亂髮，她咽泣一聲，不發二語的捏緊拳頭，咬牙切齒道：「我會找出真相的！」講完，踏開腳步，尾隨著闇走入樹林。

第十二章 神秘的黑衣人

另外一端，宮本武藏、猿飛佐助和香奈的耳朵轟隆隆響，隨著水炮向西奔瀉，嘩啦啦的沖到了一片曠野。三人不識水性，濕淋淋的趴倒在地，污濁泥沙灌入口鼻，衣褲盡濕。

香奈狼狽爬起，嘔出腹中的積水：「咳咳…可…可惡…」宮本武藏半身濕淋，浸漬水中：「咳咳咳…」猿飛佐助咳嗽：「浪…浪人…」香奈被旋渦水炮沖得精疲力竭，腳底無勁，趴在岩石爬不起身：「你…咳咳…你們兩個怎麼樣？」

猿飛佐助飽吸口氣，使出全身本領想站起，不料眼前一黑，暈倒在地。宮本武藏竭盡氣力，爬到同伴身邊：「忍…忍者！」香奈氣餒沮喪，抬頭眺望遠處那座梨樹森林，藍色的煙霧瀰漫上升，隱約可見樹木幾乎全遭烈火焚燒灰燼，咳兩聲對同伴吩咐：「起…起來！我們得離開這！」宮本武藏扯著腰帶，將同伴勉強扶起：「忍者！快醒醒！」猿飛佐助失血過多，迷糊囈語：「浪…浪人…」

沿途隨處可見殘枝落葉，顯是被水渦炮捲斷的，天空中幾隻飛鳥盤旋，三人見前方一座村莊搭築了許多竹棚，車馬轎駝，還有頑皮小童踢毽玩耍，宮本武藏驚呼：「看！」

他們見有許多老鄉打扮的人穿著土黃布褲，認得是農民，香奈幫忙攙扶猿飛佐助：「快！先去村莊避難！」三人進到村莊，馬房堆著乾草，牛羊綁縛著麻繩，雞鴨呱喳亂叫。農民聽見聲音，左右擁來圍觀，議論：「咦！有外客？」農民群聚，喧嚷幾句謠言，見三個傢伙衣衫襤褸的走進村莊，村民看得新奇，有人問：「三位打哪兒來啊？」

香奈一時擠不進村莊，頗為憤怒，對著週圍怪叫：「大家快點讓路！」農民像做了夢驚醒一般，喊叫：「有人受傷啦！」群眾撤退兩邊，香奈和宮本武藏扶著猿飛佐助，倉倉促促的穿越人群：「快點讓開！有人受傷！」

旁邊幾個農民合力幫忙，把猿飛佐助翻面朝上：「這位兄弟情況如何？」宮本武藏淚涕交流，哭得稀裡嘩啦：「救救忍者！拜託救他！」香奈粉臉透汗，喘息：「別吵！先想辦法治療傷口！」

猿飛佐助被闇打成重傷，肩膀流血，遍身染得半邊殷紅：「咳咳…浪人！我要死啦！你自己日後保重，等…等你哪天當上四國盟主，記…記得要替我立個墓碑…」宮本武藏聽他講話語無倫次，哭叫：「胡說八道！忍者你住嘴！不准睡著！起來啊！我不當什麼天下第一了，咱們兩個還要繼續修行，你聽見沒有？快起來！」

務農的村民孤陋寡聞，聽見人聲吵雜，陸續跑來看熱鬧。香奈喧嚷：「麻煩借個位，大家稍微透出地方，讓他呼吸清淨空氣！」農民一窩蜂爭先後退：「快讓兄弟透個空氣！」猿飛佐助無處遮蔭，瞇著雙眼：「浪…浪人…怎麼那麼亮？難不成我在天宮？」香奈放開喉嚨，大聲問：「有沒有人可以借個地方躺臥？」

事態急迫，村莊的家家戶戶都來幫忙，眾人合力把猿飛佐助抬進屋安頓。轉眼暮色黃昏，三人傍晚暫住，有村民借個鐵鍋，讓他們煮湯燉藥。香奈和宮本武藏鋪榻墊枕，準備歇息，忽聽門外腳步急促，有人急走進屋喊：「村莊外又有人受傷啦！大家快出來看！是個年輕小伙子！砍柴大叔在路上發現的，就把他扛回來了！」

香奈驚呼：「咦！難不成是犬犽嗎？犬犽！」循聲追去，果然見犬犽倒在廣場，眼看同伴橫躺在地，高興便叫：「太好了！犬犽！」有村民阻止：「哎喲！碰他不得！年輕小伙子的肩膀流好多血！」香奈睜著圓眼，驚訝問：「發生了什麼事？」砍柴大叔解釋：「我去城裡買油燈，回程路上正巧遇見這個傢伙，見他全身是血，就把他帶回來了。」香奈驚訝：「什麼！他受重傷了嗎？」

宮本武藏也追出門：「喂！打魚的他怎麼了？」香奈抬起頭叫：「是犬犽！他在這裡！」宮本武藏急問：「他也受了重傷？」有村民看得滿頭霧水：「你們四位是什麼人啊？為什麼會受了重傷？」宮本武藏左觀右顧：「糟糕！我們必須早點離開！」香奈疑問：「為什麼？」宮本武藏分析：「依我多年修行的經驗來看，敵人肯定會趁勝追擊，這地方不安全，那幾個紅袍傢伙很快就會追來的！」

「哈！說得不錯！這個地方已經不安全了。」

香奈和宮本武藏同時抬頭看，怪眼圓睜，驚呼：「什麼？」

村莊外傳來腳步聲響，多蘿蘿的頭頂戴著一頂笠帽，身披紅袍緩緩走近：「總算找到你們幾個了嗎？哈哈！多虧你們幾個蠢蛋召喚出一隻大烏龜，我恰巧在附近遊蕩，又收到笙的飛鴿傳信，把你們幾個看得一清二楚，真是幸運啊！」

有村民喊：「喂！妳是誰？怎麼這般沒禮貌的？居然隨隨便便闖進村莊？」多蘿蘿摘下笠帽拋落在地，微笑：「你是誰啊？想找死嗎？」村民瞪著怪眼，舉高柴斧：「哎呀！我是這村子裡的砍柴高手，妳竟敢罵我？」多蘿蘿仰起頭，哈哈笑：「看來你真想找死？」村民臉漲通紅，持斧砍去：「真沒禮貌！殺啊！捉住那小鬼！」

「敢跟我鬥？真是愚蠢！」多蘿蘿抄出飛鏢，擲向那人，男子咆哮幾聲，倒在地上就此喪命。「啊！砍柴大叔被殺了！救命啊！」幾百個村民一見女子動手殺人，嚇得拔腿就逃：「殺人啊！救命啊！」

幾個壯漢手持柴斧和漁戟，喊叫：「快捉住她！」多蘿蘿原本站著不動，待見幾個壯漢奔來，吆喝一聲又擲出飛鏢。霎時之間灰影晃動，幾個人被暗器刺穿大腿，痛叫幾聲跌倒在地，血流不止。村民看得清楚，一見親友受傷，嚇得後退逃跑。雞鴨怕被腳踩到，鬧哄哄也嚇得飛跳，簸箕和竹簍被撞個散落滿地，羽毛亂飄。

多蘿蘿驕傲睥睨，格格一笑：「哈！真是為難啊！應該先殺掉這村莊所有的人，搶奪捆仙繩回去交差呢？還是直接去跟闇和笙會合？怎麼樣？還有誰想找死嗎？」抄出三枚飛鏢，正要投擲，忽見兩枚飛鏢照面射來，事態危急，連忙把手一揚，雙方的暗器在空中激撞，摩擦火花，全都彈飛了開。

多蘿蘿機靈得很，抄出三枚飛鏢，駭然大驚：「咦！不錯的暗器手法啊！」凝神觀望，眼看發射暗器之人乃是女子，年紀與自己相仿，竟是香奈：「哈！又是妳？妳的身手不錯啊！要跟我打嗎？」香奈吁氣喘息，怒視相瞪：「殺人兇手！離開他們，這些人都只是無辜村民！」多蘿蘿視旁若為無物，微笑：「妳若能夠抵擋住我的攻擊，我就不殺他們。」

香奈轉頭看了同伴一眼，見宮本武藏和犬犽滿臉污穢，從頭到腳狼狽不堪，顯然受傷極重無法再戰。當前自己又遇上了勁敵，不敢輕舉妄動，盤算：「我該如何對付這人？」

附近村民不是敵手，無人膽敢上前攻擊，待見親友痛苦倒地，幾個瘦癟村童躲在人群背後，眼神無辜的嚇得發抖。多蘿蘿和香奈僵持不下，一陣晚風吹來，弄得二人亂髮鬆蓬。宮本武藏扶起犬犽，焦急喚：「小姑娘！打魚的受傷好重啊！他肩膀一直流血。」香奈緊咬牙根：「你快揹他進房止血！這邊由我來應付！」

多蘿蘿把飛鏢玩弄在掌心，月光透射，一時白銀耀眼，散發寒氣：「快點挾著尾巴逃跑吧！你們是打不過我的。」香奈怒視：「這些無辜村民都是有血有肉，也有父母朋友的。無論妳傷害到誰，那都是終身恨事，難道妳沒良心的嗎？」

多蘿蘿漫不經心，嘻皮笑臉說：「一兩個人死，那是一場悲劇，但是這村莊若有那麼多人死，那只是一個數字而已，怎麼？這麼簡單的道理妳也不懂嗎？」香奈怒罵：「胡說八道！簡直就是謬論！」多蘿蘿冷笑：「這道理是鯀教我的！」身形一閃，抓向敵人的鎖骨：「我來了！看招！」

香奈的雙手畫個天地向，擋開攻擊，不料多蘿蘿反應機靈，連踢四腳：「嘿！再看招！」香奈一個筋斗向後空翻，滾避：「好！」

「妳速度太慢了！」多蘿蘿單手撐地的跳起來，從腰袋抄出飛鏢：「哈！接我暗器！」香奈連忙掏出飛鏢抵擋，暗器摩擦火花，痛得自己手臂發麻：「可惡！」多蘿蘿趁隙衝上，一把扣住對方右腕的會宗穴，喝叫：「去死！」

香奈的穴道被人拿住，腦袋昏旋，差點兒向後跌倒：「快放開我！」多蘿蘿扣住手腕，左掌斜劈來斬對方的肚腹，香奈氣血翻湧的向後連退，跌倒在地。

「嘿！怎麼樣？我說過妳是打不贏我的。」多蘿蘿滿臉得意，笑問：「還有什麼遺言沒交代清楚嗎？」香奈極重面子，狼狽爬起，怒道：「我…我可還沒認輸！」多蘿蘿杏眼圓睜，三枚飛鏢立即擲去：「死鴨子嘴硬！」香奈連忙也抄暗器抵擋：「不會讓妳詭計得逞的！」

幾枚飛鏢在半空排列一線，叮叮噹彈飛開，拋向遠處。多蘿蘿見自己的暗器遭人擋掉，又驚又怒，雙手再擲飛鏢：

「找死！」那飛鏢瞄準雙手和胸，猶如無形鐵網罩下，香奈再掏飛鏢，雙雙彈飛：「我不會輕易認輸的！」

多蘿蘿向後倒退，矮身一低，將飛鏢貼著地面擲向腳踝：「再接我一招！」香奈縱身一跳躲避了攻擊，抄出三枚飛鏢，挾著勁風反擊：「該妳了！」多蘿蘿大吃一驚，急忙閃避，暗器擊在岩石爆裂開，鑿出幾個窟窿：「好險！」

香奈趁勝追擊，又擲五枚飛鏢：「中！」多蘿蘿急把袖袍左揮右舞，彈飛暗器，一個迴旋之勢又把手伸進袋抄出飛鏢，先射六枚勢緩，再射五枚勢急：「少得意忘形！看妳接不接得住這招！」

香奈抄出暗器想抵擋，可惜對方的飛鏢被月光映照得耀眼生輝，一時沒看清楚，忽見那十一枚飛鏢化做白綢射向自己：「這什麼招術？糟糕！」雙手抓著兩枚飛鏢抵擋，十一枚暗器落墜地面，勁風透到皮膚，一絲血痕從臉頰流下，滴落地面。

香奈雙膝一彎，跪倒在地：「可…可惡！」多蘿蘿驕傲睥睨，得意大笑：「僥倖沒傷到要害，下次可沒那麼走運。哈！看妳細皮白肉的，不小心給我飛鏢射中，在臉頰留下疤痕，真是可惜！」香奈擦拭血痕：「在臉頰留下疤痕又怎麼樣？」

兩人瞬間拆上四十幾招，香奈的肩膀中鏢，索性只受了皮肉傷並無大礙，但也已經無法久戰。多蘿蘿趁勝追擊，腳踏宮位衝來：「少廢話了！去見閻王老爺吧！」

香奈臉如霜雪，雙膝跪地也無法站立，忽然半空中閃出一個人影，雷昊從旁飛快竄來，朗聲喊：「別殺孤窮之輩！」多蘿蘿吃驚詫異：「什麼！」急忙一個鯉魚打滾往旁邊閃，不料對方的掃膛腿如電踢出，躲避不得，狼狽摔個四腳朝天。

雷昊的雙腳踏著震位逼近，每招蘊藏極大後勁：「闇在哪裡？快說！」多蘿蘿被逼得叫苦連天，左閃右躲，一個起伏騰上屋檐：「哼！早知道就先回去和笙他們會面了！可惡！我們後會有期！」

雷昊的勁掌撲個落空，擊在牆壁，磚石給砸得四處亂飛，腳下一踏，追上屋檐：「別想逃！」多蘿蘿毫不理睬，踏在磚瓦，抄出飛鏢向後擲：「去死！」雷昊嚴守門戶，隨手抓起磚瓦抵擋，封鎖了暗器攻擊：「妳逃不掉的！」多蘿蘿又抄飛鏢，分別攻擊敵人的胸膛和右腿：「中！」

可惜晚了一步，雷昊拼著身強力大向下飛撲，分筋錯骨的揑住敵人的脖頸，施加壓力：「下去！」多蘿蘿身子一沉，壓垮屋頂向下陷落，碰聲響亮，竟跌在乾草堆中。倉庫週圍有雞鴨牛羊均受驚嚇，成群牛羊綁著麻繩哞咩亂叫，雞飛鴨跳，四散逃跑。

多蘿蘿乃是暗行御史的其中一員，擅長火藥引爆，此刻竟勢弱下風。眼看自己栽在敵人手中，顏面盡失如何不氣？這時摔得頭昏腦脹爬不起身，對方一隻毛茸茸的大手壓住頸椎，有如千斤之重，氣得怒喊：「混帳兔崽子！你活不耐煩？快放開我！」

雷昊硬是將她頸椎壓得更低：「說！闇在哪裡？」多蘿蘿的穴道被制，動彈不得，哇哇大叫：「快放開我！你這個不要命的小混蛋！」雷昊把手壓更低：「我問妳！闇躲在哪？」

草房外一個黑影閃動，香奈蹣跚走來，扶著門檻：「我…我還沒有認輸！」雷昊轉頭問：「妳傷勢如何？」多蘿蘿的身體被人壓住，這時見敵人分心，忽從袋中抄出飛鏢想刺胸膛：「去死！」雷昊急忙後退，避開殺招：「什麼！身上還藏暗器？」可惜速度稍慢，衣袖被那利器割出一痕，變得袒胸露臂。

多蘿蘿擲出飛鏢：「這樣還殺不死你？」雷昊翻滾避開，飛鏢牢牢的釘在木板，多蘿蘿打算攻擊膝蓋，叫他腿足重傷不能逃跑：「站住！」雷昊忽然轉身，墊腳換個雙人字步，移位棲近：「妳快住手！」

多蘿蘿招式奇快，飛鏢代劍遞走中宮：「接我一招！」雷昊應變機靈，扯住手腕向下一翻，分筋錯骨的折疊關節：「妳還想耍詐嗎？」多蘿蘿原本打算刺殺對方，可惜受人挾制，勢到半途痛得拋下飛鏢：「啊！啊！」雷昊對拆幾招，早就摸出敵人拳路，迴旋一個飛踢，踹向肩膀：「還不快住手？」

多蘿蘿被勁腿踢中，向後翻飛撞斷了樑柱，痛得跌倒：「哎喲！」雷昊衝向門檻，扶住香奈：「妳怎麼樣？」香奈一雙手臂軟軟的垂在腰間，順勢撲倒：「我…我…」雷昊攙扶住她：「別擔心！我馬上治療妳！」

多蘿蘿被打得鼻青臉腫，嚥不下這口惡氣，披頭散髮站起身叫：「你們兩個！跟我一起死吧！」雷昊揹著香奈，睜眼一看：「什麼？」多蘿蘿冷笑：「嘿！引爆符可是不好收集的，上次害我犧牲掉幾千張，就算如此，剩餘這些也夠炸得你們兩個歸向西天了！」說著，旋圈一轉脫下紅袍，長袍內掛滿幾百張文帖，那帖上黏著火藥粉，雷昊一聞到硫磺味，便覺不對勁：「糟糕！」多蘿蘿咬牙切齒，喊道：「狩獵秘術！引爆符！爆！」雷昊揹著香奈，急奔出門檻外：「快走！」

草房突然散發萬道紅光，木板和稻草被引爆符炸得沖上天空，煙霧朦朧，瀰漫了整座村莊。雷昊和香奈被那火焰符的威力震飛兩丈，五臟六腑幾乎顛轉，二人抬起頭看，樑柱裂斷，瞬間傾垮。

這番變故來得突然，村民不明來歷，焦急喊：「快提水救火啊！」煙霧迅速的將乾草吞在火焰，樓房焚毀，頭頂上紅煙直冒，附近的野花野草也都淪陷火海之中。

樹林中驚鳥四散，雷昊勉強爬起：「犬犽小兄弟他怎麼樣？」香奈回答：「他受重傷了！」雷昊點了點頭，伸出手想扶同伴肩膀：「走！先帶我去找他。」香奈杏眉怒視，把手撇開：「你別碰我！」雷昊微微一愣：「怎麼？」香奈冷冷說：「別以為你救了我一命，我就會感謝你。即使你救了我，我也不會感激你的，你還欠村莊的人許多條性命！」

雷昊心想：「這個女孩失去了親友，無家可歸，我何必跟她多計較呢？」黯然愧疚，嘆口氣說：「這村莊起火了，我們的行跡已經完全曝露，趁著其餘的暗行御史還沒趕到，大家必須快點離開，遲則恐怕性命不保！」香奈吃力站起：「跟我來！」

長廊上傳來一陣腳步聲，二人衝進房間，猿飛佐助躺在床上，迷迷糊糊問：「浪人，誰來了啊？」宮本武藏驚喜叫：「是那位刀疤大俠！」雷昊見猿飛佐助和犬犽躺在榻上，身子纏縛許多繃帶，顯然傷勢不輕：「快找擔架，我們必須趕緊離開！」宮本武藏心裡憂急：「現在外面情況如何？」雷昊伸出毛茸茸的大手揭開布簾，翻箱倒櫃，扯出繃帶：「別愣著發獃，大家快幫忙。」香奈一望而知：「好！我來協助你！」

猿飛佐助躺著不動，睜大眼問：「哎喲！浪人！我們要幹什麼？」宮本武藏回答：「要離開這裡了！」香奈見犬犽仍舊昏迷，心中一股難過訴說不出：「拜託你醒過來！」

雷昊見犬犽昏沉沉的躺在榻上，問：「你們替他放血沒有？」香奈滿臉疑惑：「放血？」雷昊立刻蹲下，替犬犽把了心脈，探出食指搭住脖子，在第六頸椎穴上按了幾下：「放心！他應該很快就會甦醒的，你們身上有定痛散或是白祿石花膏嗎？」香奈搖頭：「沒有…」宮本武藏插嘴：「忍者身上有帶一些金創藥！」雷昊點頭：「嗯！那也罷！全都給我吧！誰可以替我去收集樹枝？」香奈自告奮勇

：「我去！」猿飛佐助睜著怪眼：「你要替他敷上金創藥？」

雷昊長年在戰場打仗，因此對醫療多少略懂一點，解釋：「《經史証類備急本草》有寫關於斷筋折骨的療傷法門，書上記載：『損傷早期，骨斷筋離，脈絡受損，氣血受阻，淤血離經而致血瘀氣滯，瘀積不散則腫脹疼痛，故宜用破法，治以活血化淤。』，我想先替犬犽小兄弟把淤血逼出來，再替他接骨療傷。」

雷昊先替犬犽撕去半截袖子，反覆推詳，瞧他肩膀呈紫青色，抽出腰帶小刀，用蠟燭燒得通紅，浸水冷卻，再在犬犽的手臂輕劃一痕。宮本武藏和猿飛佐助爭先圍觀，見同伴的手臂腫脹處流出紫血，色澤轉青，再變紅消淡。

宮本武藏驚喜：「忍者！快瞧，血變成紅色啦！」猿飛佐助定睛一看：「刀疤大俠果然並非等閒之輩，醫術真是厲害！」雷昊沉默半晌，思索：「先別高興太早，這傷可還沒醫好。瞧這傷勢，斷骨最快也要十幾天才能恢復，須等斷骨連接，氣血才能暢通。犬犽小兄弟的筋骨軟弱，淤血尚未化盡，筋絡也還沒完全暢通，因此氣血虧虛。」一邊解釋，一邊把金創藥敷在對方肩膀的傷口，以便止血。

香奈捧著樹枝，喘氣吁吁跑了回來：「我拿到樹枝了！」雷昊忙把樹枝列排，整齊固定在犬犽的手臂，又撕幾塊破布把枝條牢牢綁縛，打幾個死結纏上：「穿盔甲的兄弟！我們兩個合力將他們抬上擔架，動作快！」宮本武藏臉色一沉，有些不悅：「刀疤大俠，請叫我浪人！」雷昊聽了有點生氣，瞪著眼說：「沒空扯閒話，快幫我！」香奈吩咐：「浪人！快依他的話做！」儘管宮本武藏恃頑不服，在這緊要關頭也只能強忍脾氣，不甘願應了一句：「噢！」雷昊把繃帶塞入行囊，二人合力抬起擔架：「走吧！」香奈推開後門，對同伴招呼：「往這邊！」

天空中星雲浩瀚，略有微光，他們幾個離開房屋，靠著月影摸黑辨路。猿飛佐助依賴拐杖，香奈在旁攙扶，宮本武藏和雷昊則是抬著犬犽尾隨在後。大夥兒不敢耽擱，一溜煙離開了村莊，耳邊不時聽見有村民喊：「房屋燒起來了！快救火！」、「水呢？水呢？水潑完了，再去提水！」草房被硝礦引爆，震天響亮，山遙遠處煙火沖霄，在月光殘影之下特別顯眼。五人穿越雜草叢，週圍靜蕩蕩的毫無人影，猿飛佐助穿著一條破布褲，愁眉苦臉抱怨：「浪人，你不僅搞得自己無家可歸，還害我跟著遭殃，弄到山窮水盡，真是沒天理啊！」宮本武藏聽他喧嚷，忍不住發脾氣：「忍者！你一個大男人，別哭像個小娃娃似的！」雷昊抬著擔架，勸解：「二位別再吵架，前面恐有埋伏，大家小心謹慎！」

雜草叢被風吹蕩，幾隻鴉雀振翅飛去，眾人向背後看，不遠處的村莊煙沖雲霄，把附近耀照如白晝一般。猿飛佐助扶著拐杖，回頭閒看野景，長吁短歎說：「剛才真是好危險啊！大家差點就被燒死了。」宮本武藏抬著擔架：「忍者！你少多嘴！」猿飛佐助有苦難言，暗想：「還不是你拖我下水？」

雷昊沒空閒理二人，對香奈吩咐：「小姑娘，趁著暗行御史還沒找到這邊，待會兒你們先找個地方躲避，別出來亂走動，明白沒有？」香奈急問：「犬犽受了重傷，你要拋下我們不顧？」雷昊低頭見犬犽雙頰消瘦，躺在擔架又不醒人世，咬牙切齒說：「放心！我不會拋下你們不顧的，只是我必須去找闇，他是我的殺父仇人！」香奈聞之酸鼻，斥責：「你只顧你自己的事情嗎？那殺我家人的兇手呢？我又該怎麼辦？」

雷昊彷彿當頭棒喝，一時語塞不知該如何辯解，香奈強忍淚水，繼續又說：「我了解失去親友的痛苦，也曾想要報仇血恨，但是犬犽卻對我說：『香！天下的人千千萬萬，你我能力有限，若是總要向傷害過自己的每個人報仇，那我們現在已經不知道死過多少次了。』，現在他命在旦夕，也不曉得能否救活？」

雷昊沉思良久，溫言慰藉，愧疚說：「是我不好，沒想到翠雲嶺那場大火會燒掉幾百條人命，我跟妳道歉。」宮本武藏問：「刀疤大俠！我們遇見那個紅袍傢伙了，他的武藝好厲害！你確定真的要單獨去找他？」猿飛佐助應一句：「是啊！是啊！刀疤大俠！人要懂得見機行事，能安閒時且安閒，你此行一去，恐怕無法再回來啊！」雷昊略皺眉頭，暗想：「你咒我死？」也沒多回應，只瀟灑道：「俗人說英雄氣短，若是我真的要死，以前就已經死了。你們大家別擔心，若是天地容得下我雷昊，就算是多大禍事我也能安然渡過。只不過闇企圖收集萬古神器，恐怕會在四國境內引起生靈浩劫，暫且撇開私事不談，我去找他也不全然為了報仇血恨，而是為了要阻止他的野心。」

宮本武藏的心存三分疑惑，連忙勸解：「刀疤大俠，不是忍者與我咒你會死，只是你想單獨去找那個紅袍傢伙，實在太過危險，希望你能等候大家傷好，再一起行動。」猿飛佐助急點頭說：「是啊是啊！刀疤大俠！那傢伙會召喚一隻巨大蛟獸，浪人與我怕你獨力難擋啊！」雷昊苦笑：「這個你們別擔心，我自有解決辦法。」猿飛佐助話語含糊，躊躕說：「但是…但是…」雷昊見他臉色難為，拍肩膀道：「兄弟！事到如今，四國的處境都已經走到這地步，也沒有選擇餘地了，還是得要誠實面對！」宮本武藏說：「刀疤大俠！你…你自己保重！」

那雜草叢極為空曠，聲息全無，想要尋個避覓之處也是不能。雷昊左右環顧幾眼，再對四人分析：「你們趁早離開這邊吧！等傷勢痊癒，趕緊去找白雲大人和嬋大人尋求支援，若被暗行御史發覺可就不好了！」香奈換手接替，扶住擔架說：「你要走就快點走，別囉哩八嗦的。」雷昊道歉：「小姑娘，等這一切解決後，我再回來向妳賠罪。」香奈咬牙切齒：「賠罪？翠雲嶺上幾百條人命，你要怎麼賠？」雷昊直言：「等我手刃笙之後，妳就把我給殺了吧！」香奈詫異：「什麼？」雷昊淡然道：「笙與我骨肉之情，既然錯犯，我就有義務要糾正她。」

香奈知他心意，思緒混亂，沉思半晌才點頭說：「算了！你走吧！我會用心照顧好犬犽的！」雷昊揖手鞠躬：「那麼四位保重，我們大家後會有期！」飛開快步，轉眼之間消失在雜草叢。

香奈見他如此堅持，也沒攔阻，疑惑想：「不曉得嬋郡主那邊的情況怎麼樣了？」宮本武藏和猿飛佐助站在坦蕩草原，呆呆的目送同伴離開，香奈在背後催促：「喂！你們兩個發什麼呆？」宮本武藏吱吱唔唔：「沒…沒有！忍者！你發什麼呆？」猿飛佐助冤枉被罵，心想：「熱油煎鍋的狡猾人，你怪到我？」

雷昊才離開不久，忽又隱約感覺遠方有人走來，香奈鼓著腮子，把一根食指貼在嘴唇：「噓！你們聽！」猿飛佐助微微一愣：「什麼？」宮本武藏也把指頭貼在嘴唇：「噓！忍者你安靜！」

那草叢罕見行人之跡，有個男子謹慎走來，察覺有異，警戒問：「咦！什麼人？」香奈驚呼：「哎喲！大家快趴下！」立刻把擔架放置在地，壓低聲吩咐：「別出聲音！前方有人！」宮本武藏當機立斷，伸手去按猿飛佐助的嘴巴，伏臥在地仔細一認，心想：「那人從哪裡來，怎麼會在這曠野遊蕩？」男子把眼睛四下張望，冷沉沉問：「閣下是什麼人？偷偷摸摸的，何不現身？」

眾人的心臟怦怦亂跳，香奈伏在擔架旁，見犬犽臉色蒼白，突然回憶起大家結伴去蓬萊仙島，一起闖蕩龜靈山的情況，忍不住心頭一熱，伏前爬向他身邊，在耳邊低聲道：「別擔心！犬犽！無論如何！我都會守護你的！」猿飛佐助斜剔一眼：「啊？妳說什麼？」香奈杏眼圓睜：「少囉嗦！只管趴著別動！」那男子橫眉一豎，又問：「幾位閣下是何人？何不現身？」

香奈和同伴伏臥在地不敢出聲，忽然雜叢風吹草動，那男子身形移動奔了過來，宮本武藏嚇得急往右滾：「忍者！快躲！」男子忽從腰帶抽劍出鞘，一柄長生劍幻化數道白光，戳向肩膀。猿飛佐助掏出伊賀秘刀抵擋，喊叫：「浪人！救命！」宮本武藏曉得勢態危險，矮身從底下滾來：「放開忍者！」男子感覺側耳生風，扭腰一轉，戳向背後：「你們幾個什麼人？」

宮本武藏和猿飛佐助是個相昔相知的好朋友，分離半刻都覺難過，眼前擔心同伴是否安恙，哪裡曉得魯莽一衝，腳足絆著岩石，跌個四腳朝天。

那男子飛風趕來，舉起長劍抵住胸前，冷冷問：「閣下是誰？為何在此埋伏我？」猿飛佐助和香奈在旁觀望，見到同伴受縛，均曉得若是輕舉妄動，宮本武藏勢必會有性命之憂，還在遲疑之間，卻見那男子蒼白髮鬚，樣貌不似惡俗之輩，仔細再看清楚，好似陰天裡起個霹靂，香奈忽驚喜叫：「白雲郡主！」

白雲齋見這三人衣衫襤褸，蓬頭垢面，立刻收劍入鞘：「咦！原來是閣下？」宮本武藏挫著腿坐臥在地，見對方的右臂遭斬，半條袖子蕩在風中左搖右擺，詫異叫：「斷臂前輩！」白雲齋詢問：「幾位閣下怎麼會出現在此？」香奈說：「白雲郡主！我們在彩雲峽遇上了暗行御史，嬋郡主和風羌大人趕來救援，後來大家看見了魖龍和蟒麟蛇在遠處對決，還道是您召喚出來，因此追進森林想要搜尋，可惜沒找到人。後來我們不巧在城鎮遇上了闇，犬犽為救我們，被他打成重傷，到現在都還沒有脫離險境！」

白雲齋點頭：「你們若是要逃，就該趁早離開這才好，否則逗留在此，只是自取滅亡。」宮本武藏問：「前輩，你怎麼會出現在這？」白雲齋解釋：「當時你們在彩雲峽所看見的，那人的確是我。我在森林裡走，遇見了暗行御史的鯀，他召喚出海靈獸想要殺我，但蟒麟蛇似乎已經靈力耗盡，鯀被我打成重傷，水遁逃跑。後來我一直在追蹤他，可惜卻沒找到。」香奈恍然大悟：「啊！難怪犬犽和我在森林中撞見那傢伙的時候，他受了重傷？」白雲齋問：「你們幾個有遇見鯀？」宮本武藏得意洋洋：「前輩放心！那傢伙已經被我們幹掉了。」白雲齋驚訝：「他死了？」猿飛佐助跟著吹噓：「前輩，我們可是費了九牛二虎之力才解決那個傢伙。」白雲齋關切問：「那東西呢？」猿飛佐助一愣：「什麼東西？」白雲齋急問：「落魂鞭！」猿飛佐助吱吱唔唔：「這個…這個…你問浪人…」宮本武藏急忙改口：「前輩，不瞞您說，我們確實是解決掉了那傢伙，但是落魂鞭又被另外一個紅袍女子搶走了。」

白雲齋聽了之後不發一語，香奈辨貌鑒色，轉個話題問：「白雲郡主，您打算要去跟嬋郡主會合，一起商議計策如何消滅那些暗行御史嗎？」白雲齋觀察週圍地勢：「彩雲峽一帶的樹林茂盛，若是闇打算在那作為隱身藏匿之處，可不容易搜出他，我們必須搶攻先機，在彩雲峽佈下伏兵才行！」轉個頭看，見犬犽昏迷不醒，便問：「他的情況如何？」香奈焦急說：「犬犽受了重傷，到現在都還沒醒。」

白雲齋從袋中掏出一瓶藥丸，吩咐：「還好我有帶幾粒祛瘀鎮心丹放在身上，快餵他服用。」香奈伸手接遞那漆瓶：「好！」白雲齋思考：「這地方極為偏僻，小伙子有傷在身，恐怕附近一帶都走不得，必須找個城鎮安頓才行。」宮本武藏問：「前輩，這藥性是不是很有效？」白雲齋點頭：「有我這祛瘀鎮心丹，小伙子的傷勢多半會痊癒。」

眼下尋獲這等珍貴藥丸，香奈急著搗藥，把藥丸搗汁熬成膏子，再用石塊磨成粉狀，合成妙藥滲水餵服犬犽喝下。忙了將近半個時辰，天空逐漸微亮，宮本武藏和猿飛佐助坐在池塘邊歇息，抬頭眺望，見天空浮雲開始飄快，忍不住抱怨：「哎喲！蒼天真是害人，不曉得我們造了什麼孽？竟然無故在這受苦？」、「浪人！難道這樣喧嚷，老天爺就會聽嗎？」

香奈流落到這曠野，弄得精疲力憊，一發不語的坐在犬犽身邊，不知道心裡在想什麼。又過片刻，天空無端颳起旋風，那曠野變得烏雲密佈，竟連炎熱都滅沒了。大雨滴滴咑咑的落在地上，宮本武藏睋著眼揭開袖子，遂爾驚醒：「咦？怎麼？」猿飛佐助吃驚詫異，喊叫：「浪人！天空下雨了！」白雲齋見識多廣，對三人吩咐：「快裝雨水！」猿飛佐助急脫外衣，用來裝水：「浪人！快裝水！」

宮本武藏懶得解衣，伏在地上挖幾個小渠，雨水順著溝坡流向低窪，稍過片刻，那洞穴積滿雨水，澈如明鏡。四人用手瓢起，銜接自飲，猿飛佐助笑呵呵說：「哎呀！至少還有水喝，現在總算是撥雲見日了！」宮本武藏道：「忍者！你別唧唧噥噥的，管它什麼撥雲見日，有水喝便是好！快點喝水！免得滲到土裡，那可蹧蹋！」

香奈捧著絹布盛裝雨水，顧不得說話，把那絹布貼在嘴唇，咕嘟嘟的喝下肚腹。雨水打在臉頰，犬犽喃喃囈語，悠悠轉醒：「我…我在哪裡？」猿飛佐助驚叫：「啊！浪人！浪人！打魚的醒來了！」宮本武藏也跟著喊：「醒來了嗎？」白雲齋急把他按住，吩咐：「小兄弟！你受了傷，先別坐起！」犬犽口乾舌燥，只感覺肩膀一陣刺痛，有氣無力的問：「這…這裡究竟發生了什麼事情？我在哪？」白雲齋解釋：「你受了重傷。」犬犽見到同伴，詫異：「香！你們沒事吧？」

香奈見他滿臉塵土，嘴唇乾裂，喚一聲問：「你口渴不渴？」犬犽急點頭：「嗯！嗯！」香奈拿手絹去盛清水，遞過去道：「這個給你！」犬犽咕嘟嘟的喝下肚腹：「口渴死了！」

宮本武藏笑呵呵：「打魚的！你剛才昏迷不醒，害得香姑娘擔心要死呢！」猿飛佐助也跟著笑：「是啊！是啊！」

香奈聽他二人冷熱一句，紅著臉皮強辯：「你們兩個無賴！胡亂嚷嚷什麼？」二人見她言笑不苟，急忙閉嘴，犬犽見香奈真情流露，顯然極為關心自己：「香！謝謝妳救了我！」香奈蹙著柳眉，把頭轉開：「這個我當然曉得，你自不必多言！」白雲齋端莊肅穆：「既然四位都平安無恙，不如趁早離開，免得惹禍上身。」犬犽道：「那些暗行御史不曉得害死了多少性命，我…我必須阻止他們才行！」白雲齋分析：「小兄弟，你現在的情況無法戰鬥，得先好好靜養才行。」

犬犽見手臂上綁著繃帶，問：「香！這也是妳幫我包紮的嗎？」香奈搖頭：「是你那位雷昊大哥。」犬犽吃驚：「雷昊大哥？」香奈應：「嗯！」犬犽急問：「那他人呢？」香奈回答：「走了。」犬犽臉色詫異：「他去了哪裡？」香奈說：「去追人了。」宮本武藏多管閒事，插嘴：「刀疤大俠去追那個打傷你的紅袍人了。」犬犽驚呼：「闇？」香奈點頭：「嗯！」犬犽焦急說：「不行讓雷昊大哥獨自去！那個闇太厲害了，雷昊大哥單獨一人打不過他的！」

白雲齋問：「四位了解闇這個人嗎？」眾人一愣：「什麼？」白雲齋說：「其實闇也是有弱點的。」犬犽追問：「他的弱點是什麼？」白雲齋解釋：「闇曾是我的屬下，四位可都曉得？」眾人點頭：「有聽說過。」白雲齋問：「那他為什麼叛變，你們也曾聽說過嗎？」犬犽道：「還不是很清楚，可否請教白雲郡主再向我們解釋？」

白雲齋點了點頭：「他搶走如意風火輪，殺了翠雲國郡主一事，你們也聽說了嗎？」犬犽道：「大略聽過，但是還不太清楚。」白雲齋解釋：「闇曾是我的屬下，負責往來四國之間傳達訊息，召集兵力。後來企圖叛變，其實是因為他的契友死了。」眾人詫異：「契友死了？」白雲齋解釋：「他最至愛的兩個契友被狩獵一族殺了，從此之後闇的性情大變，他把契友逝世的事，歸咎到四國聯盟的戰爭。他說當初若是沒有戰爭發生，他的契友也不會死，後來懷恨在心決意叛變，不僅殺了我的另外一名鎮國護使，那人名叫魄狼，亦是闇的盟友。後來闇搶走了混天乾坤圈，還從翠雲少主那邊搶走了如意風火輪，又從崑崙那邊搶走了鐧鐮刀，甚至還殺了雷烈，也就是翠雲國的郡主。」香奈急著追問：「那你說他有弱點，他的弱點是什麼？」白雲齋道：「兩壺磁壇。」宮本武藏、猿飛佐助和香奈臉色一愣：「磁壇？」白雲齋點頭：「對，兩壺磁壇。」

犬犽全身一震，腦袋似乎想起什麼，仔細追憶當初和闇對戰的情形：

那個時候，犬犽抽出捆仙繩，旋圈一轉叫：「香！趁現在！快帶他們兩個走！」泉池中浪花翻滾，瀑布湧起一團白霧，玄冥龜龐大的軀殼冒出地面，千百畝的梨花樹被壓個扁平。闇瞪大邪眼，命令：「笙！替我保護好兩壺磁壇！」笙奔到墓碑前，翻倒泥土，挖出磁壇，揣在懷中：「拿到了！」闇吩咐：「千萬顧好！」

左思右想，記憶突然又轉到另個畫面：

笙從袋中抄出兩粒掌心雷，瞄準香奈的背後擲去，犬犽見狀，急忙驚喊：「水柱攻擊！」原本困住蟠蛟的水牢球突然分裂，沖出一道水柱噴向笙。笙見這景象，滿臉驚詫：「什麼？」犬犽喊：「沖開她！」

那水柱比箭還疾，笙的身體承受不住水壓震撼，滾翻倒地，紅袍被水浸個濕透，掌心雷再也無法引爆。闇瞪大邪眼，急問：「笙！我的磁壇怎麼樣？」笙仿彿受辱一般，恨不得趕緊找犬犽算帳：「磁壇沒事！」

念到這邊，犬犽回過神來，恍然大悟：「白雲郡主！你說得那兩壺磁壇，可是他契友的骨壇？」白雲齋點頭：「你們只要有辦法搶到磁壇，多半就能制伏住他。」犬犽急說：「我必須把這消息告訴雷昊大哥！」香奈按住同伴：「犬犽！你不衡量自己光景，現在的你有辦法行走嗎？」

犬犽逞強想爬起，鼻子聞到對方身上幽幽脂香，心神蕩漾，又坐倒地：「哎喲！」香奈臉色嚴肅，正經問：「你幹什麼？」犬犽怕同伴太過關心，若自己堅持要走，肯定又是一番爭論，冷靜說：「香！我曉得這樣做或許很愚蠢，但是那個闇收集神器，企圖毀滅四國，若是沒人攔阻他，境內不曉得會有多少百姓要殃災受難。」香奈道：「要去可以，但是現在的你若不想手臂斷掉，就得乖乖躺著。」

白雲齋沉默半晌，開口道：「四位若不介意，不如由我親自去通報一聲會比較好。」犬犽面色疑惑：「為什麼？」白雲齋解釋：「既然四位都有傷在身，我親自去尋翠雲少主，會比較安穩也比較妥當。在這之前，四位就先找個隱僻處休養，等傷好了再與我會合。」宮本武藏問：「前輩有啥打算？」白雲齋解釋：「我會去找翠雲少主，然後與嬋會合，再商討策略。」猿飛佐助問：「前輩曉得那個嬋郡主現在在哪嗎？」白雲齋搖頭：「目前還不曉得，但總有辦法打聽到消息的。」犬犽說：「白雲郡主，那你自己可要小心保重。」白雲齋指著南方：「你們向前一直走，會抵達小鎮，四位可在鎮上暫時養傷。」香奈點頭：「我們曉得了。」白雲齋揖手：「那麼四位自己保重了。」宮本武藏和猿飛佐助舉手招呼：「前輩！後會有期！」

白雲齋踏開腳步，漸離漸遠，眾人目送他離開，猿飛佐助忽轉頭問：「浪人，我們現在的計劃是什麼？」宮本武藏回答：「我也不曉得，問打魚的。」香奈催促：「快走吧！誰來幫忙我抬擔架？」宮本武藏扶起握柄，笑呵呵說：「這地方太危險了，不宜逗留！咱們走吧！」

四人離開曠野，心裡覺得放寬許多，半天過去，索性沿途都沒遇見危險的事。天空幾隻鴉雀盤旋，犬犽嚇出冷汗，躺在擔架驚慌說：「哎喲！你們大家可得替我遮著啊！若鳥屎掉下來滴在我的臉頰上，我可是會生氣罵人的！」宮本武藏笑哈哈：「打魚的！你別擔心！若有東西掉落下來，忍者和我會替你遮著。」犬犽愁眉苦臉：「我的傷口還在疼啊！」猿飛佐助安慰：「放心吧！待會兒你和浪人與我，咱們三人進去鎮上吃香喝辣，手臂的傷就不會感覺疼了。」犬犽笑嘖嘖：「真的嗎？那我就安心了！」

香奈腳步減緩，呼喚：「喂！等…等等！」宮本武藏回頭問：「怎麼？」香奈一手按著肚腹，羞澀澀說：「我…我想出恭。」宮本武藏豪爽笑：「原來是想去便溏啊？那妳早說不就成了？」香奈面紅耳赤，惱羞成怒的罵：「什麼便溏？你這無賴別說這麼難聽！」猿飛佐助幸災樂禍：「浪人，你又被蠻妮子罵啦？」香奈伸手捏他臉頰，向左一扭：「蠻妮子！蠻妮子！你們這兩個無賴一屁就叫人家蠻妮子！我可是有名有姓耶！」猿飛佐助的臉皮被扯，哇哇怪叫：「痛痛痛！」犬犽左搖右晃，也跟著喊：「喂！小心我的擔架啊！」

四人鬧成一團，似乎把先前危險全都遺忘，舉目眺望昏暮天空，隱約可見遠方市鎮燈火輝煌，無限佳景通宵擺設，繁華璀璨。犬犽和同伴在彼岸聽見笙歌舞起，均是開心，香奈舉手招呼：「走吧！我們渡船過岸！」

河畔停泊著大小船隻一字排開，船夫雙手捧著荷葉包，抱了幾粒熱騰騰的饅頭正在啃嚼，一見客人上門，立刻微笑解纜：「少爺姑娘，四位打算搭船渡岸嗎？」香奈吩咐：「嗯！我們要搭船去對岸。」船夫急把饅頭塞進嘴巴，精神倍爽說：「我每天要駛船載客，時常往來彼岸，所以經驗豐富，四位客人趕快上船吧！」正要踏進甲板，宮本武藏突然一怔：「等等！」

猿飛佐助、犬犽和香奈均回頭望：「幹嘛？」宮本武藏按著肚腹：「我忽然也想去便溏了！」猿飛佐助並肩走去：「喂！浪人！等等我！咱倆一起吧！」犬犽躺在擔架，笑哈哈：「用得著這麼大驚小怪嗎？」香奈杏眼圓睜：「髒死人了！」

宮本武藏和猿飛佐助跑到一株大樹下，躲在蔭暗處解手，對那殘溝抖兩下褲袖，矯健利落的走回來：「啊！真舒服啊！」、「浪人！這就是男女大不同的地方，咱們兩個隨處便溏，都很方便啊！」香奈在船上叫：「喂！你們兩個傢伙嘰嘰咕咕在講什麼？好了沒有？」宮本武藏二話不說，紮巾整褲，把兩柄草薙刀綁縛在腰帶上，喊：「好啦！好啦！」才剛講完，忽見面前有個男子頭戴黑罩，身穿黑衣黑褲站在近處。那人舉止毫無半分輕率，如泰山一般屹立不動。

猿飛佐助看得疑惑，側頭問：「咦！浪人！那傢伙是誰？」宮本武藏搖頭：「誰曉得啊？我可不認識他！」黑衣男子二話不說，忽然奔來，往小船的方向衝去。猿飛佐助臉色一愣，疑問：「浪人，他幹嘛？」宮本武藏稍有閱歷，立刻警覺，把同伴夾領揪住，追趕：「糟了！香姑娘！小心有賊！」香奈獃站甲板，滿頭霧水問：「什麼？」

黑衣人一個飛身躍上船邊，踹出雙腳，香奈無法閃避竟給踢中肩骨，四腳朝天的摔倒在地：「哎喲！」掌舵的船夫原本拿著篙竿，一見有人打架，嚇得拔腿就逃，倉惶間也忘記要喊救命。香奈撫著肩膀倒在地上，見那黑衣人往犬犽奔去，心驚：「糟糕！」當下忍耐疼痛，伸手抓住敵人的腳踝，向旁拉扯：「可惡！你究竟是誰？」

黑衣人回頭瞥看，沒空糾纏，奮力一腳往頭顱踏下，香奈嚇得魂不附體，倉惶滾避：「啊！可惡！你要殺我嗎？」甲板硬生裂破，犬犽躺在擔架，驚喊：「香！」宮本武藏和猿飛佐助追上小船，紛紛抽出草薙刀與甲賀萬力鎖，破口大怒：「可惡！哪裡來的死人山賊？」、「浪人！我們合力圍他！」

那神秘男子穿著黑衣黑褲，蒙一張黑布罩住顏面，只露出烏溜溜的眼珠子，沉默不語。猿飛佐助抄出甲賀萬力鎖，對準敵人的腳踝擲去：「山賊！想搶銀子？叫你嘗嘗我的必殺秘技！暗殺！」

黑衣人翻滾兩圈躍上欄杆，欄杆被萬力鎖捲住，硬生扯斷。宮本武藏飛身跳近，握住兩柄草薙刀攻擊：「山賊！別想逃走！」黑衣人向上飛跳，一個起伏躍上了船艙躲避，香奈驚喊：「他逃到屋頂上了！」猿飛佐助傷勢未好，跑兩步就喘氣如牛，喊道：「浪人，我在底下掩護，你上去打！」宮本武藏把腳一蹬，躍上船艙：「好！」黑衣人踢中手腕，宮本武藏左手的草薙刀掉落甲板，驚怒：「死人山賊，竟敢踢我？」黑衣人身影奇快，又是一腳把對方右手的草薙刀踹飛，向後退撤。

宮本武藏氣得抬起左腳，卯足全力去踢敵人的膝蓋：「可惡！要比腳力？」不料那黑衣人右腳依樣踹出，硬是擋個落空。宮本武藏見對方對方不願出手，盡是用腳攻擊，顯然藐視自己，氣得罵：「你這畜牲，看我把你打成一個活死人！」黑衣人全然充耳不聞，飛身一躍跳下船艙，猿飛佐助急從腰袋摸出一堆鐵蒺藜，拋灑地上：「浪人！小心底下！」

黑衣人暗暗驚覺，踏準方位，腰扭半圈的向旁滾避，宮本武藏接著跳下，哇哇怪叫：「啊！」黑衣人抬起腳踢向對方的肚腹，宮本武藏被踹得伏倒在地，咆哮：「忍者！你這個蠢蛋！」犬犽驚問：「喂！你們怎麼樣？」宮本武藏被鐵蒺藜刺在全身，氣得鬍鬚直豎，像塊木頭動彈不得：「痛死人了！」犬犽見他傷勢不重，只是礙於自己無法起身，一時也不能過去查看，急對香奈吩咐：「香！捆仙繩綁在我的腰帶上，妳快拿出來對付他！」

黑衣人聽見這話，迅速回頭，一雙黑漆漆眼珠盯著犬犽的腰帶看，香奈對舵夫急喊：「喂！快開船！快開船啊！」那舵夫嚇得手足無措，先是張口想叫救命，待聽對方命令，向後一跌，搖竿掌舵的猛駛開船：「是！是！」

黑衣人凝神戒備，足下踏個斜萬勢衝向犬犽，伸出手抓。香奈見狀，急忙迎面攔阻，抄出飛鏢叫：「不准過來！」

神秘男子套著黑罩，踏準方位，腳下忽移動寸步衝向前。香奈擲出飛鏢，只可惜無論如何拋丟總給對方躲過，氣得火冒三丈：「有本事就接我暗器，別躲躲閃閃！」

黑衣人不敢隨意進退，斜身避開暗器攻擊，正看準時機想反擊，忽感覺背後生風，一條甲賀萬力鎖捲向自己的肩膀。黑衣人吃了驚，偏身迴避，右手臂竟被萬力鎖給牢牢捲住，猿飛佐助歡喜叫：「我纏住他手腕了！」黑衣人應變急速，向左一偏，長袖竟被扯斷半截，眾人驚覺：「他是獨臂？」

黑夜中看不清楚，那神秘男子一個起伏躍上了欄杆，撲向犬犽。猿飛佐助急忙擲出兩枚霧隱飛鏢：「殺殺殺！殺啊！」神秘男子騰在半空，腰轉半圈避開攻擊，不料身體過重，落墜下來，喇啦一聲竟踩破甲板，右腳卡在窟窿動彈不得。

「衝啊！」宮本武藏忽然雙手環抱，滿臉蒺藜的迎面奔來，神秘男子抬頭一看，吃驚：「什麼？」二人撞個滿懷，衝破了欄杆跌入水中，香奈和犬犽同聲驚呼：「啊！」猿飛佐助喊叫：「浪人！」

月光把水面照得耀眼，仔細一審，宮本武藏左手抓著船邊不放，滿身濕淋叫：「忍…忍者！快拉我上來！」猿飛佐助邊跑邊喘，一個飛身撲在船邊，伸手去勾，可惜差了半截沒抓到，呼喊：「浪人！快抓我手啊！」香奈在旁見這情勢，曉得同伴若是摔入水中，再無機會撈他上船，吆喝：「我來幫忙！」一個飛身向前，踩在猿飛佐助背脊上，喊叫：「快抓住我！」

宮本武藏抬起頭看，急把手心朝上一抓，牢牢扣住手腕叫：「快拉！快拉！」那艘船駛出河岸，猿飛佐助翻身朝上，一把抱住香奈的右腿喊：「千萬抓緊！別鬆開浪人！」香奈杏眼圓睜，破口罵：「男女授授不親，別碰我！你這個蠢蛋！」宮本武藏不敢開口，心裡暗罵：「蠻妮子！我都快掉進水去，妳倒還只顧自己的腿？」

眼前勢態非常緊迫，香奈抓著宮本武藏不敢鬆手，身體逐漸被拖出船邊，猿飛佐助拼命拉她右腿，犬犽躺在擔架，對船夫喊：「哎喲！你趕快過去幫忙他們啊！」船夫拋下木槳，急點頭：「是是是！」

猿飛佐助摟住香奈的大腿，腦袋浸在水中，把河面月影弄得一團模糊，咕嘟嘟喊：「拉…拉他！噗嚕嚕嚕…」宮本武藏怪叫：「忍者！我要沉下去啦！快救我上來！」香奈驚慌失措，卡在船邊動彈不得：「你抓緊我！千萬別鬆手！」月光下細看分明，眾人懸成一線蕩在船尾，那艘小船順波逐流，宮本武藏全身濕淋浸漬水中，舵夫拋了木槳趕快幫忙，及時拉住：「客人！撐著點啊！我來了！」

眾人合力將宮本武藏拖上甲板，香奈和猿飛佐助仔細一看，睜眼怪叫：「啊！是那個黑衣賊！」忽然一個黑臉罩露出水面，果見那神秘男子的左手扯住宮本武藏的腳踝，死不放鬆。香奈喊：「快想辦法把他甩掉！」宮本武藏低頭看，見黑衣人緊抓自己腳踝不放，恨不得咬牙怒目：「快放開我！你這傢伙！」

香奈曉得情況危急，若再繼續倔強對壘，一旦那人又爬上船，同伴多半都會送掉性命：「笨蛋！你不會踢他嗎？」宮本武藏恨不得搥胸跌腳，破口罵：「下去！」忽抬起腳往腦袋一踏，那黑衣人偏個身軀想躲避，可惜卻來不及，噗通聲沉在水中，霎時之間被拒出四五丈外，愈離愈遠，終於再看不見。

眾人僥倖脫逃性命，爬上甲板，喘氣吁吁的躺在一團兒。宮本武藏駭然驚懼，滿頭冷汗喘：「好…好險！」猿飛佐助氣得罵：「吁吁…浪人！這地方怎麼會有山賊？」宮本武藏回答：「蠢蛋！我怎麼曉得？」猿飛佐助又說：「你不是最先察覺他想搶東西的嗎？」香奈放聲叫：「你們兩個別再吵了！你們口口聲聲叫他山賊，他有說過自己是山賊嗎？」宮本武藏和猿飛佐助聽了這話，面面相覷：「奇怪？那傢伙不是來搶銀子的嗎？」、「看他樣子，明明就像竊賊…」

犬犽思索片刻，忽有個想法兜上心頭，遲疑說：「那個黑衣人…他好像是衝著我來的。」宮本武藏和猿飛佐助均是詫異：「啊？」香奈甚為遲疑，獃愣半晌：「為什麼他要攻擊你？」犬犽搖頭：「我也還不能確定。」宮本武藏問：「打魚的，你是不是積欠人家龐大債務？所以債主僱用了殺手，企圖來個毀屍滅跡？」猿飛佐助應一句：「浪人，還是那債主搞錯了人？殺手原本要去殺那個欠債的，偏偏陰錯陽差找上咱們？如果真是這樣，打魚的真是倒霉之極。」香奈紮巾捲袖：「你們兩個別再胡說八道！想捱揍嗎？」

二人欠身不敢觸犯，安靜閉嘴，忽見橫排的船樓漂在水上，石城磚牆築在隄岸，舵夫站在船尾拋下錨繩：「四位客人！我們抵達岸邊啦！」猿飛佐助歡喜叫：「太好了！浪人！船到岸了！」香奈吩咐：「快來幫我抬擔架，大家先上岸吧！」四人登上沿岸，那地方有許多圍觀民眾，猿飛佐助好奇心起，擠過身看：「什麼事情？」

人群排擁，宮本武藏抬著擔架，怪叫：「喂！擠什麼擠？」

有個男子穿紗戴帽，抬頭挺胸走了過來。那人背後護持隨從，大隊人馬擎起劍戟，規模森嚴。月光把槍械映照得奪耀生光，百姓見了立刻側路兩旁，校報飛趕來，下跪道：「啟秉大人！我派人去這附近探聽了虛實，那人果然是躲在附近！」穿紗戴帽的官臣點頭：「好！繼續追查！」香奈睜大杏眼，抬著犬犽擠過去問：「等等！你們是誰？這鎮上發生了什麼事情嗎？」官臣一臉傲慢：「你們幾個什麼人？」香奈回答：「我們正在搜尋暗行御史，打算阻止他們侵略四國。」官臣滿臉詫異：「就憑你們四個？」犬犽躺在擔架上，解釋：「大人！請問你們是天山國，還是蓬萊國派來支援的軍隊嗎？我們是嬋郡主和白雲郡主的好朋友。」官臣捧著腹笑：「你們幾個是嬋大人和白雲大人的好朋友？」香奈臉色一沉：「有什麼好笑？」官臣見四人衣衫破爛，鄙視問：「你們有軍隊嗎？」

宮本武藏、猿飛佐助、香奈和犬犽面面相覷，忽然旁邊又有探子飛馳報捷趕來，跪地恭諭：「大人聖上無疆！隨行的弓兵力士都快抵達鎮上了，其餘的全都安頓妥當，均在等候消息，只等著大人發號施令。」官臣雙手插腰，洋洋得意：「咱們要捉得可是一條大魚，傳令叫大家忍耐等候，點齊了兵馬，過幾天等到時機成熟，再把那個傢伙團團包圍。」探子阿諛尊奉：「聖上大人真是精明，懂得行軍打仗的策略，推幾個力士弓兵去包圍敵人，既省事又省力。」官臣吩咐：「切記！無論擒活的還是捉死的，都要見人！」探子揖手鞠躬：「聖上英明！」官臣裝束威嚴，對探子說：「這四個死要飯的說他們是嬋大人和白雲大人的朋友，你替我好好照顧他們。」侍衛挺身站立，仰頭大笑，宮本武藏和猿飛佐助怒髮衝冠：「哼！笑？有什麼好笑的？誰是死要飯的？」官臣沒再理睬，舉手招呼：「大家走！」

十幾個侍衛整齊排列，尾隨著官臣的背後揚長而去：「哈哈！四個死要飯的，沒有軍隊成何體統？居然異想天開要去捉暗行御史？真是笑破肚皮。」香奈忍耐不住，也氣憤憤罵：「你們這些傢伙！狗眼看人低嗎？」犬犽躺在擔架，勸慰：「香！算了，別跟他們計較吧！」宮本武藏忿忿不平：「難道有一件好盔甲穿得就是人，沒好盔甲穿得便不是人嗎？真是可惡！若是那個紅袍的喚出蛟獸，我看你們傢伙就算有幾百條性命，恐怕都不夠抵擋。氣死人了！」猿飛佐助道：「浪人，那群傢伙沒個懂禮節的，別理他們！我們走！」

路邊忽有三隻野狗跑來，惡狠狠的凝視四人，劣嘴磨牙，狂聲吠叫：「汪汪！汪汪汪！」宮本武藏怒罵：「畜牲！

連你都來藐視我們嗎？」猿飛佐助側身讓開：「浪人，咱們佔了狗兒的地盤，先走到別的地方去吧！」

路邊一個破爛乞丐走來，隨便找個屋檐遮蔽處，坐在石階歇息：「呵呵…」宮本武藏瞪一眼：「笑？有什麼好笑的？」老乞丐也沒辯駁，傻笑幾聲，從懷中掏出饅頭：「四位要吃嗎？」

猿飛佐助見那乞丐全身污穢，手中的饅頭烏漆麻黑的沾滿指印，急搖頭：「不…不必了！你自己留著吃吧！」宮本武藏怪叫：「老傢伙，咱們被人藐視，哪有心情吃東西？」乞丐張大嘴咬半口饅頭，樂津津嚼：「你們曉得為什麼那些狗兒一見你們四個，就不斷狂叫嗎？」宮本武藏、猿飛佐助、香奈和犬犽面面相覷，均是搖頭：「為什麼？」老乞丐咬半塊饅頭：「呵呵！俗話說：『狗咬破衣人』，若是你們四個有幾件好衣服穿，那畜牲也就尊敬你們啦！」宮本武藏從錢囊掏出銀子，催促：「你別囉哩八嗦，討厭死了！天氣那麼冷，別坐在這邊啃饅頭，快回家買件好衣服穿！」老乞丐面黃飢瘦，伸手接過：「哎呀！最近天氣冷，有錢正好可以買衣服，溫暖身子。」

才剛講完，忽有個掌櫃手拿木棍，跑出門外驅趕：「臭花子！怎麼又是你？去去去！每次擋在館子前，防礙我做生意！」香奈看不過眼，怒罵：「掌櫃先生！他坐在外面，你站在裡面，他可又沒礙著你，何必這般惱怒恨他？」掌櫃見到客人，也不敢隨便得罪，溫言勸服：「小客官啊！您不知道，這個糟老頭三不五十就來我門口搗亂，嚇走客人，連生意都做不下去哩！」老乞丐拿著破碗和饅頭，起身離開，嘴裡念念有詞：「呵呵！人未曾謀害你，不可無故和他相爭。你的鄰舍既在附近安居，你不可陷害他。你若有行善的力量，不可推辭，當向需要幫助的人施行。不可使慈愛和誠實離開你，要繫在頸項上，刻在心版上啊！」愈行愈遠，走進暗巷，消失在街角旁。

掌櫃見到老乞丐離開，急忙陪笑：「四位客官，那老花子有點粗俗，剛剛多有得罪，還請抱歉見諒。來來來！裡面請坐！裡面請坐！」香奈轉個頭問同伴：「怎麼樣？要進去嗎？」

猿飛佐助伸脖子看，見餐館有人狼吞虎嚥，忍不住摸著肚腹：「進去吧！我餓死了！」宮本武藏遲疑：「打魚的還有傷在身，需要找個地方休息，不方便吧？」掌櫃連忙解釋：「四位客官請留步！咱這不僅是間餐館，也是客棧，裡頭東西應有盡有，樣樣齊全。客人若是不信，可以親自進來瞧瞧，絕沒問題！」香奈又問：「怎麼樣？要進去嗎？」猿飛佐助唉唉叫：「快進去吧！我餓死了！」宮本武藏道：「那好！這地方既是一間餐館兼客棧，不如我們就在這休養幾天，等打魚的傷勢痊癒，再離開如何？」犬犽打個哈欠：「我是無所謂啦！」香奈點頭：「嗯！那好吧！我們先進去吃點東西。」

四人跟隨那掌櫃走進餐館，就這樣暫住下來，不知不覺幾天過去，雖然每天躺在床上養傷什麼事都不能做，但犬犽的體質本來就是身強力壯，再加上白雲齋的祛瘀鎮心丹，肩傷已痊癒了九成左右，斷骨也續合差不多。

這天下午，犬犽躺在床上感覺很無聊，暗想：「屈指算來，我到這邊也將近幾天光陰了，不曉得雷昊大哥現在如何？反正閒著也沒事做，待在這真是無聊，不如趁這機會到處晃晃？」打定主意，掀開被褥，把捆仙繩綁縛腰帶，走出房外。

犬犽扶著欄杆走下樓梯，忽聽餐館內傳來宮本武藏的喧嚷聲：「豈有此理！上次遇見那個穿紗戴帽的官臣，那主兒脾氣可大呢！不但沒有招待我們，還將我們兩個羞辱一頓，發生這倒霉事，真叫人生氣啊！」一個酒客說：「算啦算啦！反正你們兩個又沒受什麼損傷，就該謝天謝地啦！」犬犽心中一愣：「咦！浪人和忍者在跟誰講話呢？」猿飛佐助抱怨：「浪人！酒前輩！我以後要生個兒子，將來養得高頭馬大，便不會有人敢欺負他，再帶他去學武功，那就更沒人敢招惹他了！」

犬犽恍然醒悟：「原來是一起喝酒的朋友嗎？」宮本武藏轉個話題，又說：「忍者！說到高頭馬大，我家鄉有個大巨人啊！他生得虎背熊腰，身長七八餘丈，若是站在屋裡，頭就頂到木樑！若叫他撞見那個羞辱我們的鳥官，包準那主兒吃不完兜著走！」猿飛佐助揮揮手笑：「浪人，什麼大巨人？這種鵰蟲小技才不稀奇呢！我告訴你！我家鄉有個巨人更高，身材數十丈長短，抬起頭來，腦袋有一口鐘那麼大小，坐著時候頭都會頂到樑柱，震得屋宇霹靂啪響呢！」宮本武藏搔頭弄耳，半信半疑問：「忍者，真的假的？」猿飛佐助得意洋洋：「那當然是真的啊！」酒客插嘴：「嘿嘿！你們兩個說得都不稀奇，什麼大巨人？那些都只不過是小巨人，實際算不上是真正的大巨人。」

宮本武藏和猿飛佐助怪眼圓睜，愕問：「那怎麼樣才叫大巨人？」酒客喝一口酒，故作玄虛道：「我家鄉有個大巨人，長得青面獠牙，站起身可把頂上遮得天昏地暗，若是坐著，則把地下蔽得日月無光。一張開嘴，牙齒就撞著屋樑，下巴也頂到地上。他吐霧吶氣，呼吸如狂風，再把長袖一揮，就能夠把你們兩個吹入雲端，掃到海裡去哩！」宮本武藏張大嘴巴，詫異問：「酒前輩！照你話那麼說，大巨人張一口嘴，牙齒就撞著屋樑，下巴頂住地板，那他的雙腳要站哪裡啊？」酒客歪纏嘴臉，口拙道：「扼…這個…那巨人…那巨人的腳…我…我…哎呀！你問那麼多幹啥啊？」

猿飛佐助沏一壺酒，哈哈大笑：「浪人，我昨天夜裡撞見一隻仙鶴從天外飛來，背後喚幾個家丁鼓舞奏樂，仔細一看，原來是仙鶴要授賞官爵，送報喜的匾額到酒前輩家裡去哩！」宮本武藏濃眉睜眼，好奇問：「咦？忍者，你說這是實話假話？」猿飛佐助拍胸保證：「當然是真的啊！那個時候我看得清清楚楚，匾額上還刻著四個大字呢！」宮本武藏詫異問：「那匾額上刻著什麼大字？」猿飛佐助哈哈一笑：「我看那匾額光輝爍閃，清清楚楚刻了四個大字，寫著：『豈有此理』！」

二人哄堂大笑，幾乎把腰閃了一跌，犬犽走下樓問：「喂！你們兩個，有沒有看見香呢？」宮本武藏笑得流淚：「哈哈！打…打魚的？哈！你起床啦？」犬犽問：「這位是你們新結識的朋友嗎？」猿飛佐助坐在旁邊：「呵呵！是啊！是啊！這位是『千杯不醉酒前輩』，他是個侃爺，說話沒幾句是真的呢！」酒客厚著臉皮，歪纏嘴臉說：「哎喲！我可是說真的，沒跟你們侃呢！」

宮本武藏邊說邊笑：「忍者，當今四國境內，你說啥最堅硬？」猿飛佐助回答：「我說石塊最硬！」宮本武藏哈哈一笑，搖頭：「不對不對！石塊遇上鐵槌就碎了，怎能算得堅硬？」猿飛佐助又答：「那我說鐵槌最硬！」宮本武藏哈哈一笑，又搖頭說：「不對！鐵槌遇上火就熔了，怎能算得堅硬呢？」猿飛佐助反問：「浪人！那你說什麼東西最堅硬？」宮本武藏道：「我說酒前輩的鬍鬚最硬！」猿飛佐助笑問：「不對不對！酒前輩的鬍鬚又細又軟，怎麼能算得堅硬？」宮本武藏回答：「酒前輩的鬍鬚當然堅硬，你看！酒前輩多厚臉皮，都給它鑽出皮肉了，怎麼會不堅硬呢？」

二人又是哄堂大笑，香奈忽然衝進餐館，睜著杏眼喘氣叫：「喂！你們兩…咦？犬犽！」犬犽滿臉措愕，怔問：「香，妳怎麼了？」香奈語氣焦急，喊道：「沒時間解釋，你們三個快跟我來！」犬犽疑惑：「什麼事情？」說著，迅速尾隨離開餐館，宮本武藏和猿飛佐助急忙灌一口酒，離座追趕：「哎喲！也等我們！」

四人跑到街上，忽見隊伍從宅牆邊遊行經過，騎兵手持燈籠，浩浩蕩蕩的轆轆前進。犬犽一眼辨認：「咦！是上次那位大人？」宮本武藏和猿飛佐助咬牙切齒：「是那穿紗戴帽的鳥傢伙？」

轎夫抬轎，那官臣急著趕路，與自己四人並無交集。行過路去，忽一個兵丁執恭甚禮，揖手抱拳，跑來說：「聖上大人安好！我們已經派遣人在各門把守，現在只等大人下發命令，就可以開始行動！」數十多個侍衛退讓幾步，又有探報趕來，跪在地上恭諭：「聖上大人無疆！弓箭和力士都準備好，探子也順利潛入屋子，現在只等著大人發號施令。」官臣聽他阿諛尊奉，得意洋洋，吩咐：「傳令下去！等我過去，立即開始行動！」

街上群眾見到隊伍遊行，全都湧前圍觀，犬犽和同伴倉皇想避，卻被人群硬擠來，香奈跟著排擁在中間：「喂！擠什麼擠？」兩個侍衛驅趕民眾：「滾開去！滾開去！大人趕著辦事，死老百姓別礙手礙腳！」穿紗戴帽的官臣虎氣昂昂，喊叫：「繼續移動！走！」身後的隨護擎起劍戟，一整隊伍押著燈籠，鑼鳴鼓響，沸鼎離開。香奈拉扯犬犽，擠出人群：「快去看看！」宮本武藏和猿飛佐助追趕：「等等我們！」

街道河畔相鄰，水巷繁密，四人跑得汗流浹背，穿梭了小巷兜個半圈，忽見前方燈火通明，許多駐兵擋在路邊。犬犽和香奈矮身一低，蹲下牆邊伏貼著，附近奔來飛捷校報的，在官臣身前恭敬下跪：「啟秉聖上！所有一切動作準備就緒，門也封鎖住，現在只等大人下令捉人！」官臣仰頭大笑：「我已經派人潛進屋了，那個傢伙不曉得我的耳目眾多，若要搜查罪犯，簡直就是天羅地網！」

宮本武藏和猿飛佐助跑來，露出濃眉大眼，探頭窺伺：「咦！那個鳥官在幹嘛？」香奈躲在牆後不趕亂動：「噓！小聲點！」忽見隊伍兩邊撤開，退出一條道路，官臣琅噹噹走下轎子，站在宅院的門口觀望：「這地方真是落破，看我取一把火，把這燒了。」

數百箭兵不敢妄動，執槍待命，黑壓壓的站了一堆，封鎖樓房，全都佈置軍隊。官臣胸藏韜略，點清人數道：「待會兒從宅院四方衝進，千萬別讓敵人逃走！」飛捷報問：

「啟秉大人，我們是否應該先遣人去通報風羌大人，一同聯盟來緝拿暗行御史？」官臣一臉傲然，拒絕：「不必麻煩，我的軍隊就能搞定！」

宮本武藏和猿飛佐助詫異：「這個鳥官也是來緝拿暗行御史的？」香奈把食指貼在嘴唇：「噓！不是叫你們兩個小聲點嗎？安靜！」才剛講完，樓房內忽傳來拳腳聲音，桌掀椅翻，有人撞破木板摔到樓下。官臣濃眉一豎，忿怒問：「裡面發生什麼事情？」

二樓的磚牆撞出一個窟窿，兩個探子衝破花窗飛出，摔落地下，受了重傷半句無言，抱著腦袋叫：「救…救命！」官臣抬起頭喊：「哼！好個晦氣鼠賊！貊！你已經被我的軍隊團團包圍，別想逃跑！」

樓房上黑影一閃，有個陌生男子站在窗邊，冷笑：「嘿！當真是大言不慚，若非是我在此打聽萬古神器的下落，你豈能找得到我？」官臣喊叫：「哼！鼠賊生性奸狠，死到臨頭還敢狂言？就算你能離開這地方，也未必逃得出鎮上！嬋大人和白雲大人已經下令軍隊封鎖各城，搜捕暗行御史，就算你有三頭六臂，逃得出我的手掌，那天羅地網的搜捕能逃得了嗎？還是趕緊投降，乖乖跟我回去比較好！」

貊哈哈大笑：「我剛收到了同伴的飛鴿傳信，準備要走，卻倒霉遇上你們這些狐群狗黨來攔阻？嘿！有本事就上來，別在樓下拖拖拉拉。」官臣舉手指揮：「上啊！大家一人一刀，先將他劈成十八塊！」侍衛蜂擁而上，撞破了門衝入樓房，其餘的弓兵怕敵人趁隙脫逃，嚴守東西南北，不敢進去。

過不多久，又見許多兵丁被踹飛窗外，官臣面上失色，喊叫：「砍他！快砍他！」許多侍衛氣急敗壞，拿著刀槍衝進去，犬犽見有人從二樓摔下，急對同伴喚：「快！裡面打得正激烈，我們快去幫忙！」香奈扯住手腕：「等等！還不是時候！」

樓房內打鬥聲響，有人被折斷手臂，痛得怪叫。貊雖無幫手，卻能打得許多人，一個飛身躍到窗邊，挺胸站立著笑：「什麼無用軍隊？看你們幾百個打我一人，怎麼還拿不住我？」十幾個侍衛提著刀槍衝上二樓：「暗行御史！快交出萬古神器！」貊答：「一班亡命之徒武藝平平，沒啥用處！不如回家習功十年，再來捉我吧！」

官臣站在屋外，望空對罵：「鼠賊！你且拋下神器，與我赤手過招！」貊毫不理睬，朝窗外望了幾眼，鄙視笑：「嘿！玩夠了，該結束了吧？」官臣見敵人站在窗邊似乎想逃，急喊：「他要跳了！他要跳了！快守住東西南北！快射弓箭！」
許多兵丁從背後的筒子抽出羽箭，射上半天，貊抖捲紅袍，兩條長袖旋轉如風，羽箭全數掉落地下。

弓兵挺著箭枝懸在弓上，手指一鬆，陸續瞄準敵人的咽喉射去。破空聲咻咻響，貊辨別方位，手法精妙的用袖捲開：「嘿！真是一群廢物東西，還沒玩夠嗎？」弓兵再從筒中抽出羽箭，喊聲射去：「保護大人！放箭！」貊反應極快，腰身一轉把幾枝羽箭抄在掌心，向下拋擲：「嘿！真沒樂趣！」

其餘的侍衛各顧性命驚散而逃，官臣氣他不過，大喊：「大家聽好！四國要捉拿凶身欽犯，這個強盜屢次行兇，誰若捉住了貊，立刻賞個十兩白銀，若是讓這賊逃走，無論老的小的，全都打個三百大板！」弓兵不敢違命，見那暗行御史雖然勢孤，又不敢衝鋒陷陣。眾人傳齊夥伴，喝道：「捉拿欽犯！快殺掉他！」有人跟著起哄：「快呀！若是讓他逃走，大家全要捱棍子啦！」幾個劍兵趁隙擁上樓，貊以背迎敵，一個迴旋踢向肩膀，眾人摔倒，咕碌碌的滾下樓梯。

官臣見軍隊被打得落花流水，心中大怒，吆喝：「把他殺掉！」貊忽向外一跳，躍出花窗：「殺得掉我嗎？」侍衛舉刀持劍，接二連三的擁上喊：「殺啊！」貊曉得對方人數實在太多，若是硬拼只會吃虧，縱身一跳騰上屋頂：「嘿！再見了！」士兵鼓噪混亂，飛步追趕：「保護大人！」

十幾枝羽箭射上天空，貊把長袍當成掩護，旋圈一捲彈飛弓箭。屋頂上箭雨如蝗，短短距離變得寸步難行，貊護住週身用長袖撥打羽箭，惱怒喊：「嘿！你們真的打算惹火我嗎？」官臣推擁兵丁，指揮喊：「殺掉他！快殺掉他！」貊身手矯健，旋轉長袖彈飛了許多枝羽箭，腳貼著磚瓦，橫步移動：「這下你們真的惹惱我了！」忽從背後抽出一柄鐧鐮刀，喚叫：「鵜鳳凰！出來！」

突然間颶風旋天，沙石捲入雲端，一隻巨鳥衝天而起，飛上九霄鳥瞰整座城鎮。兵丁嚇得驚獃，舉目頻視：「天靈獸出現啦！」官臣怒叫：「快阻止他！把神器搶來！」宮本武藏和猿飛佐助怪叫：「是巨鳥！」

那隻鵜鳳凰伸展翅膀擴開兩邊，拱環形狀，尖嘴發出悅耳啼鳴，貊樂呵呵笑：「嘿！鵜鳳凰，把這群廢物捲上雲端！」犬犽一見鵜鳳凰盤旋空中，立刻把衣角紮在褲帶，踏步追趕：「我去幫忙！」香奈喊：「犬犽！」宮本武藏和猿飛佐助尾隨在後，喊叫：「等等我們！」

鵜鳳凰羽翅一展，翱翔於碧海青天之間，旋風飛轉，忽然數十根風柱激起沙石。士兵恃強前進，燈籠和轎子全被吸起，附近樓房的屋瓦支離破碎，在半空中轉來轉去。官臣把雙手按著烏紗帽，瞇眼睛喊：「快…快阻止他！」

頃刻間狂風大作，宮本武藏、猿飛佐助和香奈貼著牆壁，動彈不得：「啊啊啊！好大的風！」一陣飛砂颳在臉上，打得皮肉疼痛，殘枝落葉吹成團片，上翻下揚，捲入雲端。那座小鎮排牆倒屋，大樹連根拔起，氣溫忽變得寒氣侵骨。貊拿著鐗鐮刀，回頭笑看：「嘿！這才叫人生樂趣！」

幾根颪柱倏地掃來，簷瓦飛空，百姓無處走避嚇得驚叫：「救命啊！」侍衛嚇個魂不附體，背脊撞斷了木樁樑柱，捲上天空。街坊的百姓心慌膽顫，大家都怕禍事臨到，七零八落欲往後逃。有人不慎擠到攤販，脫身不得，栽個筋斗跌在階前：「啊喲！別擠別擠！踩死人啦！」混亂中又有長幼婦女被人推倒，踩個頭破血流。向上一望，猛見頭頂陰霾籠罩，黃風捲成旋柱，閣樓牌坊半被摧折，築奉香火的古廟也遭破壞，讓人看了驚心駭目。

貊身手矯健，踏著飛步趁隙脫逃，犬犽追來，喊叫：「等等！站住！」貊回轉頭看，驚喜：「咦！捆仙繩？」犬犽的右手一揚，捆仙繩向前劈出：「玄冥龜！阻止天靈獸！」

遙望雲天相接處，一隻龐大的巨龜冒出河岸，水浪倒瀉，順勢往龜殼兩邊分流開。貊笑得開懷：「小鬼！你來得正是時候！笙捎了封信，要我帶著鵜鳳凰去與闇大人會合，你既來了，就讓我順便帶著捆仙繩走吧！」犬犽擺出攻勢：「我不會讓你把捆仙繩搶奪走的！我要阻止你們！」貊道：「嘿！那麼你就懷抱虛幻的希望吧！不過希望太多卻也未必是件好事，人要懂得及時行樂，因為你永遠不知道明天和意外哪個先來。」

鵜鳳凰騰雲駕霧的飛在半空，一見海靈獸出現，羽翼絨毛全數鼓起，向下俯衝。貊把鐗鐮刀高高舉起：「疾風術！風之裂痕！」鵜鳳凰振翅一拍，忽覺狂風撲面，港口的船排頓時駭浪如山，水渦亂漩，有水灌進甲板，犬犽謹慎盤算：「那隻大鳥飛在雲端，就算我能用水柱乘載玄冥龜騰上天空，畢竟速度太慢，肯定無法追上牠的。若我撤退逃跑，這小鎮就會陷入一團混亂，看來，只能採用旋渦水柱，打遠距離戰了！」打定主意，捆仙繩鞭策一抽，喊叫：「海靈獸！旋渦水柱！」

大水柱沖上十餘丈高，激成急漩往天靈獸撞去。鵸鳳凰的身軀和那千萬斤大水無法相抗，羽翼開展，掃出一股疾風。風勢把旋渦水柱偏向捲飛，撞在簷瓦，磚牆碎裂，到處橫飛。犬犽心驚：「糟糕！若是繼續這樣打下去，小鎮就毀掉了。」貊笑：「嘿！小鬼！還有什麼招術？」犬犽叫：「有許多無辜百姓住在這！你快驅走天靈獸！」貊仰頭哈哈笑：「你的頭腦真是單調，真才叫人生樂趣！」

犬犽見這地勢對自己明顯不利，心想只要能打個平手，儘量拖延等候嬋和白雲齋趕來救援便可，但貊對百姓的生死毫無顧慮，鵸鳳凰大展神威，逼得自己喘不過氣。犬犽不敢鬆懈：「可惡！得想辦法疏散人群！」

宮本武藏、猿飛佐助和香奈奔跑來，叫喚：「犬犽！」犬犽回頭喊：「香！你們快想辦法疏散人群！」貊一聲怪笑：「風象通靈！蒼穹天劫！」

天空中一根巨大的黑風柱突然湧現，轉來轉去，把樓房捲到高空凍雲層，消失不見。宮本武藏怪眼圓睜，驚喊：「打魚的！那柱旋風捲過來啦！該怎麼辦？」猿飛佐助哭叫：「浪人！我們死定啦！」香奈罵：「你們兩個別鬼叫！」犬犽喊：「水象通靈！水禦防空牆！」玄冥龜抬起巨腳用力一踏，河岸邊湧起一波浪濤，壁立若牆，遮蔭蔽地的高出幾丈，竟將整座小鎮籠罩底下。

且見小鎮霧朦朦的被水鐘罩住，什麼也看不見，黑風柱從高空襲捲，被水牆阻隔在外，在半空中激起洶湧的浪濤。貊抬頭見頂上水簾遮天，咬牙切齒叫：「小鬼！玩夠了吧？」舉起鋼鐮刀，往敵人腦袋斬去：「受死吧！」犬犽一個分神，急向後退：「啊！」

風勢瞬間沖開水罩，頭頂的水牆被黑風柱衝破，濺下滿地水跡，隨即又有幾棟樓房吸上高空的凍雲層。穿紗戴帽的官臣來不及逃，旋空翻轉，捲上天空：「救命啊！」犬犽抬頭驚看：「洪流水閘！快用水牆把天空給罩住！」

那堵水牆逆流狂漩，前後激撞，立刻又把黑風柱阻隔在外。風勢劇減，官臣腳底踏空，身子下沉，摔落了屋檐撞出大洞。木椿裂斷，幾塊碎瓦掉落，他從屋脊滾下，四腳朝天的陷進牛車，狼狽罵：「哎喲！我的媽！痛死人…」

貊正鬥激烈，見大水牆把小鎮罩得密密實實，忍不住發怒：「可惡！你真的惹火我了！」抬起頭看，一隻巨鳥若隱若現從水牆外疾速飛過，往鵜鳳凰撲去，吃驚：「糟糕！是赤鷲？」犬犽和香奈驚喜：「嬋郡主！」那隻巨鳥展開翅膀，萬道霞光耀眼生輝，飛向雲端。

鵜鳳凰正往前飛，忽覺腳爪一緊，像被金箍套住似的，低頭驚視，原來是赤鷲把嘴一啄，咬著鳳爪硬往下扯。兩隻巨鳥糾纏不清，鵜鳳凰隱遁想逃，赤鷲便飛前攔阻，兩隻天靈獸就這樣糾纏幾回，進退兩難。貊被罩在水牆下看不清楚天空戰況，曉得勢態緊急，舉起鋼鐮刀急砍向敵人：「可惡的嬋！仗勢欺人，我跟你們拼了！」犬犽精神一振，揚起捆仙繩：「快投降吧！你逃不掉了！」貊怒喝：「你少做夢！去死！」

鵜鳳凰被赤鷲突襲，摧殘民宅的黑風柱忽急勢劇減，消散不見。嬋站在城鎮半里外的岸邊，身旁除了大片沙土，都是荒蕪田畝。蟲聲唧唧，柳垂樹蔭靜蕩蕩的，一波潮水隨風湧起，船舟在河面起伏擺動，隱約見兩隻天靈獸飛梭不遠，穿入天空。嬋穿著雪白淡裝，舉起鴛鴦鉤叫：「風象通靈，天罡風穴！」

鵜鳳凰先前施展了蒼穹天劫，靈氣損耗太多，這時又遭赤鷲突襲，遍體鱗傷，無論逃向何方均無效用，到處都被阻擋，決躲不掉。忽然天空中颳起一陣大颶風，萬團錦雲從氣層倒捲而下，將鵜鳳凰包裹其中，密無縫隙。

天空中落葉飄散，風壓全消，赤鷩的天罡風穴將鵜鳳凰埋在其內，已不知捲到何處。霎時之間雲消霧散，星空千里，週圍又變得靜蕩蕩地。梧桐陪襯在旁，指著天空驚叫：「啊！嬋郡主！那隻鳳凰消失了！」嬋點頭：「走吧，我們可以進城去了。」

赤鷩目光如磷，巨爪撲下，棲在一棟樓房的屋脊上，民眾興奮歡呼，軍隊紛紛拿著弓矢箭矛追趕：「那個暗行御史肯定就在附近，快搜！」貊見鵜鳳凰被天罡風穴捲入錦雲，像轉風車似的激旋消散，氣得吹鬚瞪眼：「可惡！又是仗勢欺寡，下次肯定宰了你們！」說著，一個飛步往南邊逃：「天煞的！管不了那麼多，先去鑄劍山莊和笙他們會合！」正要逃遁，背後一個人影跳下屋檐：「貊！你罪惡太重，天理難容！今日休想活命！」

貊大吃一驚：「是嬋的隨護？」風羌從箭筒抽出羽箭，放出四枝疾箭：「納命來！」貊東穿西梭，躲入暗巷：「哼！這次暫時不跟你鬥！」風羌緊緊尾隨：「你逃不掉的！嬋大人已經駐軍把這四方包圍了。」貊突然轉身，揮舞鐧鐮刀反擊：「去死！」風羌把弓拏住，舉起抵擋，不料那鐧鐮刀太鋒銳，弓柄斷成兩截。兩個冤家窄處相逢，打鬥激烈，貊抬起腳踢向敵人的肚腹：「天煞的！你別纏我！否則我砍下你的腦袋！」風羌用手臂擋住：「你別想逃！」

貊怒吼怪叫，兩條胳膊舉起鐧鐮刀，劈面砍下：「那我只好殺了你！」風羌被逼得向後撤退，貼近牆壁閃躲：「糟糕！得想辦法奪下那柄萬古神器！」貊拏著鐧鐮刀向前一削，砍在磚牆：「少耍花樣！」風羌脫身不得，拿著半截斷弓盤算：「該怎麼奪他的神器？」

忽然城牆上有士兵咆哮，循著樓梯搜下喝：「嬋大人有令！快抓住暗行御史！」貊抬起頭看，情知不妙：「天煞的！得快點離開鎮上。」風羌見他遲疑，趁機拿弓去擋鐧鐮刀，貊應變奇速，向後一撤，閃避開：「嘿！你想幹嘛？」

雲梯搭在牆壁，附近忽湧下許多士兵，喧嚷：「快拿繩索綁住那傢伙！」貊一個飛身騰上屋檐，迴旋兩腳，三個士兵跌下屋脊，背後又傳來喧聲播動：「嬋大人有令！快抓住暗行御史！別讓他逃！」

風羌的弓被削斷，往膝蓋一折，朝上擲向貊的腳踝：「中！」貊把兩個士兵踢翻屋檐，腳踝忽感覺劇烈疼痛，低頭一看，原來竟被斷弓刺中，一顛一拐的往南逃跑：「敢偷襲我？卑鄙的傢伙！」

城鎮樓房被黑風柱掃過，四處煙霧瀰漫，許多雀鳥振翅飛逃，眼前忽有人影一晃，貊正打算跳下屋脊，不慎肩膀中了兩掌，被打個昏頭轉向，跌落屋檐。風羌跟著跳下，把敵人的手臂向後一扭，壓住手腕，折他關節鬆脫了神器：「不許動！」

貊中了兩掌，無計可施卻又不甘屈服，這時被制住關節，痛得拋下鐗鐮刀：「喝！啊…啊！」風羌抓住手腕向上一折，食指壓著貼住臉鼻，再吩咐：「不許動！」貊被人制伏也無可奈何，捏緊左拳望空亂揮：「啊…放…放開！」風羌無意殺他，只想逼著投降，抬起腿在膝蓋重踢一腳：「跪下！」

貊出乖漏醜，狼狽跌個四腳朝天，風羌見他逞強好勝，用手壓住腦袋命令：「說！闇把其餘的萬古神器藏在哪裡？」貊惱羞成怒，順手從地上抓起碎裂磚石，再亂砍：「天煞的！去死！」風羌奪走鐗鐮刀，後退一滾：「貊！你已經輸了。」

貊一生之中打過許多戰役，被對方夾頭夾腦的踹倒在地，如何不恨？發一聲喊，將尖石往自己的脖子割下：「有本事就從我口中套出消息！」風羌反應不及，驚喊：「糟糕！等等！」貊捂著脖頸，鮮血從手掌縫隙源源湧出：「嘿…嘿嘿…人不必活得太過嚴肅，反正又沒人會活着離開…」咳嗽笑了兩聲，撲倒在地，氣絕喪命。

玄冥龜在河面上蕩起浪花，身軀忽往下一沉，幻化一團白霧泡沫隨風消散。頭頂的水罩撐受不住，仿彿傾盆大雨倒瀉而下，打得屋瓦霹哩靂啦。宮本武藏、猿飛佐助、犬犽和香奈飛趕過來，呼喚：「風羌大人！」風羌回頭看問：「大家都沒事吧？」犬犽歡喜：「風羌大人！還好你和嬋郡主及時趕來了！」

猿飛佐助在旁邊喚：「浪人！你快來看看這個是誰？」宮本武藏疑惑問：「忍者，什麼事？」奔跑過去，見有個男子陷在牛車，嘴裡大罵：「快拉我出來！」仔細一看，原來竟是穿紗戴帽的官臣，猿飛佐助指著他笑：「你這傢伙真是報應不爽！你既喜歡狗眼看人低，老天爺就叫你小狗落糞窖，足夠快活一輩子啦！哈哈！」官臣氣憤罵：「狗雜種！你在旁邊閒看笑話，還不快點拉我起來？你可曉得我是什麼官爵？」

宮本武藏和猿飛佐助見那官臣栽在肥料，蹲在地上捧腹大笑，附近有侍衛跑來問：「咦！這裡發生什麼事情？」宮本武藏回答：「大人！有人掉到花肥裡去哩！」侍衛滿臉驚詫：「咦！誰那麼笨？」猿飛佐助道：「是你們的官爵大人。」侍衛嚇得閉嘴，連忙驅趕：「掉到肥料裡有什麼好看的？走開走開！快回家！別在這湊熱鬧！」官臣陷在肥料堆中，氣得罵：「蠢才！別放他走，逮捕他們！捉到地牢！帶回去打一百個板子！」

風羌聽見喧嚷聲，走來問：「這裡發生了什麼事情？」宮本武藏指著糞便人，解釋：「這傢伙狗眼看人低，忍者說是老天爺叫他吃些肥料狗屎，清潔良心。」侍衛捏著鼻子，對宮本武藏和猿飛佐助吩咐：「這裡好臭，你們兩個先將大人拉出糞堆。」宮本武藏命令：「忍者，你去！」猿飛佐助愁眉苦臉：「為什麼是我？」宮本武藏道：「叫你去就去，還問為什麼？」

猿飛佐助從路邊撿一根斷裂的木棍，伸入肥料堆，捏著鼻子遞給官臣：「浪人！這位大人全身好臭，現在該怎麼辦？」糞便官臣嘔嘔叫兩聲想吐，渾身顫起雞皮疙瘩：「狗雜種！我之所以會這麼臭，還不都是那個貊害得？」

猿飛佐助見官臣兩腳朝天陷在糞堆，忍耐不了那臭穢，捏鼻子叫：「快出來！快出來！」官臣滿臉屎尿，命令：「你們全都跟我回去衙門一趟！」宮本武藏怔了怔眼：「咦？幹什麼？你要我們去衙門做什麼？」官臣道：「你們全部搗亂治安，招惹是非，外加破壞公物，都跟我回去衙門受審！」侍衛幸災樂禍：「哈哈！誰叫你們要嘲笑大人？你們幾個真是活該！」糞便官臣側過頭，命令：「別笑！你也一起回去！」侍衛滿臉措愕，指自己問：「大人？這…這…我也要去衙門嗎？」宮本武藏和猿飛佐助張嘴大笑：「哈哈！你也活該！」

糞便官臣沒認出風羌是誰，振臂一揮，吩咐：「有什麼事情，全部等回到衙門再說！走！全都跟著我走！」宮本武藏捏著鼻子：「大人啊！就算要跟你回衙門，也得稍微跟我們保持距離吧？因為你身上實在太臭了。」官臣身上沾滿屎尿，嘔氣薰天，氣得罵：「少囉嗦，說什麼臭？難道從你肚子裡拉出來，倒是香的？」猿飛佐助幾欲作嘔，搖頭：「不對不對！浪人！那傢伙這股惡臭味叫我們怎麼跟他走？應該要先叫他去清洗乾淨。」宮本武藏點頭：「是啊是啊！糞便大人，你渾身屎尿真是臭死了，不如先去洗個澡，我們再跟你走。」

官臣聽這番話有道理，想是全身沾滿糞臭味兒，自己也忍不住想捏鼻子：「傳令下去，派人去問，誰家有澡盆借給本大人洗個澡，換套新衣裳，先賞三兩白銀！」侍衛捏著鼻子站在旁邊，恨不得長一雙翅膀飛走，這時聽對方吩咐自己去尋澡盆，那是求之不得，正要離開，忽有精神抖擻的校報跑過來喊：「嬋大人駕到！」官臣和侍衛聽了這話，嚇得行君之禮，跪倒在地：「嬋…嬋大人？」

過不多久，果然見嬋穿越人群緩緩走來，梧桐伴隨在身旁，犬犽和香奈驚喜叫：「嬋郡主！梧桐妹妹！」梧桐容嬌俏麗，兩點梨渦映著雙頰，也喊：「犬犽哥！香奈姐！」風羌執恭甚禮：「啟稟嬋大人！鐧鐮刀奪回來了，貊已經自剔身亡。」嬋點頭：「風羌，你起來。」

官臣和侍衛聽了這話，面面相覷，嚇得叫：「啊！羌…羌左使？你就是天山國的羌左使？羌大人？」風羌鞠躬回禮，揖手抱拳：「正是在下。」那侍衛舉止失措，嚇得閉嘴，悄悄退出人群不見蹤影。官臣則是跌倒在地，磕頭行禮：「風羌大人開恩！小的知罪！小的知罪！」宮本武藏、猿飛佐助和犬犽捏住鼻子，扳著臉強忍住笑，嬋身邊的一名衙役忽喝：「大膽！嬋大人和風羌大人在此，何人不把身體清洗乾淨，竟然如此糞臭？」官臣嚇得磕幾個響頭，含糊叫：「風羌大人！看在寬恕份上，饒了我罷！」宮本武藏和猿飛佐助在一旁幸災樂禍，壓低聲問：「喂！老甲魚！別扭扭捏捏了，你是想被清蒸呢？還是想被油炸？」

官臣害怕得罪了四國郡主，被刑部的武職拿繩捆縛，再用板棍打個皮開肉綻，早嚇得雙腿發軟趴倒在地，哪裡還有心情理睬二人？風羌臉色一沉，吩咐：「帶他下去！板刑二十下侍候！」左右擁上幾個奉命的刑職，扶他起身：「快走！免得多受刑法。」

官臣嚇得面如土色，戰戰兢兢爬前幾步，想要鞠躬：「求嬋大人饒命！求風羌大人饒命啊！」奉命的刑職左右拉扯，罵：「快走！你想多捱一百下板子嗎？」官臣害怕被刑部的武職用板棍打臀部，大呼小叫：「嬋大人明鑒！風羌大人明鑒啊！」宮本武藏和猿飛佐助笑得開懷：「糞便大人您別擔心！咱們會叫人暗中關照，落手輕些的。」官臣嚇得屁尿滾流，不敢挺撞，啼哭：「嬋大人大人明察秋毫，免動刑法啊！颪羌大人明察秋毫，免動刑法啊！」

兩個刑部的武職左右走來，拿住這犯：「走走走！自己站起來走，你身上好臭啊！」背後傳來官臣聲音，三人逐漸遠去，嬋轉過身問：「颪羌，這位知縣犯了什麼大罪？」颪羌揖手鞠躬：「啟稟嬋大人！那位知縣搗亂治安，招惹是非，外加破壞公物。」

一個飛捷的校報趕來，恭敬下跪：「啟稟嬋大人！我們在那個暗行御史身上，搜到了一張紙條！」嬋疑惑：「拿來給我看。」飛捷校報從貊的屍體清搜封件，恭敬遞前：「嬋大人請收！」嬋展開信紙，見上面寫著：「來鑄劍山莊。」五個大字，點了點頭：「颪羌，即刻準備好，我們往鑄劍山莊出發。」颪羌點頭鞠躬：「是！」

犬犽問：「嬋郡主，妳有遇見雷昊大哥嗎？」嬋搖了搖頭：「為什麼這麼問？」犬犽焦急解釋：「糟糕！那雷昊大哥有危險了，他可能是單獨一人去找闇了。」嬋道：「你們別擔心，雷烈的兒子不是莽撞之徒，不會隨便出手的，他應該只是暫時埋伏，觀察情勢。」犬犽再問：「嬋郡主，那您有遇見白雲郡主嗎？」嬋道：「我也派出軍隊，正在打聽他的消息。」犬犽解釋：「白雲郡主說他先離開，去找您和雷昊大哥通報消息，打算先和你們會合，再商討策略。」

嬋搖頭：「我沒遇見他。」犬犽擔心的說：「難不成白雲郡主也遇上了暗行御史？」香奈道：「犬犽，或許白雲郡主走錯了方向，所以沒遇見嬋郡主和你的雷昊大哥。」嬋問：「四位打算現在如何？」犬犽道：「嬋郡主，您和颪羌大人也要去追闇嗎？」嬋回答：「我曾找人推算過曆法，再過兩天，十五夜的黃昏將會黃道黑蔽，必須要趕在月蝕之象發生前攔阻闇才行。假使四象獸被他融合，等到那輪皓月復了圓，就沒辦法阻止了。」

犬犽點頭：「既然如此，那我也跟著嬋郡主和風羌大人一起去，嬋郡主將玄冥龜託付給我，我絕不會辜負一番心意的！」香奈道：「犬犽！我也要跟著你去！我會阻止那些殺人兇手的陰謀，他們企圖在四國境內引發戰爭的詭計，絕不會得逞！」梧桐也跟著喊：「嬋郡主！犬犽哥！香奈姐！我也要跟大家一起去！我要救出我爹爹！」香奈勸慰：「這趟旅途，我們大家可不是去玩的，崑崙郡主也不會希望看見我們把妳捲入危險，妳留在這邊等候消息，我們會替妳救出崑崙郡主！」

梧桐堅持不肯，只搖頭說：「犬犽哥！香奈姐！無論富家貧家，有哪一個願意拋親棄眷的？我們大家在這地方奇逢相遇，為了阻止那些暗行御史的陰謀，不顧一切，犧牲任何代價。好不容易走到了這一步，在這關鍵時刻，你們卻不准梧桐去嗎？」

香奈見她誓同生死，若是自己再一味攔阻，豈不太過冷淡？嬋走來拍著二人的肩膀，微笑：「能看見各位有這番心志，實感非淺，也不枉過去那些曾為四國戰爭拋血灑汗，壯烈犧牲的義士了。」犬犽道：「香！既然梧桐妹妹她有這股熱忱，也想要盡一份心力，替四國百姓保護這塊清淨地土，我們就別再阻止她了。」香奈道：「我也曉得，只是這件事情並非兒戲。」犬犽說：「別擔心！我會負責保護好她的。」說著，又轉過身，正氣凜然的問：「浪人！忍者！你們兩個也準備好了嗎？」宮本武藏和猿飛佐助獃獃一愣：「打魚的，準備好什麼？」

犬犽摩拳擦掌：「如果準備好了，那我們也要趕緊上路，不能讓闇的詭計得逞！」宮本武藏問：「要去哪裡？」犬犽回答：「鑄劍山莊！」

第十三章 移魂轉身術

眼前日墜西山，隱約可見湖水被夕陽耀照。那湖岸附近有座廣場，廣場中央擺置了一個牢籠，牢籠的周圍有幾罈向上堆疊的灰甕，數排並列。

廣場上松影婆娑，殿後一尊大魔神像依山築建，九層樓高。大魔像的兩邊種著桐樹，氣氛莊嚴。那尊彫刻也不知供何神像，右手拿斧、左手持鎚，頭頂戴著錐圓冠冕，腳下騎乘一團火雲。

只見岩壁兩邊插滿了刀劍，再加上氣勢雄闊的魔像陪襯，景更壯觀。笙踏上坪臺的石階，緩緩走來道：「闇，你打算要使用多蘿蘿教你的傀儡秘術，逼崑崙說出融合四象獸的方法？」

闇跪在祭壇前，嘴裡嘰哩咕嚕唸了幾句聽不懂的辭語，站起身說：「這是目前唯一可行的辦法了。」笙道：「月蝕之象一旦降臨，萬古神器就會失去靈力，這個時候就可以把靈珠取出來進行融合，這也表示，我的殺父仇人今晚就會出現？」闇道：「應該是的。」笙杏眼圓睜：「什麼叫做應該是？我要一個肯定的答案。」闇轉個話題，忽問：「多蘿蘿、貊和海棠都還沒來嗎？」笙道：「回答我！」闇邪眼一瞪：「我相信那個人會來的。」

那座廣場的牢籠內關著犯人，崑崙的手腳被拴了鐵銬，垂頭喪氣的坐在籠內：「叛徒！你為什麼要利用萬古神器，在四國境內引發災難？」闇走到牢籠前：「別廢話了崑崙郡主，我且問你！第九柄萬古神器究竟藏在劍池的什麼地方？」

崑崙待聽對方說明來意，怒道：「果然你是為了第九柄萬古神器而來？」闇點了點頭：「在四國戰爭的年代，我曾是替白雲郡主通聯盟國的信報者，掌握了首要訊息，對任何事，當然都是消息靈通。」崑崙的手腳套著鐵鏈，發出鏗鏗的碰撞聲：「你…你…難道今天晚上便是月蝕之象？」

闇站在鐵籠前，冷笑：「哈哈！我需要能夠融合八隻四象獸的鑰匙，崑崙郡主，我曉得你手中握著那柄鑰匙，你究竟把它藏在哪裡？」崑崙驚問：「你怎麼會曉得第九柄萬古神器和月蝕之象的傳說？」闇道：「因為我神通廣大。」

崑崙道：「原來四國和狩獵一族的戰爭已經結束那麼久，這三年來你一直毫無行動，直到最近才出現，為了就是要等待月蝕之象，融合四象靈珠？」闇點了點頭：「五百年前，盤王開鑿了墓穴，並把六千刀劍在此殉葬，今天這座鑄劍山莊，也就是過去的盤王劍池。崑崙郡主！我聽說你已經在這地方，發現了第九柄萬古神器，是不是也？」

崑崙冷笑：「五百年前，盤王確實有在這邊開鑿過墓穴，並且把六千刀劍殉葬在此，立名這地方為盤王劍池。但是許多人慕名而來，想掘寶藏，可惜最後都一無所獲，空手而歸，你曉得這是什麼原因嗎？」闇問：「什麼原因？」崑崙睜大銅鈴眼，怒喝：「因為這個世上，根本就沒有第九柄萬古神器的存在！」

闇從懷中掏出一個卷軸，將那卷軸攤在地上，展平拆開，紙上貼滿著符帖：「崑崙郡主，少玩花樣了，你可認得這是什麼？」崑崙見那卷軸貼滿符咒，頓時一驚：「這…這是狩獵一族的咒術！你怎麼會有這些東西？」闇笑問：「移魂轉身術，這個名字，崑崙郡主可曾聽見過嗎？」

崑崙聽到這五個字，面容驟變，怒罵：「叛徒！原來你和狩獵一族有過密切接觸？難怪你會殺害雷烈，背叛四國聯盟？」闇搖頭道：「崑崙郡主你別誤會，我確實是背叛了四國聯盟，但我並沒有殺害雷烈郡主，也沒有加入狩獵一族。在四國戰爭結束不久，貊捉了俘虜，替我從狩獵族那邊招攬了一個符咒師，這咒術是她教我的。」崑崙問：「你打算如何？」闍道：「我要你親自告訴我，第九柄萬古神器的藏匿地點。」崑崙斷然拒絕：「那是休想！俺絕不會告訴你的！」

闍取出一壺磁壇，把粉末倒在符紙，再從袋中掏出一撮毛髮：「崑崙郡主，這是從你頭上剪下來的毛髮，放心吧！你會乖乖聽我話的！」

牢籠的鐵柱隔間狹窄，崑崙撲上前抓，勉強伸出半截手臂，前拉後扯卻抓不著，怒罵：「可惡！你這叛徒！休想利用俺！」闍將那撮毛髮和靈符揉成紙團，拋入甕罈，捏個咒訣叫：「移魂轉身術！」崑崙咬緊牙關，決不吐露半字：「你…你休想！」闍把指訣結個印，再取出一道靈符拋入甕罈，施加靈力又喝：「移魂轉身術！催眠！」

崑崙被那咒術迷惑，抵擋不住靈符的威力，口吐白沫道：「俺…俺…」闍捏著咒訣，吩咐：「笙！把牢門打開。」笙掏出一串鑰匙，打開牢籠又替崑崙解開鐵鏈：「我解開他了。」闍喝叫：「出來！」

崑崙忠誠恭順，在慫恿下只能任其差遣走出牢籠，失魂落魄的站著不動。闍曾在祭壇附近搜尋了好一會，見岩壁上插著刀劍，也不知道機關密室究竟在哪，吩咐：「將四象八寶環拿給我。」

崑崙被對方施個傀儡咒術，心魂已飛，走到大魔神後的岩壁，抓住兩柄刀劍，左右兩儀逆順推轉，往外一拉，地面一條長窄甬道隱隱而現。忽聽見身後轟隆隆聲響亮，那堵牆壁緩緩下沉，突然強風往穴中吹入，甬道內湧出塵霧。

且看法場上排列著香爐，紙錢散落了滿地，魔神像那猙獰的神情非常陰森，只瞄一眼也不由讓人打個寒顫。闍屏氣靜息，站在石壇上吩咐：「去把寶環取出來給我。」

崑崙雙眼翻白，踏著腳步走入甬道，笙手持火炬尾隨在後，見那暗道被苔蘚覆蓋，疑惑暗想：「咦！這座劍池底下平平坦坦的，難道真有什麼寶藏？」闇在祭壇上留神觀察：「嘿！據說盤王曾在此鑿了墓穴，殉葬六千刀劍，瞧這劍池底下有機關暗道，難不成竟然真的是盤王墳墓？」

崑崙沿著石縫走下階梯，兩邊的壁池長滿了藤蔓，漆黑中隱約可見是個隧道，寬窄大約容納三人體積。笙睜大杏眼，異常警覺：「咦！那是什麼？」仔細一看，洞窟呈半圓形狀，上窄下寬，有三石頂豎的支柱在中央，底下平鋪一塊細琢圓石。笙在崑崙的背後查看，見那平鋪石板置放著一個翡翠手鐲，不禁疑惑：「咦！難道那就是…」

崑崙走到圓石前蹲下，拿起手環，轉身往甬道外離開。離開了洞穴，崑崙遞出四象寶環，闇將那手鐲捧在掌心，見表面佈滿污塵，隱約透著綠光，伸出袖袍輕輕擦拭，笑道：「哈哈哈！傳說中的四象八寶環，果然在這！」笙疑惑：「原來這是真的存在？第九柄萬古神器果然不只是一個傳說？」闇道：「等到月蝕之夜，我們就能大開眼界了。」笙問：「崑崙該如何處置？」闇道：「現在我用傀儡咒縛住他，若是嬋和雷昊敢來搗亂，我就讓他們自相殘殺。」

笙見那個四象寶環螢光碧綠，八個圓孔環繞一圈，疑問：「你打算把放置在混天乾坤圈、鋼鐮刀、鐵樺殺威棒和金箔大力杵內的靈珠取出，置入這個四象寶環？」闇點了點頭：「現在月蝕之象還沒發生，放置在神器內的靈珠暫時還無法取出，待會兒等我融合了四象獸的力量，妳就能親眼目睹它的威力了。」笙問：「四象寶環你也拿到了，現在可以告訴我，殺我爹的兇手究竟是誰？」闇微笑：「別那麼心急，妳馬上就會知道了…」

背後忽有一排鐵椎飛來，闇正全神貫注和笙說話，見那暗器射到，來不及閃，揚起四象寶環彈開：「什麼人？」鐵椎擊在石臺，闇的掌風貫著內勁一揮，護住週身要穴：「嘿！想偷襲我？」笙轉過頭看，恍然驚訝：「哥？」

雷昊再把雙手抄進暗袋，十指挾著八枚鐵椎，敏捷的衝上祭壇：「笙！快讓開！」闇道：「雷昊！我們好久不見！」

雷昊知道敵人厲害，因此出招絲毫不敢手下留情，銀光閃動，八枚鐵椎擲向對方：「笙！快離開戰場！」事出倉促，闇來不及躲，踏個斜萬勢閃掉六枚鐵椎，肩膀不慎被兩枚刺中，強忍疼痛，從旁飛掠：「嘿！你也學會利用卑鄙手段突襲別人了嗎？」雷昊道：「闇！所有恩怨，今天在此做個了結！」闇問：「我說…雷昊，你有兄弟姐妹嗎？」雷昊咬牙切齒道：「你是明知故問？」闇冷笑：「是了！你有的！不管你們喜歡對方與否，血緣將你二人緊緊相連，這就叫做手足之情。」

雷昊不敢給敵人絲毫反擊機會，再擲出五枚鐵椎：「闇！我對自身的命運無所畏懼，只要笙能脫離暗行御史的組織！喝啊！納命來吧！」可惜鐵椎雖然打鑄得尖銳，卻摧不壞四象寶環，又被敵人輕易彈開。闇瞬間衝到身旁：「雷昊，事隔三年，看來你的頑固性格依舊沒改。」雷昊翻滾三圈躲避，沉穩落地：「笙！快走！」

闇矯捷的飛到身邊，雷昊才剛落地卻不慎被踹中，向後一飛，跌落祭壇。當場氣氛凝重，闇的一雙邪眼勢氣逼人，站在坪臺上道：「雷昊，你獨自一人跑來送死嗎？」雷昊感覺胸口沸騰，撫著肚腹，倒在祭壇下喘氣：「吁吁…吁…闇！你墮落了！」闇將四象寶環套在手腕，冷冷問：「雷昊，你單獨一人跑來殺我，當真不怕死嗎？」

雷昊錯失良機偷襲對方，立刻就被敵人打倒在地：「你有本事便打死我，我絕不會讓你融合萬古神器的！」闇道：「我最後再問你一次！你是不是找死？」雷昊回答：「我一定要阻止你的陰謀。」

闇冷笑：「好！那便如你所願。」腳踏穿雲勢，往對方奔去：「嘿！準備領死吧！」不料破空聲中，四顆掌心雷忽然擲來，闇詫異吃驚：「咦！什麼？」急把桃紅征袍旋圈一轉，彈飛暗器。那幾枚掌心雷炸在衣袍，燙得焦紅，長袖立刻捲起毛球。

闇轉過頭看，冷問：「笙，妳打算背叛我了嗎？」笙擋在面前，雙手亮出兩顆掌心雷：「闇，他讓我來對付！」闇笑問：「妳忍心殺了妳哥？」笙迎前走來：「我會替你擺平，即便是親人，因為我要的只有真相而已！」闇微笑：「是嗎？兄妹情仇，這個有趣。假使你替我殺了雷昊，除掉一個絆腳石，我還應該向妳道謝。」

笙搖了搖頭：「你不必謝我，日後只須將真相告訴我聽，別再隱瞞什麼，也別將我當作無知外人。」闇聽了稱心滿意，點頭：「既使是為了我而賠上性命，妳也願意？」笙把心一橫：「闇！為了查出真相，我會不惜一切代價！」闇退到後方：「好！讓我見識看看妳的實力。」

雙方僵持不動，笙走到面前：「你為什麼要來？」雷昊眼神堅決道：「笙！闇企圖融合萬古神器，毀滅四國，我必須要阻止他才行！妳快讓開！」笙冷然問：「別說笑了，你單槍匹馬的，來這裡白白送死嗎？」

雷昊突然衝向前，一手抓住妹妹的手腕：「笙！趁著還未太遲，快回頭吧！」笙將對方一手撇開，怒道：「你做什麼？」雷昊按著她的肩膀，扯住再喚：「笙！妳為什麼要背叛我們，加入暗行御史？」

笙聽了這話也沒答覆，只冷冷說：「哥！你若不想死在我的手中，就快離開。」雷昊見她仿彿無視自己的存在，咬牙切齒道：「妳為什麼要跟這個殺了爹的兇手在一起？妳是怪我搶了如意風火輪去支援軍隊，間接害死了爹，是不是？所以妳一直懷恨在心嗎？」笙把掌心雷向下一擲，雷昊忽感覺雙腳痛入骨髓，原來是那爆彈炸開，急忙向後退避：「妳…妳…」

笙的手腳均戴著火藥防套，週圍冒起兩團濃煙，冷然道：「若是你再躲得慢一點，恐怕就遭殃了。」雷昊被那爆彈炸得疼痛，勉強站穩：「妳…妳真的要攔阻我？」闇在旁邊靜觀熱鬧：「別跟他客氣！快殺了他吧！」雷昊怒道：「闇！你對我妹下了什麼符咒？我絕不會饒過你的！」

恐怕是因為雷昊連日趕路，變得面黃肌瘦，因此全無昔日豐神之態，只不過說起話來的威嚴還存著三分骨氣，闇對他倒也好生敬畏，搖了搖頭：「我沒有對她下任何咒術，是她自願加入暗行御史的。」雷昊額頭滲汗，冷靜說：「笙！你為什麼要替殺父仇人收集萬古神器？難道不曉得他只是在利用妳嗎？」笙道：「我覺得闇沒有殺爹，這中間另有隱情。」雷昊問：「這些欺哄人的藉口，都是他跟妳說的？」笙搖了搖頭：「這是我的直覺。」闇在遠處叫：「你省點力氣吧，別以為這樣就能勸服她！」

雷昊喊叫：「笙！妳快醒醒！妳忘了爹是怎麼死的嗎？這傢伙從我的手中搶走了如意風火輪，召喚魆龍殺了爹啊！」笙問：「你有親眼看見嗎？」雷昊怒道：「當時魆龍在他的手中，爹是被火焰燒死的，若不是他，還會有誰？」笙回答：「哥，對付我的時候不要謙讓，因為我不會對你手下留情的！」

雷昊抄出鐵椎，快如疾風的往闇奔去：「我要阻止你的陰謀！」笙速度奇詭，飛身來阻，忽把掌心雷擲向前方：「別過來！」

雷昊矮身一低，那掌心雷打在地上，爆出轟隆隆的火花。笙使出渾身解數，將爆彈炸個土石激飛，煙霧直冒。雷昊大喝一聲，雙手使出擒拿的手法去抓對方，笙正往懷中掏出掌心雷，忽然手腕被牢牢扣住：「放開我！」雷昊疾速向前，橫起手肘撞向妹妹的肩膀：「笙！快點住手！」

笙曉得自己被那擒拿手扣住決難禁受，握著掌心雷往上一抬，用力緊捏，爆彈炸開，防爆手套冒起兩團濃濃煙霧。雷昊雖然天生神力，畢竟還是血肉之軀，若被那火藥炸到肯定皮開肉綻，當下也不敢硬拼逞強，連忙放鬆對方的手腕，側身閃避：「笙！」笙隨機應變施展個巧招，不靠一股蠻勁就掙脫了對方的擒拿手：「我不再是你妹，不要手下留情！」

雷昊向後撤避，不料忽有一條鐵索打個圈兒從半空飛來，闇喊叫：「崑崙！捆住他！」雷昊瞥頭一看，吃驚的急把手掌劈去，勁力到處，那鐵索斷成兩半：「崑崙郡主！快醒一醒！」話沒講完，崑崙的雙手抓著許多鐵索在空中轉幾圈兒，又擲過來。

雷昊急要閃避，不慎竟被笙一腳踢中：「啊！」笙急忙住手，杏眼圓睜叫：「哥…哥！」雷昊勉強忍住，看準一處坪臺曠地滾去，可惜崑崙見機可趁，再把手中的鐵索旋轉拋來，繞個五圈纏住自己的腳足。雷昊的腳踝劇痛難當：「糟糕！是陷阱！」

「嘿！捉住你了！」闇將十指結個咒印，再取一道靈符拋入甕罈，施加靈力叫：「移魂轉身術！崑崙！快殺掉他！」雷昊曉得崑崙是中了咒術，立刻抄出鐵椎去斬繩索，不料背後又一根鐵索轉圈飛來，套上了咽喉愈拉愈緊，扯得自己脖頸難過：「笙…笙…快阻止他…」崑崙抓住鐵索，用力往後拉扯：「殺…殺…」闇笑問：「怎麼樣？雷昊，無能為力的感覺很糟糕吧？」

笙見雙方僵持不下，左右為難，正要出手，忽見祭壇附近的湖岸冒出巨大的玄冥龜，腳掌向水面一踏，波翻浪湧，漲至岸邊。湖水逆上數丈高，洪流所經之處淹沒了泥土，氾濫成災。闇被水花濺上紅袍，吃驚叫：「什麼？」笙見勢不妙，唯恐掌心雷被水浸濕，喊道：「闇！快逃到高處！」

一個大寶盒擺置在石臺的中央，闇把雙手往盒內一抄，抓出金箔大力杵和混天乾坤圈：「走！」二人跳出祭壇，踏著快步往劍池的岩壁奔去，幾個健步躍上大魔神的頂端，瞬間爬了九層樓高。

闇被夜風吹得亂髮鬆蓬，站在大魔像的錐圓冠冕上，低頭俯瞰：「可惡！竟敢搞砸我的計劃？」岸邊湧起洶湧的波浪，幾壺甕罈被水浪沖下祭壇，左搖右蕩，咕嘟嘟的冒出氣泡。雷昊被那水勢淹至口鼻，索性掙脫了鐵索，暗想：「是嬋郡主他們趕來支援了嗎？」

事發倉促，忽見浪濤將坪臺淹沒，又往左右分流，撤下淺灘。崑崙被那水勢所攝，沖倒在地，爬不起身。犬犽將捆仙繩耍個流星似的拋空揮舞，追來喊：「雷昊大哥！」雷昊狼狽爬起：「咳咳…我沒事！快救崑崙郡主！」

崑崙的咒術解開，機伶伶地打個冷顫，靈智逐漸恢復。但那先前之事仍舊記憶不全，只覺身體疲倦，無法久站：「咳咳…俺…俺…發生了什麼事情？」符咒的禁法被解開了，闇再也不能攝魂取魄，移轉崑崙的心志。湖岸上捲起狂風，仔細觀看，原來竟是鵺鳳凰和赤鷲展翅飛來。

笙見鵺鳳凰的雙翼擴開，翱翔於夜空，驚覺：「看來貊被殺了。」闇怒道：「我絕對饒不了這些傢伙！」說著，握著金箔大力杵和混天乾坤圈，向天高舉叫：「四象通靈術！蟠蛟！瑞麒麟！我召喚你們！出來！」

天空中湧起藍雲，星辰下焰氣衝天，一隻巨大的蛟獸盤踞在大魔像週圍。隨即又見祭壇的坪臺裂開橫縫，濃煙由洞中冒出，一隻土黃色的麒麟衝出地穴，全身挾帶著土石，跳到魔神像前，怒嘯施威。

鵺鳳凰和赤鷲盤旋在半空中，一見蛟獸和麒麟獸出沒，立刻拍振翅膀，掀起旋風俯衝而下。笙問：「闇，你現在是用兩隻靈獸抵擋三隻靈獸，勢落下風，我們要不要先行撤退？」闇冷冷道：「這個妳不必擔心，那三隻四象獸交給我來應付，月蝕之象馬上就會出現，如果我們現在撤退，就等於是前功盡棄了。妳負責掩護我的行動，別讓他們爬到魔像上來。」笙抄出掌心雷：「我會阻擋他們的。」

犬犽攙扶著雷昊，喊：「香！快去幫忙崑崙郡主！他也受傷了！」香奈奔近崑崙身旁，扶持：「崑崙郡主！你怎麼樣？」崑崙回答：「俺…俺沒事，嬋和白雲齋也來了嗎？」嬋和風羌追趕來，梧桐伴隨在身旁，哭喊：「爹爹！」崑崙喉嚨一腥，吐出幾口淤血，濺得滿身殷紅：「女…女兒！」梧桐見父親內傷嘔血，忙伸出翠袖替他擦拭：「爹！爹！你怎麼了？」崑崙搖了搖頭：「俺沒有事！桐兒！這邊危險，妳快去避難。」香奈搶前攙扶：「崑崙郡主！我來幫你！」

宮本武藏和猿飛佐助彷彿撞著冤家對頭，見這劍池變成了鬥獸場，嚇得魂飛魄散：「浪人！我們兩個也去避難，你覺如何？」、「忍者！這是個好主意！快點走吧！」香奈一把揪住二人的衣領：「等等！你們兩個蠢蛋想去哪裡？」宮本武藏道：「五隻大畜牲在纏鬥，我們幾個小老鼠豈敢逞強？否則枉送性命，真不值得啊！妳說對不對？」香奈破口大罵：「什麼枉送性命？胡說八道！快去幫忙犬犽和嬋郡主他們！」風羌衡量情勢：「香姑娘！你們幾位還是去避難比較妥當，待會兒四象獸恐怕會把這地方搞得天翻地覆，一團混亂。」

宮本武藏和猿飛佐助急著點頭：「是啊是啊！風羌大人有經驗，我們應該聽他的話。」、「浪人講得對，我也覺得風羌大人說得有理。」香奈怒瞪兩眼，幫忙梧桐扶起崑崙：「哼！既然如此，就別繼續發獃！快來幫我們忙！」宮本武藏和猿飛佐助侍候尊輩一般，趕緊協助把崑崙扶走：「來了來了！」

兩隻巨鳥衝天而起，鴸鳳凰和赤鷩羽翅一展，同時飛上了九霄雲端。劍池廣場狂風驟起，附近的海浪全被吸上湖岸，幾道水柱順著旋風飛轉，在玄冥龜的週圍繚繞不停。

犬犽將捆仙繩護在胸前：「風羌大人！要不要我們兩個左右包抄，把闇驅下魔像？」風羌遲疑不決，手拿錮鐮刀問：「嬋大人！我們該怎麼進攻，會比較佔優勢？」嬋吩咐：「風羌，按照風火水土，相生相剋的原理進行攻擊。玄冥龜為介中之王，可以滅火，蟠蛟讓牠對付。鴸鳳凰和赤鷩乃是禽中之王，能夠散土，瑞麒麟則由我們兩個來負責。」

風羌轉過頭問同伴：「嬋大人和我要先把地靈獸瑞麒麟給解決掉，你一人對付蟠蛟，沒問題嗎？」犬犽自信滿滿，拍胸脯說：「放心吧！那隻山靈獸就交給我來應付！」嬋問：「時間不多，你們兩個準備好沒有？」犬犽和風羌異口同聲道：「準備好了！」嬋把鴛鴦鉤橫在胸前，吩咐：「我們上吧！」

犬犽和風羌雙雙搶前，各持捆仙繩和錮鐮刀喊：「水象通靈術！旋渦水柱！」、「風象通靈術！風之裂痕！」大水柱沖上十餘丈高，激成急漩往大魔像撞去，隨後又一股狂風撲面，闇謹慎應對，將手中的金箔大力杵朝浪濤一指：「土象通靈！地脈斷絕！」

祭壇前的坪臺忽然崩坍，瑞麒麟掘開震脈，高大的危岩塌陷下沉，玄冥龜的旋渦水柱恰巧飛捲來，撞在斷層，激起數百丈高的波浪。笙杏眼圓睜，呼喊：「闇！小心天靈獸的颶風！」闇把混天乾坤圈高高舉起，又叫：「火象通靈！焰禦防火牆！」蟠蛟口一張動，藍色火焰噴向天空，那颶風迎面撲襲，兩股強大勢力撞在一塊，火仗風威，火雹像千萬爆竹同時炸開，濃煙瀰漫了整片天空。

「風羌！趁現在！」嬋舉起鴛鴦鉤呼喊，赤鷩兩翼招展，像旋風似的急轉衝下：「快跳上來！」風羌向上一跳，二人騎在赤鷩的背部，兩翼一振，衝向天空。犬犽抬起頭看，見嬋和風羌乘著靈鳥飛上高空，也跟著叫：「玄冥神龜！旋渦水柱！」

湖面上波光如漣，突然一道大水柱升高百丈，那漩圈湧起把犬犽捲向高空，水柱急滾翻飛，將他沖上十餘丈高的天空：「嬋郡主！風羌大人！我在背後支援你們！」嬋吩咐：「風羌！你幫玄冥龜對付土獸！大洪水被瑞麒麟的土象術擋住了，沒辦法攻擊到蟠蛟！」

「遵命！」風羌把鐧鐮刀高高舉起，呼喚：「鴸鳳凰！影舞風遁！」一陣寒流迎面撲襲，鴸鳳凰振翅一撲，搏命似的俯衝而下，尖嘴啄向瑞麒麟。闇急忙叫：「蟠蛟！流星焰火球！」

蛟獸見鴸鳳凰展著羽翼往瑞麒麟飛去，立刻噴出一團藍色火焰，風羌和嬋騎在赤鷩的身上，猛覺一股強大壓力迎面襲來，情知不妙，鴸鳳凰想逃恐怕已是不及，背後忽有旋渦急速攪動，霧起雲轉的捲上天空，原來是犬犽乘著水柱飛來：「玄冥龜！水禦防空牆！快封鎖住火焰的攻擊！」

湖面湧起壁立若牆的浪濤，遮天蔽地的高出百丈，瞬間擋在鴸鳳凰和蟠蛟中央。許多藍焰火球撞擊水牆，在半空中激起煙霧。闇似有警覺，面現怒容喊：「地靈獸！快把水抽掉！土象術，震裂封閉！」

瑞麒麟用利爪掘土往地穴鑽去，頃刻間全身鑽入地下，不見蹤影。風羌在高空中鳥瞰得清楚，問：「嬋大人！地靈獸遁到土中了！現在該怎麼辦？」嬋道：「闇打算利用地震斷層把水抽乾！快！把土獸吸上天空！」風羌點頭，叫：「風象通靈術！龍捲風暴，風捲雲殘！」

鴸鳳凰像是一團旋風俯衝而下，穿破了水牆，羽翼的兩側捲起數十根風柱，附近的灰沙全被吸起，瑞麒麟打兩三個滾破穴翻出，直捲上天。闇立刻使用混天乾坤圈，呼喊：「蟠蛟！火柱攻擊！」

一條龐大的黑影盤踞在九層樓高的大魔像，巨蛟獸牢牢捲住石彫，噴吐火柱。火焰遇風燒得更猛烈，那火所經之處，天空浮雲霎時都藍了半邊，鴸鳳凰略知厲害，尾翼夾著濃煙逃向高空，唯恐被藍焰吞滅，燒成焦炭。

瑞麒麟在半空中團團飛轉，鴸鳳凰逃走之後，颶風忽然消失，身軀一沉，往下墜落。嬋原本想把地靈獸捲上天空制伏，真是半點懈怠不得，眼前若失良機，到時候功虧一簣豈不可惜？隨機應變，立刻舉起鴛鴦鉤喊：「風象通靈術，天罡風穴！」

忽見天空颳起一陣大颶風，萬團錦雲從氣層倒捲而下，瑞麒麟又被吸上風穴，想要掙扎，無奈狂飆怒叫，只能在半空中轉來轉去。照這情勢來看，赤鷩的風象通靈術強行吞噬，瑞麒麟必被天罡風穴吸進無疑。

闇看了正合心意，情急下倒不如將計就計，暗中一喜，喊道：「蟠蛟！流星焰火球！」巨蛟獸將嘴一張，冷不防的吐出數團藍焰，月光下忽見數十顆火球從瑞麒麟身邊掠過，捲向風穴。赤鷩不知是計，只顧張翅奮力一吸，那數團藍焰火球跟著吸入腹內。頓時只見巨鳥張牙舞爪，口冒藍煙，竟被燒得遍體傷痕。

眼前暗沉沉的一片，赤鷩雙目渾濁，團團旋轉向下落墜。且看那天罡風穴極具吸力，瑞麒麟原是被倒捲進去難逃脫的，這時脫了束縛也跟著掉落湖中，浪花激蕩，沉下數丈深淺。

「嬋郡主！風羌大人！」犬犽見赤鷩施展了天罡風穴吸收土獸，不慎也把火焰吸到肚腹，急喊：「旋渦水柱！」兩道水柱升高百丈，捲向嬋和風羌，二人墜在漩圈內，風羌做個翻身鷂子，跳起來喚：「嬋大人！」嬋滿身濕淋道：「我沒事！」

風羌舉起鵰弓將身護罩，立刻從背後的箭筒抽出羽箭，射向敵人：「可惡！」闇正欲全力施展，忽見疾箭迎面射來，喊道：「筀！快來幫我！」筀揮出鐵椎，斬斷了羽箭：「闇！說！殺我父親的兇手究竟是誰？」闇屏聲凝氣道：「掩護著我！月蝕之象將要臨近了，這些召喚術會耗費大量精神，我需要非常專注！」筀咬牙切齒，把心一橫：「待會兒結束了，就快告訴我真相！」

赤鷩身已負傷，靈氣也被震散不少，把數團藍焰火球吸下肚腹之後，天旋地轉的墜落湖中。犬犽和同伴搭乘水柱，腳下的水渦急速攪動，激成急漩把三人沖向大魔像。風羌和嬋被那逆水湧上高空，彷彿騰雲駕霧，闇見敵人迎面衝來，怒喊：「火象通靈！流星焰火球！」

蟠蛟闊嘴張開，數顆藍焰火球沖向水柱。犬犽見勢不妙，急喊：「玄冥龜！擋住火焰！」一堵水牆升到空際，幻化成數層波浪，將三人圍個風雨不透。藍焰火球擊在水浪，變成蒸氣雲消煙散，闇無法攻破玄冥龜的水牆防禦術，見了這情勢更加憤怒：「蟠蛟！快擊碎那堵水牆！流星焰火球！」

無奈蟠蛟再噴幾團藍焰，火球撞在水牆總是變成蒸氣，風羌三人沒受衝擊，犬犽慶幸道：「真是好險！嬋大人！風羌大人！還好水能滅火，否則差點兒就被大蛟怪燒成木炭了！」正想稍喘口氣，卻聽闇叫：「瑞麒麟！趁現在，快點反擊！」嬋似有警覺：「咦！不對！」犬犽和風羌同聲問：「咦！嬋郡主！怎麼了？」、「嬋大人！什麼事情不對勁？」嬋驚道：「糟糕！是瑞麒麟！」闇變個手勢，舉起金箔大力杵喊：「土象通靈術！土流瀑布，沙土埋葬！」

天空忽變得遮蔭蔽地，犬犽和風羌怪眼圓睜，驚訝：「什麼！」抬起頭看，湖岸週圍的土地都在搖動，高崖地陷好似波浪起伏一般，危岩和崩石隆起了數百丈高，竟把三人和玄冥龜都圍在核心中央。

那流沙瀑布從百丈高空倒瀉而下，宛如一頂大棚罩在頭頂，激得湖浪掀天。風羌見這情勢，恍然大悟：「啊！湖底的震脈甚多，闇利用蟠蛟噴發火球，無非是想拖延時間，等待瑞麒麟沉到湖底，立刻就能使用穿山行地之術逃遁，再利用震源隔斷了岩湖的通路，施展土牢術把我們三個圍困？可惡！這個計謀早該想到的，真是該死！」

犬犽狀看週圍，急呼：「嬋郡主！你們別擔心！我用大洪水把土牢沖開！」嬋搖頭：「沒用的，土能治水，一定要用天靈獸的風力，才能攻破土牢。」風羌叫：「四象通靈術！影舞風遁！」

鴸鳳凰翅膀一拍，從天空中俯衝而下，企圖掃出疾風攻破土牢，可惜這伎倆早被闇給識破，將混天乾坤圈高高舉起，喊道：「火象通靈！焰禦防火牆！」蟠蛟繞幾圈盤踞在大魔像，一道藍焰橫排燒開，竟將天靈獸鴸鳳凰阻隔在遠處，飛不過來。

土牢內好像就快崩裂，飛灑的塵土落墜湖中，玄冥龜仰起脖看，有無數碎石陸續塌陷。犬犽、風羌和嬋站在水柱上驚望，隨著湖面一起搖動，湖底也似波濤起伏，仿佛就要陸沉光景似的。

眼看那座土牢大有震塌之勢，若是向下平壓，只怕沒千萬斤重也能瞬間把三人壓成肉泥。嬋左環右顧，舉起鴛鴦鉤指揮：「赤鶩！起來！」一隻巨鳥衝出岩湖，貼著水面拍振翅膀，可惜靈力耗損得太多無法再跟瑞麒麟抗衡，略一掙扎，風勢吹得湖水刷刷亂響。

話說岩壁週圍都被土石封閉，月光射不透穿，犬犽和風羌急出一身冷汗，正想另覓出路，猛覺土石一動，萬噸的沙土由頭頂壓下：「啊！」闇趁勝追擊，使用金箔大力杵，喝道：「今日叫你們死無葬身之地！」沙流封鎖，像瀑布一樣的往土牢內倒瀉。

危急之間，土牢週圍忽然激起滿空飛灑的紅花綠葉，成排樹根和藤蘿像春筍冒出新芽，封住了土石流，四方環繞，防止沙土潰散。犬犽看得驚奇，詫異問：「咦！怎麼回事？」風羌忍不住叫：「嬋大人！是白尾麋鹿嗎？」嬋點頭：「嗯！」

樹根和藤蘿四方延伸，竟和沙瀑土牢渾成一體，毫無半點縫隙，轉眼就將沙流瀑布阻擋在外。犬犽看見一線生機，登時精神倍增：「玄冥龜！用水柱沖開土牢！」

巨龜飽吸口氣，鼓著嘴一張，噴出強力的水柱沖向土壁。嘩啦幾聲，水柱沖裂了土牢外層。且看旋渦水柱與藤蘿樹根的合力攻防震散了沙流瀑布，一柱大水沖破土壁。洞內透入月光，依稀能分辨出洞外局勢，風羌和嬋將身一縱，躍出土牢：「鵜鳳凰！掩護我們！」、「風羌！利用蒼穹天劫把土獸捲走！」風羌立刻叫：「風象通靈！蒼穹天劫！」

鵜鳳凰連聲啼鳴，天空忽然湧現出一根巨大的黑風柱，轉來轉去，把土牢的壁層剝落，捲到雲端，消失不見。闇見這情勢，面上驚現憤怒：「火象通靈！藍焰爆彈！」

蟠蛟張開口，幾顆藍色火焰化成千百團小火球，被黑風柱一捲吸上了天空。嬋見勢不妙：「風羌！快撤開鵜鳳凰！」才剛講完，湖中忽見一條黑影游來，蟒麟蛇激得浪濤翻滾，千百團的火焰球飛在空中，一沾到水立刻化成藍煙蒸氣，消散得無影無蹤。犬犽看見蟒麟蛇，驚喊：「嬋郡主！風羌大人！是那個海棠！」風羌把鋼鐮刀橫在胸前，謹慎防備：「嬋大人！請您暫時迴避！海棠由我來對付！」嬋並未在意，使個眼色搖頭：「風羌，你別擔心她。」

月光從頭頂射下，忽然聽得轟隆聲響，一塊礁岩突出湖面，白尾麋鹿從礁岩破穴而出，周身梅花斑紋，一雙鹿角像是海底珊瑚，碧鱗閃閃。犬犽和風羌抬起頭看，見白尾麋鹿丈高數尺，一雙鹿角繁花大葉，從岩洞內緩步而出，看得驚獃：「糟糕！又多了一個暗行御史！」

海棠身穿紅袍，雙手各握著鐵樺殺威棒和落魂鞭，喊道：「嬋大人！請恕海棠趕來遲了！」風羌握住鋼鐮刀：「海…海棠！妳還有臉回來見嬋大人嗎？」嬋吩咐：「風羌！你鎮定。」風羌後退一步：「嬋…嬋大人…海棠她…」嬋點頭示意：「你先冷靜。」風羌鞠躬：「是！」

犬犽見那個海棠臉白枯蠟，連一絲血色都沒有，心想：「剛才若不是這人召喚出白尾麋，恐怕嬋郡主、風羌大人和我早被沙流瀑布埋葬了。為什麼她要救我們呢？」闇瞪大邪眼：「海棠，妳這是什麼意思？」海棠道：「闇，你為什麼要收集萬古神器？」

闇並未答覆，撇開話題問：「妳收到了我的飛鴿傳信？」海棠點頭：「嗯！」闇問：「妳打算背叛我？」笙驚訝的問：「落…落魂鞭？海棠！鯀是妳殺的？」海棠道：「闇，已經夠了…停止吧！」闇怒叫：「可惡！火象通靈！藍焰爆彈！」

蟠蛟張開口，千百團藍色火球墜下。風羌見勢不妙，驚喊：「海棠！小心！」海棠把落魂鞭旋空三轉：「御水術！洪流橫象！」蟒麟蛇的週圍忽見浪濤大漲，湍急的水流湧起一波海浪。藍焰從天空墜落，撞得蒸氣滾燙。闇使用金箔大力杵，又喊：「沙縛土流遁！瑞麒麟！把水抽掉！」

忽然之間湖底崩塌，水勢分裂，匯成了數道寬窄的瀑布，滔滔不絕的往缺口直瀉而下。澎湃的浪濤直往百丈深淵墜落，犬犽和風羌看得驚駭，低頭一望，也看不清楚水柱下究竟多深。那浪濤墜下裂谷，危岩崩坍，塌陷落去。嬋見瀑布之勢化成無數的水簾急速落墜，驚叫：「快跳！」犬犽和風羌一個健步，躍上天靈獸的背脊，赤鷩振翅一拍，直升天半。玄冥龜則像冰山崩潰，隨著急流沖下裂岩，激起千百丈高的水霧。

海棠被水花弄濕滿臉，將鐵樺殺威棒橫在胸前，站在礁石上喊：「土御術！地動填土層！」白尾麋立在孤岩，周圍的水勢如同瀑布直瀉，忽見橫七豎八的藤蔓從岩石中破穴冒出，東纏西繞的向四方擴展。原本分湧開的裂谷愈縮愈小，數層無形沙障左右擴散開，變成一片土海。

那層沙障並非尋常泥土，藤蔓附壁在飛瀑的懸崖，竟與厚土層聯結一體，將瀉墜的水簾分散開。藤蘿和泥土將水勢瞬間掩埋，玄冥龜龐大的軀體陷在土中，露出上半身紋殼，如生根一般卡住，動彈不得。

犬犽、風羌和嬋騎在赤鷩的身上，低頭俯瞰，土坡地勢高低起伏，已將崩塌的湖脈給填平，凝成實土。海棠和白尾麋站在礁岩上，不遠處的魔神像被黃沙掩埋了半截，那招地動填土層一旦施展開，霎時之間便把百畝方圓的湖水填成了一片土海。

赤鷩耗損了不少靈力，受傷不淺，盤旋在天空不敢接近魔像。犬犽看得心怦怦跳，忽聽嬋喊：「風羌！趁現在！」風羌立即會意：「鵷鳳凰！快使用風柱！」

土地裂開，瑞麒麟破穴而出，正準備鬧個天翻地覆，抬頭忽見鵷鳳凰振翅撲下，立刻被一陣疾風捲上半空。闇怒叫：「蟠蛟！別讓天靈獸接近麒麟！」蟠蛟的尾端橫掃，魔神像的週圍忽冒起一團藍焰，海棠飛步衝近：「白尾麋！用土流壁掩護鵷鳳凰！」

白尾麋聽見那話，一層流沙波浪從地中伏起，隨即往下陷落，蟠蛟的火焰牆被土層遮蓋淹滅。闇的手中沒有天靈珠，無法掌控疾風之力，正在思索破土之法，忽見月亮射出萬道光芒，隨即一個豆大的黑點逐漸擴開，連成弧線。

風羌、海棠和嬋抬頭望見月光緩緩向左移動，均是暗驚：「糟糕！是月蝕之象！」犬犽對這奇景生平未見，望著雲端投射下來的月蝕獸看一會兒，聽嬋驚叫：「風羌！快阻止他！」風羌急把鐧鐮刀舉起：「風象通靈術！風之裂痕！」

鵷鳳凰收翅束尾，如疾箭一般俯衝而下，兩爪正向敵人撲去，忽像是岩石附身似的化成彫像，兩聲哀鳴，墜落在地。犬犽滿臉詫異的問：「風羌大人！天靈獸怎麼了？怎麼會變成岩石？」轉過頭看，瞥見瑞麒麟也跟著化成石彫，從半空落墜，激起塵土，滿空飛灑。

「可惡！來不及了！」風羌弩弓懸箭，朝著敵人連射三枝羽箭，低頭一看，驚見腳下的赤鷩速度銳減，也像投石一般往地下落墜。嬋喊：「快走！」犬犽顧不得多想，縱身一躍，往土坡滾跳：「糟糕！四象獸都變成石像了！」風羌跟著跳下，轉頭一看，忽見赤鷩順著風勢往東邊墜落，驚叫：「海棠！小心！」一團陰影遮蔽大地，海棠轉頭瞥看：「咦！」

赤鷩兩翼兜風，一個勁往下直墜，塵霧飛揚，撞出幾畝方圓的大洞。闇見那隻天靈獸撞向海棠，冷笑：「嘿！叛徒，這樣就死了嗎？真是太便宜了。」才剛講完，忽見三枝疾箭迎面射來，驚喊：「咦？可惡！笙！快掩護我！」、「我知道！」笙把長袖旋圈飛轉，三枝羽箭抄在雙手，一折兩斷，拋擲在地。

天空中的月亮為陰光所掩，顏色轉淡聯成一線，黃道黑蔽，玄冥龜和白尾麋鹿均化為岩石，蟠蛟也跟著盤踞成一座石像。此刻真不得容緩，風羌、犬犽和嬋滾地兩圈，踩著沙土往魔像奔去：「風羌！你從左邊包圍闇！」、「遵命！」、「嬋大人！我從右邊攻擊他！」、「好！」

闇拿起混天乾坤圈和金箔大力杵一看，見孔洞兩顆鵝蛋大小的靈石散發滿團光輝，靛藍色和土黃色的靈珠稀薄透明，立刻默誦幾句咒訣：「四象通靈術！解印！」

混天乾坤圈和金箔大力杵的圓孔本來嵌著一粒靈珠無法取出，這時卻突然鬆落，滾轉兩圈，掉落在地。犬犽和同伴奔到了大魔像近處，風羌抄出武器，四枝疾箭射向頂上：「闇！你快住手！」

笙站在魔像的頭頂，向下擲出掌心雷：「不准上來！」爆彈和疾箭撞在半空中，炸得濃霧漫漫，黑煙直冒。闇拋開了混天乾坤圈和金箔大力杵，把火靈珠和土靈珠往寶環的圓孔一壓，便卡了住：「嘿！融合了兩顆靈珠。」

嬋對同伴二人吩咐：「你們兩個小心！現在靈珠已經暫時失去靈力，在月蝕之象結束之前，很輕易就能把靈珠取出，千萬別讓闇搶走了萬古神器！」風羌躍上神像：「嬋大人！我用遠距離攻擊他們！」

笙戴著防爆手套，忽感覺一陣迎風襲來，擲出掌心雷抵擋：「闇！好了沒有？」
這個時候，嬋將身形隱到魔像背後，奮力一跳：「風羌！掩護我！」風羌反應機靈，五指一次挾起四枝羽箭，搭了弓射向魔像的頭頂處：「遵命！」可惜箭剛離弦，笙也已經警覺，立刻抄出掌心雷做擋箭牌：「闇！他們上來了！」嬋從魔像的背後跳上來：「你們兩個快住手！」闇瞪大邪眼，齜牙一個冷笑：「嘿！嬋郡主！好久不見！」

嬋揮出鴛鴦鉤，砍向肩膀：「闇！快住手！你可曉得四象獸一旦融合，會有什麼嚴重後果？」闇閃避開：「四象獸會失控吧？」嬋迴旋身轉，一個穿雲勢再將右腳踢向對方的臉頰：「既然曉得，為何還打算要這麼做？」

闇舉起四象寶環一擋，猛覺彈力甚大，仰身向後傾斜：「真不虧是嬋郡主！過了這麼多年，身手依然矯健。」腳底一滑，全身飛出大魔像，忽把腳尖緊緊扣住邊沿，做個倒掛金鉤之勢，飽吸口氣又騰上來：「可惜我已經融合了兩隻靈獸，剩餘的靈珠也將會被我融合，妳是阻止不了我的！」嬋怒道：「我不會讓你的陰謀得逞！」

闇向上一跳，蜻蜓點水的躍上了大魔像的左肩：「嘿！那妳也得要能阻止我才行！」嬋喊道：「別逃！」闇的手腳同時沾地一翻，騰上了大魔像手中的石斧，低頭下視，將數丈方圓內的土海看個清楚。

嬋使勁一躍，跟著跳上了魔像的膀臂。二人站在石像最高處，兩側離地有十幾層樓高，低頭略看，可見底下全景。正要出手，忽覺一陣寒風撲背襲來，嬋察覺有暗器擲到，立刻揮舞鴛鴦鉤迴防一砍，那火爆彈炸開，濃煙直冒：「雷烈的女兒！」

笙吁喘著嬌氣，站在遠處問：「嬋郡主！是妳殺了我爹？」嬋滿臉疑惑：「妳說什麼？」笙解釋：「闇跟我說過，一旦萬古神器收集到，月蝕之象發生的時候，殺我爹的兇手就會出現，難道是妳？」嬋疑問：「雷烈的女兒，妳在說什麼？」

犬犽和風羌攀爬追上，站在魔像的頭頂，急喊：「嬋郡主！」、「嬋大人！」笙阻擋背後去路，回頭喊：「你們別過來！否則我就用掌心雷炸碎你們！嬋郡主殺了我爹，我要報仇！」

風羌擎住弓箭，瞄準道：「放肆！翠雲公主！雷烈郡主逝世的時候，妳也在場親眼目睹的，妳無憑無據，豈可隨便誣賴嬋大人？」笙連哭帶喊叫：「闇！你不是要把真相告訴我嗎？你說！究竟是誰殺了我爹？」闇搖了搖頭：「笙，真可惜啊！殺妳爹的人並不是嬋郡主。」笙咬牙切齒道

：「這麼多年來，難道你所說的，全都只是一個謊言？」闇冷笑：「妳忘了嗎？我可還沒有收集到所有的萬古神器呢！」

犬犽站在遠處，高聲喚：「嬋大人！」嬋站在魔像的最高處，全身被風吹得衣裙擺蕩：「你們兩個別過來！」風羌的羽箭懸在弓弦，蓄勢待發：「闇！快點住手！你無知的行動，將會毀掉整個四國的！你曉得嗎？」闇低頭俯瞰：「無知的行動會毀掉整個四國？怎麼樣才叫不無知呢？人都是無知的，只是各人所不知的不同，難道你不這樣覺得嗎？」

笙從袋中掏出一顆葫蘆大小的鐵球，厲聲再問：「闇！我再問你最後一次！真相究竟是怎麼回事？」闇站在邊緣，身旁的冷風颼颼吹過：「笙，從這高處跌下去，不死也半條命，妳真的打算要用轟天雷炸掉石像，跟我們兩個同歸於盡嗎？」

笙把鐵球高高舉起，怒叫：「我只要知道真相！說！究竟是誰殺了我爹？」闇道：「親手殺死你爹的兇手…早就已經死了…」笙聽了萬念俱灰：「什麼？」防爆手套突然鬆開，轟天雷向下一沉，萬道紅光將魔像的手臂瞬間炸成碎石，失去支撐，雪崩溶化似的往下墜落。

「啊！嬋大人！」、「嬋郡主！」犬犽和風羌站在遠處觀看，猝不及防，見那轟天雷火星飛濺，籠罩著一層灰霧向下掉墜，火焰熊熊耀閃。魔像又高又大，右手握著石斧突然斷裂，千丈沙塵陷落在土海。犬犽和風羌步履輕矯的蹤身躍下，跳到了魔像底部。

那尊大石像的腳下騎乘火雲，岩壁兩邊插滿了刀劍。二人左觀右顧卻不見嬋的蹤影，抬頭見天空的光線幽暗，幾乎都被月蝕之象給遮蔽。放眼望去，幾千柄刀劍被崩石撞斷，風羌見大塊岩石墜下，跌成粉碎，驚叫：「嬋大人！嬋大人您在哪裡？」轟隆聲響，石像到處都是灰煙，忽見兩個黑影隱隱而現，犬犽喜出望外的叫：「是嬋郡主！」風羌追趕過去：「嬋大人！」

土坡近處飄起無限風沙，海棠全身血跡，遍體傷痕的扶著嬋，緩緩走來：「風…風羌…嬋大人受了重傷…」、「海棠！妳沒死？」風羌大吃一驚，衝向前扶穩二人：「先坐著休息！」

塵土彌漫，分不出東西南北，這場爆炸震得眾人頭昏目眩，嬋立足不穩，跪倒在地：「風…風羌…闇…闇的屍體…和四象寶環呢？」揚塵百丈，坍落的魔神像震塌了一個大坑，風羌左環右顧：「啟稟大人！我立刻去搜！」才剛講完，忽然一個黑影飛快奔近，五指緊扣，揑住自己的咽喉不放：「啊！扼…扼…」闇血流滿面，披頭散髮道：「你…你們是阻止不了我的！」

風羌的咽喉被人掐住，非常痛苦，犬犽見同伴受縛，驚喊：「風羌大人！」海棠鬆開嬋的手臂，抄出鐵樺殺威棒和落魂鞭，奔去：「闇！快放開他！」闇急忙撒了手掌，拋開風羌：「哼！叛徒！」

海棠奮盡生平之力，舉起鐵樺殺威棒擊向敵人：「跟我同歸於盡吧！」闇毫不抵擋，硬是受下這招，那鐵棒打在肚腹痛徹心肺，一手勾住了對方的脖子，向外拋飛：「嘿！海棠，這麼多年來，原來妳是早有計劃了？」

海棠一時失手，倒翻筋斗，重重的摔在地下：「啊！」犬犽捨命衝來：「闇！放開他們！」闇瞪大邪眼，擒拿住手腕：「哼！鵰蟲小技！」犬犽抽起捆仙繩，轉三圈捲住敵人的手腕：「風羌大人！我抓住…」闇暗中蓄力，不待對方講完，突然招中套招用力一扯，把對方硬扯過來，迴旋飛踢，使一個風捲殘花之勢把犬犽踹出幾丈：「我決心改變一切，你是無法攔阻我的！」

海棠倒臥在地，拼命將身翻轉爬起，忽覺半空中一股暖風迎面撲襲，抬頭驚看，闇一拳擊在自己的胸腔，招數狠辣，似乎能把骨頭都打粉碎。頓時只見胸前血如湧泉，海棠痛徹心肺，低聲喚：「風…風羌…保護嬋大人…」

風羌氣得爬起身喊：「闇！放開她！」闇揪住桃紅征袍，冷然問：「海棠，妳這是什麼意思？妳既然有心叛離，就應該早有受死準備。我不是曾對妳說過了嗎？如果妳背叛我，妳將會失去一切妳所期望的。」海棠櫻口顫動，微笑：「我…我已經沒有什麼東西可以失去了…」

塵霾之中，隱約聽到熟悉的聲音相遙呼應，喊道：「崑崙郡主！他們在那邊！」犬犽滿臉土灰，喊道：「是雷昊大哥！」崑崙、雷昊和梧桐踏步趕來，背後跟隨許多追兵，火炬將周圍通明照亮：「他們在那邊了！」

闇稍微一怔，瞥見左邊又有宮本武藏、猿飛佐助和香奈奔來救援，背後也尾隨許多追兵，心裡曉得眾人打算分兩路包抄，把自己圍在核心中央，立刻雙手一探，扯下海棠的落魂鞭和鐵樺殺威棒：「哼！我們後會有期了！」

風羌曉得時機轉瞬消逝，既刻爬起身，弩弓射箭：「闇！納命來！」可惜速度稍慢，闇縱身一跳，避開疾箭：「嘿！羌左使！若是你們還想要見到這幾顆四象靈珠，等到日蝕之期，帶著其餘的萬古神器到彩雲峽來，我會在山頂最高處等候你們！記住！千萬不准差派軍隊埋伏！否則就永遠別想再見到這幾顆四象靈珠了！」風羌驚叫：「闇！等等！」

追兵均是平庸之輩，即使趕來也無法支援，闇事敗想逃，忽從懷中摸出兩顆藥丸彈在地上，爆出煙霧：「記住！是日蝕之象那天，千萬不准派遣伏兵！否則後果自行負責！我們後會有期！」

眼前迷霧沖天，混亂中有侍衛被擠得跌手撞腳，無奈月亮陰暗，闇彷彿生了翅膀似的，轉眼不知去向。海棠的胸口鮮血直流，簌簌抖顫，顯然疼痛難當：「嬋…嬋大人…」嬋被塵土嗆著口鼻，跪倒在地，咳嗽：「快…快幫她止血！」

崑崙和雷昊飛趕來問：「大家的傷勢怎麼樣？」風羌心亂如麻，同伴的話全沒聽進耳朵，撲到海棠身前：「海棠！我立刻幫妳止血！」海棠的臉上堆著笑容，搖頭不語：「風…風羌…」

一道通光天井射穿雲端，月光透下，宮本武藏、猿飛佐助、梧桐和香奈分別跑來，扶起犬犽和嬋，眾人抬頭一看，月色光芒漸露，顯出一輪半圓白影。那豆大黑點恢復了圓，原本黑蔽的黃道又變得波光雲影，月色輝映。

土坡附近，四象獸的石像忽然剝落，碎沙迸裂，化成一團濛濛的煙霧往四方飄開。犬犽和同伴見四象獸陸續震散，化成畝許方圓的土團，消失不見，心裡均曉得：「月蝕之象結束了。」

月光展露，崑崙和雷昊把情勢看個清楚：「是海棠？」嬋蹣跚走來：「風羌，海棠的情況如何？」風羌搖頭：「胸骨全碎裂了。」嬋看一眼：「海棠，這麼做…真的值得嗎？」

海棠蒼白的臉頰上隱約透著皺紋，微笑：「嬋大人難道您忘記了？海棠與您也有相同目標，曾經差點兒國破家亡的您，不是應該很能體會那種痛苦嗎？」嬋哽咽的問：「這樣做真的好嗎？獨自背負著莫須有的罪名而死，那樣的妳，會幸福嗎？」

海棠見她真情流露，顯然極為關心自己，也沒多應，嫣然一笑：「嬋大人，自從靈獸出現在四國境內的那一天起，海棠就已經註定要捲入這場紛爭之中。為了四國聯盟的和平，為了承擔一切所有污名，為了實踐對嬋大人的忠誠，而承擔別人的憎恨，即使這樣，海棠還是能含笑死去。」風羌滿心疑團，急問：「嬋大人！海…海棠她為何這麼說？」嬋沉默不語，海棠咳出血痰：「風…風羌，白尾麋鹿是嬋大人親自送給我的，我並沒有盜竊萬古神器。」風羌詫異：「什麼？妳…妳沒有竊走鐵樺殺威棒？」

海棠微微一笑：「嗯…」犬犽突然走來，呼喚：「海棠大人！」海棠咳嗽：「小伙子，上…上次曾經問過你的問題，你想出答案了嗎？」犬犽點頭：「嗯！」

海棠望著天空，又問：「在野火戰亂的年代中掙扎生存，無論走到哪裡都是一團黑暗，奸盜者將搶來的婦女剝了衣裙，任其辱受姦淫荼毒，惡霸劫奪良人的產業，燒殺擄掠。就算雲端上有陽光，但雲底下的會是什麼呢？」犬犽眼神堅決，說道：「有多大的陽光，就有多大的陰影，但是當我把雙眼注視在陽光的時候，陰影就會落在背後，所以即使雲底下是漆黑一團，但在天空上，仍舊還是陽光普照。」

海棠聽了這話，心中溫暖，轉頭再看聯綿不絕的沙灘和土丘，伸手指著說：「四…四國境內，百姓可以坐在樹蔭下乘涼，是因為很久很久以前，有…有人在此種下了樹…咳咳…在…在我出生的時候，這塊土地不是一片荒蕪。我離開時，希望這個地方也不是一片荒蕪。不管遇見多少恐懼，都不要輕易退縮，就像生長在四國境內的花草樹木，在你我離世的時候，仍會繼續延續下去…」犬犽毅然點頭：「海棠大人，我答應妳！」

海棠的臉龐白裏透青，沒有一絲血色，喃喃囈語道：「人為婦人所生，日子短少又飽受患難。樹若是被砍斷了，仍可發芽，嫩枝長生不息；雖然其根在地裡衰老，死在土中，吸收了水氣還能發芽，長起新枝就像新栽的大樹一樣。但人死亡而滅沒；他的氣息卻在何處呢？海水絕盡，江河涸乾，人也是如此，躺下了便不再睜開雙眼，等到天滅沒了，仍沒甦醒，也無法從睡夢中喚醒…」

風羌見她嬌體瘦弱，桃紅征袍被沙土弄得骯髒，立刻將身上大衣脫下，套在同伴的胸前遮蔽：「海…海棠…」海棠沉默半晌，對望眾人幾眼，微笑：「嬋大人…風羌…海…海棠似乎突然有點想在這個世上…多…多活久一點了…」說著，櫻口微張，閉上雙眼。不曉得為何，腦海中突然湧上一些片段的記憶，海棠的臉頰滑下兩行淚痕，有個畫面呈現眼前：

風羌一個健步飛趕來，曲膝下跪：「啟稟嬋大人！他果然已經叛變四國聯盟了！」嬋轉過身問：「戰爭才剛結束，四國聯盟的軍力都耗損很嚴重，他曾是白雲齋的心腹，若是再讓他竊走其餘的萬古神器，四國肯定會陷入一團混亂。」海棠站在旁邊問：「嬋大人，這件事情發生得太突然了，為什麼他要叛變四國？」嬋搖了搖頭：「我也還不曉得，須把來龍去脈查個清楚才行。」風羌揖手抱拳，恭敬道：「嬋大人！不如讓我去除滅他吧？」

嬋沉默不語，心裡似乎在想什麼事情，海棠則說：「你殺不了他的。」風羌一愣：「什麼？」嬋將好話收起，抬出正事分析：「海棠說得對，他曾經受過嚴謹訓練，可以算得上是四國境內第一等的人才，要殺他沒那麼容易。」海棠揖手抱拳道：「嬋大人，海棠有個請求。」嬋吩咐：「妳說吧！」海棠下跪在地：「請讓海棠去吧！」

嬋還在疑惑，海棠又磕個響頭：「嬋大人愛民如子，是辨識明理的郡主，這個海棠也懂，因此才斗膽請求。既然榮華富貴和名望權勢不是擺在首居要位，就應該要以擔當大業為重任，豈不是嗎？」嬋思索半晌，吩咐：「風羌，你先退下。」風羌茫然不知所措，躊躇道：「嬋大人！我…」嬋把話遣開：「我有些私事想詢問海棠。」

風羌怕海棠有什麼不妥之策，想要勸阻，可惜郡主已經明言吩咐自己退下，無可奈何，撤出懸樓殿不再言語。嬋走入梳妝室，套換一件體面的衣袍，扮裝起來，威嚴比較往昔更勝不同：「若一國自相紛爭，就遺為荒場；若一家自相紛爭，必要傾垮。海棠！這道理我也懂，妳企盼能憑真心誠意平息造反勢力，但他可不是一般的庸俗之輩，妳卻甘願落得自己一身擔飢受凍的，只為了平息內亂，難道這樣做值得嗎？」海棠答覆：「嬋大人，這幾年來，邊疆的狩獵族攻打我們四國聯盟，逢人便殺便辱，害得百姓受累不淺。如今好不容易狩獵族的戰爭結束了，四國距離和平的日子終於不再遙遠，如果他叛變一事，意味著另外一場戰爭的開始，那海棠絕不會容許有人再次利用四象獸的力量，擴展勢力。」

嬋悶悶不悅，又問：「海棠，這個世態有多少人情冷暖，妳自己心裡應該也很清楚吧？如果大家都知道妳是背負罪孽才活著，大家會開心嗎？」海棠沉默半晌：「嬋大人，這樣的海棠，您是怎麼樣看待的呢？」嬋搖了搖頭：「這要付出多少代價，妳可明白？」海棠心意已決，咬緊牙道：「為了持守天山懸樓殿與四國的和平，海棠會不惜任何代價，甚至是犧牲掉自己的性命！」

嬋見她始終如一，聽這話說得情詞懇切，多可憐了屬下一片誠心，從寶櫃掏出鐵樺殺威棒，嘆口氣說：「這隻白尾麋鹿，是天山國的鎮殿之寶，妳帶牠走，地靈獸的力量能夠保護妳的。」海棠伸手接過，存著知恩圖報之心，下跪道：「嬋大人一生恩惠，海棠絕不忘記！」嬋吩咐：「那個叛徒智勇兼備，唯獨趁著他現在勢力薄弱，這個計謀才能奏效，若是等他勢力擴張，要再混入可就不容易了，妳早點動身吧！自己小心保重。」海棠緘口默言，把鐵樺殺威棒掛在背後，推開花窗，一個健步跳躍出去：「嬋大人珍重！」

天山懸樓殿外塵灰起處，忽颳起一陣大風，殿內安靜，走廊傳來嬋的叫聲，喊道：「來人啊！」風羌快步飛趕，推門進房：「嬋大人！發生什麼事情？」

侍衛的隊伍人數極多，陸續湧進殿堂：「殿內有動靜！保護嬋大人！」嬋回頭望眾人一眼，臉上不快樂說：「立刻召告翠雲國、蓬萊國和鬱樹國，海棠盜竊了地靈獸白尾麋，叛離天山。從今天起，她不再是天山懸樓殿的棠右使，遇者斬殺！」講完，轉身先向外走，飄然出門，頭也不回的往大殿離去。

事出突然，風羌心裡感覺冰冰涼涼，站在原地獃著不動：「什…什麼…海棠她…」眾人聽了命令不敢違抗，背後有許多侍衛湧入殿堂：「嬋大人有令！把懸樓殿看守住，海棠那個叛徒應該還沒跑遠，快搜出她的行蹤！」幾個守衛又持槍趕來喊：「保護嬋大人！大家快捉住叛逆者！」風羌跪倒在地，垂頭嘆氣：「怎…怎麼會這樣？」

回憶到此，眾人站在海棠的遺體面前，遂無一語。嬋凝目觀看，嘆口氣說：「這事只有海棠與我自己知道，她希望能潛入暗行御史，徹底打聽清楚他們的行蹤和企圖，才能一舉消滅。她是一個犧牲品，這也是她生存的意義。海棠為了滲入組織，不惜背負著盜竊萬古神器的罪名，成為四國聯盟的敵人，目的就是為了能接近闇。她選擇了套上叛徒的污名，背負真相，消失在黑暗之中。」

風羌聽完這話，終於再忍不住，全身驚得猶如掉落冰窖似的跪倒在地：「嬋大人…原來…原來這才是真相？」嬋點頭：「嗯！」宮本武藏、猿飛佐助和香奈發獃望著冰冷的軀體，低頭嘆息：「妳不應該這麼魯莽行動的…」

犬犽想起初次見面，海棠曾對自己說過：「人都只是依賴自己的感官而活，確信眼睛所看見的才是事實，但我們所能見的究竟有多寬廣呢？人都只是被局限在自己的思想當中，你們不這樣認為嗎？」憶想到此，搖了搖頭：「她選擇了背負著叛徒的污名，只是為了能接近闇？這種荒謬的想法，我不能接受！」

梧桐臉色淒然，哽咽道：「犬犽哥…勇敢有許多種，海棠姐姐為了潛入暗行御史，放棄了自己的理想和夢想，或許…或許這就是她勇敢的地方吧…」雷昊聽了不以為然，說道：「在殘酷的考驗中生存著，為了保護自己所愛的，就必須要有所犧牲。」崑崙點頭：「翠雲少主，自私之心人之皆有，要說甘心情願把最珍貴的東西掏出來奉獻，天下只怕少有人能做到，畢竟那可是全然不同的抉擇。」

嬋忽開口道：「翠雲少主，我要跟你明說一件事情。」雷昊點頭：「嬋郡主請講。」嬋道：「你妹妹已經死了…」雷昊沉默半晌，臉色顯得格外感傷：「是嗎？」

嬋咈然不樂，望著天空說：「唉！人一生虛度的光陰，就如影子，誰知道什麼能與他有益處呢？誰能告訴他末後的日子，在日光下有甚麼新事呢？智慧人和愚昧人同樣無人惦記，因為日後都被遺忘，可嘆智慧人死亡與愚昧人無異。人在日光之下的勞碌，在他一切的勞苦上獲得了什麼呢？」

風羌的心中一腔冤恨無處發泄，捏緊拳頭，忽站起身：「嬋大人！」嬋側過臉問：「什麼事？」風羌強壓悲傷道：「請容許風羌暫時保管鐧鐮刀，一旦消滅了闇，風羌會立刻將天靈獸歸還！」嬋道：「風羌，海棠已經受了夠多折磨，如果你打算現在放棄，我會允許你的。這場戰役是闇和四國之間的事，你並沒有必要牽扯進來。」風羌咬牙切齒道：「嬋大人！四國的事就是風羌的事！如果風羌能放棄，那海棠的犧牲又算是什麼？風羌不是曾向嬋大人承諾過了嗎？即使戰爭結束，風羌都會將這條性命奉獻給嬋大人，直到離世為止！」

嬋聽他字句提起，此般疼痛就像一刀割下身上的肉塊似地，半句話也應答不出。梧桐在旁聽了，柔腸一轉，終於再忍不住涕泣：「唔…唔…爹…」崑崙把女兒摟在懷中：「桐兒乖，別哭！」

土坡遠方捲來一團塵霧，風沙颼起，將眾人衣袖吹得柔活，宮本武藏和猿飛佐助抬起頭看，見天上黃沙飄零，疑想：「咦！哪來得怪風？」犬犽的額上腫一塊淤青，撫著臉問：「雷昊大哥，我們現在該怎麼辦？」

雷昊含著淚眼迴避開，一聲不響的轉身就走：「人生在世，必經患難如同星火飛騰，人在磨難之中成長，豈是毫無挫折的嗎？闇已經融合了兩隻四象獸，又搶走鐵樺殺威棒和落魂鞭。走吧！就算哭哭啼啼也無法改變事實，我們還有更重要的事情需要解決！」當下心裡清楚明白人死不得復生，儘管鼻酸，也只能把悲傷難過全往肚裡吞。

犬犽沒料得雷昊竟如此果斷，追上前喚：「雷昊大哥！等等我！」香奈扯住肩膀，搖了搖頭：「犬犽，讓他去吧！」犬犽滿腹疑團：「咦？」香奈淡淡說：「我相信他也需要一段時間平緩情緒的，我們還是先留在此，待會兒再跟上。」

犬犽遠遠看著雷昊孤伶伶的背影往遠方走，轉頭再望背後的海棠一眼，心中一股感慨，無法描述：「嗯…妳講得對…」香奈嘆一口氣：「我見惡人得享平安，就心懷不平。他們死的時候感覺不到疼痛，他們不像別人受苦，也不像別人受難。我思索怎能明白這事，實難接受，看哪！這就叫惡人！」犬犽道：「香…人活在尊貴之中而不醒悟，就如死亡的畜類。見人發財家室榮增的時候，妳別懼怕，因為他死的時候甚麼也帶不走。他的榮耀不能隨著離開，他活著時雖然自誇有福，末後仍必回歸到歷代的祖宗那邊，永不見光。」

香奈似乎沒聽進耳，黯然沮喪道：「犬犽…智慧人和愚昧人一樣，永遠無人惦記，因為末後都被遺忘；可嘆智慧人死亡與愚昧人無異。我之所以厭惡生命，因為在日光之下所行之事，我覺得都是煩惱，都是虛空！都是捕風！」

犬犽見她滿臉愁容，點了點頭不再答話。宮本武藏和猿飛佐助發獃半晌，開口道：「忍者，真是觸了霉頭，看這大風吹來吹去，待會兒恐怕會有沙塵暴來襲哩！」、「浪人，這裡又不是沙漠，哪裡來的沙塵暴啊？」、「不是沙漠怎麼會那麼多沙？」、「浪人，這地方是彩雲峽附近的湖岸啊！」、「少囉嗦！我偏偏要說這裡是沙漠！」

且看白尾麋和瑞麒麟所施展的土象術把湖岸的水源全都抽乾，這時風大，吹得塵土遮天蔽日，眾人都不敢開口，唯恐風沙飄到嘴裡。梧桐用長袖捂著臉頰，喚一聲：「爹！」崑崙伸手去撫女兒的秀髮：「乖桐兒！俺還有重要事要跟嬋商議，明天一早，俺吩咐人先帶妳回聚鶴塔，好不好？」梧桐聽他一句沒有絲毫打動，猛搖頭：「爹！女兒不要離開您！」

嬋見他二人父女情深，不知該說什麼安慰才好，靜靜的站在一邊。崑崙曾經誤中咒術，極耗心神，氣咽胸中，咳嗽：「嬋…咳咳…我有件事情想拜託妳…」嬋問：「你想要我派人照顧你的女兒，單身赴會去找闇？」崑崙回答：「嬋！俺向來以忠義自居，曾經為了抵抗狩獵一族，帶兵打仗幾年。如今卻稍有失誤，一個失意被闇套出了萬古神器的秘密。現在他已經融合了兩隻四象獸，在這節骨眼上，俺豈能坐視不理呢？」嬋點了點頭：「我明白你的意思。」

崑崙嘆口氣：「俺與鬱樹國的百姓同憂共死，只盼妳能派人照顧桐兒，免受戰爭的折磨，這樣就算俺犧牲了，那也是死而無憾！」嬋問：「崑崙！若是你犧牲了，難道要你女兒一個人，叫她獨自難過下半世嗎？」崑崙道：「嬋，俺的生平從未懇求過人，如今四國被闇鬧成這個模樣，不知道壞了天下多少百姓的指望。今天小事相煩，懇求妳替俺達成這項心願。」

嬋聽了心裡難過，搖頭嘆氣：「唉！」崑崙道：「嬋，妳和俺同樣身為四國之首，應該也能體諒解天下於倒懸，拯救蒼生於水火的重責大任吧？」嬋點了點頭：「魚我所欲也，熊掌亦我所欲也，二者不可得兼，捨魚而取熊掌者也。生亦我所欲也，義亦我所欲也，二者不可得兼，捨生而取義者也。」

梧桐心中難過，湊上前摟住父親的肩膀，失聲泣涕：「爹！不要！桐兒不要再離開您！」崑崙摟著女兒：「桐兒！妳聽俺說，人有悲歡合離，月有陰晴圓缺，天下無不散的宴席，爹爹總不可能一世待在妳身邊，妳要開始學習自主，否則將來如何能夠度過餘生？」梧桐喊：「爹…爹…」崑崙安慰：「別哭，來！爹對妳有信心，桐兒既使無依無靠，依然能獨立自主！」梧桐啜泣：「爹…爹…女兒會很堅強…」

嬋撇開話題：「好了！現在時候不早，大家都該趕緊起程，我會調兵分派去追查闇的行蹤。」崑崙屈指盤算：「俺曉得自古以來，日蝕和月蝕往往僅隔數日之差，目前闇只融合了兩隻四象獸，但他又從海棠的手中奪走了落魂鞭和鐵樺殺威棒。剩餘兩柄神器，他肯定會等日蝕之象出現，再度融合！」嬋道：「我們會阻止他的。」

風羌恭敬道：「啟稟嬋大人！闇離開前曾對風羌說過，叫我們在日蝕之象那天，將其餘的萬古神器帶到彩雲峽最高處，不可埋伏駐兵，他會在那等候。」嬋道：「這是個陷阱，他果然是想要利用日蝕之象，融合剩餘的萬古神器。」崑崙怒道：「豈有此理！俺先到鎮上打聽消息，若是搜到闇的藏匿地點，再跟大家聯絡。」嬋思索：「崑崙，現在重要的事是先找到白雲齋，我們需要他的如意風火輪合力抵抗闇，才有勝算。」崑崙道：「那大家就先這麼說定！俺去鎮上打聽白雲老兒的消息，四天之後，在平瑤鎮會面！」

風羌道：「嬋大人，現在四國境內有重兵駐守，其餘的暗行御史全都解決了，我看闇孤身一人未必能成什麼氣候，不如趁著日蝕之象還未出現，分調兵馬把他揪出來，剷除掉？」嬋搖了搖頭：「這樣不妥，闇也曉得自己的情勢是敵眾他寡，不會輕易讓我們發現行蹤的。況且他手中掌握了四隻四象獸，就算我們差派千兵萬馬去搜他，也是毫無益處，沒有四象獸的力量協助，那些軍隊只是螳臂擋車，白白犧牲掉千萬人的性命罷了！」

崑崙不敢遲留，告辭：「那好吧！嬋！就麻煩妳差派人替我安頓桐兒，護送她找個安身之處，俺要去找白雲老兒，四天後在平瑤鎮會面！大家小心保重！」嬋叮嚀：「現在闇的手上擁有四隻靈獸，你若不慎遇見他，千萬別莽撞行事，當心枉送性命。」崑崙毅然點頭：「你們大家也小心保重！」說著，轉身離開，踏步而去。

梧桐的心中掛念，喊：「爹爹！」崑崙奔出幾丈外，高聲又喊：「放心吧！桐兒，俺很快就會回來！記住！千萬要照顧好自己！」

梧桐怔怔的獃站，凝望父親背影寂然遠去，犬犽走來，搭住肩膀安慰：「梧桐妹妹妳放心，崑崙郡主不在的這段時間，我們會保護妳的！」梧桐嘆一口氣：「爹爹…」嬋吩咐：「風羌，傳令下去！我們必須在各城鎮駐點，加足軍備，嚴守警戒，一旦有任何消息，立刻回報。」風羌揖手鞠躬：「遵命！」

宮本武藏和猿飛佐助在旁閒看野景，歪纏議論道：「忍者，你曉得平瑤鎮在哪裡嗎？」、「浪人，不就是我們上次去的那座梨花村嗎？」、「上次真是晦氣，不巧遇見那個闇，太過輕敵被他打得落花流水，現在那地方應該已經被妖獸遺為廢墟了吧？」、「那該怎麼辦好？浪人，我們要逃走嗎？但這消息若是傳到江湖上，兩個武行者臨陣脫逃，豈不笑掉大牙？」、「胡說八道！逃命乃是人的本能，有什麼好笑話的？人家若是真要殺你，你獃獃站著讓他殺嗎？」、「浪人，這當然不是！天下無愛吃虧之人，我們若遇上應付不了的事，當然要想辦法逃走！」、「就是說嘛！雖然我們兩個武功卓越，畢竟沒怎麼闖過外面世界，心思單純，這江湖上的恩恩怨怨數算不清，當然可得謹慎嚴防小人的暗算。忍者，你說是不是呢？」、「浪人，小人暗算得要嚴防，但是…如果逃不掉呢？」、「笨蛋！就算逃不掉，你有一張嘴巴，不會張口求饒嗎？」

香奈見他二人嘰哩咕嚕不曉得講什麼，走過來罵：「喂！現在四國的情勢很危險了，大家忙著要揪出闇，你們兩個還在瞎說什麼？」宮本武藏壓低聲問：「忍者，為什麼女人話那麼多呢？」猿飛佐助回答：「不然為什麼叫三八呢？」香奈杏眼圓睜，扯住二人的肩膀：「你們兩個蠢蛋，在講我什麼壞話？」宮本武藏和猿飛佐助嚇得半痴，見她舉起拳頭似乎可以摧岩碎石，倉惶怪叫：「饒命！」

嬋派人在附近挖了簡陋的土墳，埋葬海棠，風羌望著土丘良久無語，犬犽和梧桐站在旁邊倒也字句不提，夜空中颳起寒風，沙塵飄蕩，嬋凝眸不語，在墳前從沒說過半句話。

兩行淚痕從風羌的臉頰滑落，他伸袖擦拭，站起道：「嬋大人，事不宜遲，我們得趕緊上路，調派追兵去搜尋闇！」嬋點了點頭：「眾位準備好了嗎？」犬犽道：「嬋郡主，我有件事情相求！」嬋答應：「請說。」犬犽問：「能否請您借我一輛馬車？」嬋道：「你想回家鄉一趟？」犬犽點了點頭：「在日蝕之象的前夕，我希望能回去蘆葦海岸一趟。」嬋二話不說，對侍衛吩咐：「來人！準備乾糧和馬車！」

第十四章 蘆葦海岸

過不多久，侍衛駕一輛馬車駛來，停在土墳旁邊。犬犽見馬鞍兩邊綁著布袋，裡頭裝一些乾糧和衣服，回頭道謝：「嬋郡主！我會在日蝕之象發生之前趕回來的！」嬋點頭：「祝你好運！」犬犽跨上銀鬃白馬，抽住鞭，呼喝：「你們大家小心保重！我們幾天後見！」

「等等！」香奈拉開車門，躍入車廂：「我也跟你一起去！」犬犽怪眼圓睜：「香，妳也要來嗎？」香奈悶哼一聲：「不行嗎？」犬犽微笑：「當然可以！」香奈招手喚：「梧桐妹妹！快過來！」梧桐踏前兩步，委決不定：「香奈姐！我…」

香奈探向車廂外，伸手去拉對方的衣袖：「妳爹不是叫妳跟我們走嗎？別磨時間，走吧！」風羌在旁觀看，驚呼：「等等！香姑娘！崑崙大人吩咐我們將她…」嬋搖了搖頭：「風羌。」風羌立即會意，退後迴避：「是！嬋大人！」

「也等等我們！」宮本武藏和猿飛佐助陸續擁上，將梧桐和香奈推入車廂：「等等！忍者和我也要一起去！」黑暗中分辨不出誰是誰，那車廂塞得水泄不通，犬犽見了又是驚詫：「哎喲！怎麼大家全跟來了？」宮本武藏將門關上：「打魚的，廢話別那麼多，快點走吧！」

香奈和梧桐擠在車廂，難以動彈：「喂！你們兩個莽夫！擠上來幹嘛？快點下車！」宮本武藏怪叫：「香姑娘，妳這話什麼意思？我們大家不是朋友嗎？」香奈罵道：「誰跟你是朋友？快點下車！」宮本武藏氣憤憤道：「這馬車又不是妳一個人的，應該由打魚的來決定，這才對啊！」猿飛佐助喝彩鼓掌：「浪人！說得好！」

「你這人真是無理！」香奈見他死賴臉皮，伸手推開對方一把：「你們兩個坐旁邊一點，別靠近我們兩個！」宮本武藏怪叫：「幹嘛推我？想被忍者暗殺嗎？」猿飛佐助抱怨：「浪人，幹什麼牽扯到我？你想害我無辜捱揍，是嗎？」宮本武藏罵：「少囉嗦！剛才我不過是句頑話兒，你那麼認真幹嘛？」猿飛佐助抱怨：「做人應該要說正經話，你那樣辨事顛倒，豈不是要害我無辜捱揍？」宮本武藏氣得跺腳：「忍者！你說這話什麼意思？我不過是擔心她不讓我上車，所以語氣才誇大了點，難道真會起歹念害你不成？你這渾人滿口胡說八道，看老大怎麼教訓你！」猿飛佐助怪叫：「哎喲！」

香奈捏著拳頭敲他二人的腦袋，怒罵：「好了啦！看你們兩個面貌魁梧，塊頭生這麼大，應該去前面當馬夫，躲在車廂裡算什麼男子漢大丈夫？」宮本武藏和猿飛佐助撫著腦袋：「女俠饒命！」車廂內亂噪噪的，一時也分辨不清誰的聲音，犬犽回過頭問：「喂！現在是怎麼樣？」宮本武藏喊：「打魚的，快點起程！」

「嗯！」犬犽騎上轎鞍，急把兩隻腿往馬肚一夾，鞭梢往馬背抽去：「嬋郡主！風羌大人！你們二位保重！我們四天後見！」

嬋和風羌聽見一陣鞭聲喝打，那輛馬車疾速行駛，朝著遠方揚長離開。沿途道路顛簸，也不曉得究竟過了多久，天色逐漸明亮。香奈揭開了布簾，窗外一陣颼颼的微風吹來，五人不知不覺奔馳數十里路，耳邊聽得車輪滾動聲，途中有兩排梨花樹沿著道路縱列，香奈看著那遍地梨花被陽光映照得晶瑩如玉，腦海中豁然想起一事：

「香！答應我一件事！」犬犽見宮本武藏和猿飛佐助重傷倒地，把手揣入腰袋去掏捆仙繩。當時的香奈問：「犬犽！你打算怎麼做？」犬犽回答：「妳負責替我帶他們兩個走，這邊讓我來應付，我會掩護你們三個逃走的。」香奈剔一眼：「別說笑了！我怎麼可能拋下你不顧？」犬犽說：「妳若不走，我們四個都要死在這邊！」

闇感慨萬千，冷笑：「小子！你和你的夥伴倒是血性好漢，只可惜虎落平陽被犬欺，愈是好人善人，愈受苦痛，不如早點死了比較好吧？」犬犽說：「闇！你到底有什麼陰謀？為什麼千方百計要搶奪神器，殃及百姓？」闇倨傲之態，冷冷一笑：「天生萬物養人，人無一德報天，貪官污吏殺！外邦異族殺！出賣兄弟殺！我只殺貪官，不殺順民，逆我者死，順我者活，你們要死還是要活？」犬犽套句話問：「聽你口氣，似乎很憎恨人？」闇哈哈的笑幾聲，把手拍個響亮：「既然如此，你覺得我最恨四國裡的誰呢？」犬犽謹慎防備道：「真是可惜！我沒本事測透人心，可不曉得你心裡恨誰？」

闇描述：「三年前，曾經有個人被按立為光明御史，他負責在四國境內通聯，報知戰爭情勢。那人建立了四國聯盟的首批聯合軍，後來黨政暗鬥，那人被嫁了禍，不僅被冤枉，甚至還搞得家破人亡，連身邊的好友都被殘殺。你說這等是非不分的朝政，該滅不該？」犬犽詫異問：「你說什麼？」闇冷笑：「什麼捍衛疆土？什麼體恤水火？懷忠抱節的人，最後往往落得亡於自家百姓，為什麼要盡心侍民，肺腑生死呢？」想到這邊，腦海畫面變成一團模糊，香奈回過了神，搖醒同伴喚：「梧桐妹妹！梧桐妹妹！」

梧桐嚶嚀一聲，甦醒問：「嗯…香奈姐，怎麼了？」香奈道：「我有一件事情需要問妳。」梧桐睜大俏眼：「什麼？」香奈問：「崑崙郡主是妳爹，妳對嬋郡主、白雲齋郡主、風羌大人和三年前的那場戰爭，多少應該了解一點吧？」梧桐點頭：「知道啊！不過當時我只有十歲。」香奈問：「那闇這個人呢？妳對他了解多少？」梧桐思索半晌，回憶：「當時梧桐還小，印象有點模糊了，但我曉得他有兩個好朋友，分別叫幽大哥和明鏡姐姐。」香奈思索：「幽和明鏡？」梧桐左思右想，回顧三年前的四國戰爭，腦海浮現一個記憶：

梧桐跑在前方，一路奔跳，口裡琅琅唱道：「城門城門雞蛋糕，三十六把刀，騎白馬，帶把刀，走出城門滑一跤！」

保鏢把沉重的行囊托在騾背上，走在後方喚：「小梧桐！我們要走了，妳快把饅頭吃完，太陽要下山了，準備回殿堂去找妳爹爹！」梧桐滿心歡喜叫：「小梧桐想去翠雲國玩！」保鏢回答：「呵呵！翠雲國那麼遙遠，如果小梧桐在荒山曠野迷失了方向，該怎麼辦？」梧桐繞著圈子蹦蹦跳跳，開心的叫：「翠雲國不遠！翠雲國不遠！小梧桐要去翠雲國玩了！」

道路旁邊人潮擁擠，一男一女正觀看動靜，忽抄出刀械：「上！」保鏢回頭驚看：「什麼！」兩個刺客亮出兵器，女刺客揮舞著吹雪扇：「要捉活口！」保鏢側身避開，躲過敵襲：「來者何人？」男刺客抄出碎骨刃，冷笑：「嘿！功夫不錯！有沒有興趣成為我身體的一部份？」保鏢怒道：「你胡說什麼？」忽覺腦後風生，女刺客手中的吹雪扇掃到，保鏢閃避不及：「哎喲！」肩膀中招，血流不止。

男刺客長得相貌奇醜，全身瘡疤，硬是將梧桐的手腕扯住：「嘿嘿！小妹妹！」梧桐摔個四腳朝天：「哇啊！」男刺客張開血口，樂津津笑：「小妹妹！妳想變成我的一部份嗎？我可以把妳的肉和骨頭吃得一乾二淨！」女刺客瞄看一眼：「餓鬼！別動那小女孩，要吃肉的話，這保鏢送給你吃。」男刺客吆喝：「艷屍！我肚子餓死啦！」

保鏢急喊：「小公主！」女刺客揮舞吹雪扇，保鏢的背脊貼著牆壁無處可避，手臂竟給割出血痕，忍住疼痛避開：「可…可惡！」男刺客嘻嘻哈哈笑得樂不可支，不料雙腿痲痺，全身忽向前傾，踉踉蹌蹌的滾倒在地。

「咦！什麼？」女刺客回頭驚看，企圖搜出敵人的位置，一個飛身，騰上屋檐：「糟糕！是光明御史！快點撤退！」一個青年從袋中抄出鐵椎，待得女刺客發現卻為時已晚，大腿中鏢，哎喲一聲，跌下屋檐。

「光明御史？」男刺客正想將碎骨刃抵住梧桐的頸項當人質，卻見闇飛快衝到面前，雙掌一抓扣住自己的手腕，旋圈扭轉，摔倒在地：「躺下！」闇的雙腳踩在男刺客的肩骨關節，用力一折：「幽！我拿住了這個男的，還有一個！」女刺客連忙將吹雪扇擲向二人，跳上屋檐：「可惡！」

名叫幽的青年一個健步追上屋頂，迴旋側踢：「別想逃跑！」女刺客跌下翹檐，摔倒在地：「喲！」幽向下飛撲，壓住背脊：「好毒辣的招式！你們潛入鬱樹國有什麼企圖？快說！」兩名刺客皆受了傷，情知抵敵不過，各自咬破舌尖，一口鮮血噴向敵人：「艷屍！快用血遁！」、「我知道！」闇驚呼：「幽！小心！快遠離他們！」

寒風悽慘，一片血雨煉化出的妖術當頭罩下，連殘魂難都逃脫。幽見勢不妙，迅速擲出火爆彈：「可惡！」爆彈把血霧炸得濺散，街坊百姓陰錯陽差的被那血霧濺到身體，口吐白沫：「啊！」闇冷不防伸手一扯，把梧桐摟抱懷中，滾遠避開：「幽！你怎麼樣？」

幽使用真氣潛閉來防禦，索性只是頭腦微昏，並未重傷，否則若將那團血霧吸入肚腹，免不得七孔流血：「我沒事！」血霧和火焰爆彈的霹靂聲天驚地動，兩個刺客真氣耗損，見巷就鑽，男刺客厲聲喝罵：「可惡！下次肯定吃了你們！」

幾個無辜百姓被火焰彈和煉血術炸得肚破腸流，附近居民見有人打架，紛紛圍觀。到處喧聲鼎沸，大夥兒見無辜遊人躺臥在血泊中，胸口被火焰炸個漆黑早就氣絕，嚇得喊：「殺人啊！殺人啊！」梧桐嚇得手足無措，哇哇大哭：

「啊！啊！」保鏢撫著傷肩，奔跑來喚：「小…小公主！」梧桐嚇得猛推開闇，依偎在保鏢的懷中哭泣：「唔…唔…」

幽站穩身子，走近兩步：「咦！是梧桐小公主？總鏢頭？」保鏢全身血跡斑斑，急忙下跪：「幽…幽大人！」幽伸手來扶，關切問：「總鏢頭！傷勢怎麼樣？」保鏢搖了搖頭，強忍住痛：「不…不礙事…皮肉傷而已…」闇走去查看百姓屍體：「是煉血術，陰陽奇門遁法。」幽問：「果然是獵命師？」闇仔細審視：「看來應該是的，不會錯！」幽追問：「總鏢頭，這裡發生了什麼事情？是不是有人要來侵犯鬱樹國？」保鏢心中過意不去，解釋：「梧桐小公主在殿裡待著悶，想出來透氣，崑崙郡主不允許，我偷偷帶她來鎮上玩，沒想到竟然遇上刺客。好險幽大人您及時趕到，否則小公主的性命恐怕不保。」幽安慰：「先別說這些，我們回宮殿去，有什麼事情再向崑崙大人解釋，相信大人他會寬諒的。」

闇見無辜的百姓死狀悽慘，胸肺皆被自己的火藥炸爛，心稍過意不去：「可惡…那兩個狩獵者…」背後忽一個清秀女子走來，睜眼驚看，稍退幾步：「啊…啊…血…」闇回頭喚：「明鏡姑娘！」急上前扶，隨後又有侍衛趕來支援：「啊！總鏢頭受傷了！快去幫忙！」、「保護小公主！有刺客侵入鬱樹國，快將這事報告崑崙大人！」

想到這邊，梧桐如夢驚醒，心裡嚇得寒膽發顫，香奈愣一愣問：「怎麼樣？想起什麼沒有？」梧桐披衣遮頭，哇哇叫：「香奈姐！有壞人想殺我！我…我好害怕…」猿飛佐助揭了布簾，安慰：「別害怕！別害怕！外面有陽光，馬車內很明亮，一點都不可怕！」宮本武藏拍他腦袋：「蠢蛋！你這樣做哪裡有用？」猿飛佐助撫著額頭：「浪人，你又打我腦袋？」香奈把眼一瞪，食指疊在嘴唇前：「噓！吵死了！你們兩個閉上嘴巴！」宮本武藏和猿飛佐助安靜無聲：「哦…」

梧桐冷靜半晌，才繼續說：「三年前，幽大哥曾是我爹的鎮國護使，也是當時四國聯盟首批聯合軍的其中一員，後來不幸在戰爭中喪命了，明鏡姐姐則是他們倆的好朋友，但是後來，也相繼在戰爭中去世了…」香奈問：「妳曉得他們兩個發生了什麼事情嗎？」梧桐搖頭：「當時我的年紀還小，不太清楚，但我聽說闇在戰爭之後性格大變，將白雲大人身邊一名重要的護使殺掉了，還搶奪了萬古神器。」香奈點了點頭：「嗯…」

馬車穿越道路，奔馳許久，忽見前方無數的刀劍散落滿地，血跡還殘留在泥土中，犬犽急忙煞車：「咦！」眾人下車觀看，香奈驚憂：「這地方發生了什麼事情？怎麼會有許多刀劍散落在此？」側頭一望，見有盔甲散佈滿地，梧桐嚇得膽顫心驚：「好…好多武器…」犬犽彎腰察看，見刀劍遍佈在地，唯獨卻不見任何屍體，心想：「來遲了一步，這些軍隊被殺得一敗塗地，是闇做得嗎？」宮本武藏怪叫：「你們快過來看！」猿飛佐助驚問：「浪人，怎麼樣？有什麼發現嗎？」

同伴跑來，見地上堆滿破裂的瓷罈，還有紙符和藥粉散落在地，心中均疑惑：「這怎麼回事？」香奈把手一招，吩咐：「走吧！」犬犽問：「香！妳不想把事情調查清楚嗎？」香奈解釋：「你不是還要回去蘆葦海岸一趟嗎？與其在這拖延時間，倒不如趕緊把事情辦完，還比較實際。」宮本武藏害怕遇見暗行御史：「打魚的，憑我們幾個人的力量，根本打不贏那個闇。此地不宜久留，還是趕緊離開，免得撞上面了，你那召喚大烏龜的繩子給他搶走，那可不妙！」猿飛佐助也說：「是啊是啊！浪人他說很對，不聽老人言，吃虧在眼前，咱們還是趕緊離開吧！」宮本武藏臉色一沉，拍同伴的腦袋：「哪尼？你罵我是老人？」猿飛佐助怪叫：「哎喲！浪人，別打頭！我是比喻！比喻！」

犬犽心想這話不錯，一條馬鞭握在手中，躍上馬鞍：「走吧！趁著天黑以前，我們多趕一些路！」馬車繼續飛馳，疾輪風轉，霎時將滿地的盔甲拒出四五丈外。沿途石路顛簸，五人催馬快馳，穿越了棕樹林和溪流，沿路無盡逆拂的飛沙，吹得犬犽灰頭土臉。

路旁有野花綠草映著燦爛陽光，雞鳴犬吠，幾戶貧窮農家種菜耕田，遙山遠處的池塘偶爾可聽見小孩嘻戲聲。馬車在中途停歇四次，直到夕陽下山，五人傍晚才抵達蘆葦海岸附近的一處農村。

此時接近夜深，漆黑一團又伸手不見五指，宮本武藏和猿飛佐助隨處在曠野鋪地打盹，梧桐合眼矇矓，迷迷糊糊也打瞌睡。夜裡照下一輪明月，明光透徹，犬犽照著雷昊教導自己的法門反覆練習拳經，費心盡力，好不容易大有進步。

香奈抱膝坐著，觀望北方看不盡的遙山翠疊，站起身問：「犬犽，你還不睡嗎？」犬犽全神貫注：「香！我在思索一件事情。」香奈問：「什麼？」犬犽道：「雷昊大哥曾經對我說過：反者道之動，弱者道之用。將欲歙之，必固張之；將欲弱之，必固強之；將欲廢之，必固興之；將欲取之，必固與之。」香奈問：「那什麼意思？」犬犽解釋：「凡自高的必降為卑，凡自卑的必升為高，在後的要在前，在前的要在後。大道先施神技，出口授傳精訣，看似平淡無味，在人視來毫不起眼，詞句聽來闋不入耳，使用起來卻是受益無窮。拳法精髓亦是如此，此招數看似平凡無奇，簡略單調，其中卻隱藏著無限變化。」

香奈滿臉疑團：「啊？」犬犽解釋：「香，我回去蘆葦海岸，是想確認一件事情⋯」香奈問：「什麼事？」犬犽道：「我現在心很煩亂，雷昊大哥曾對我說過，若是我有什麼不快樂的事，就多花點時間看山看海，或許某天，會對生命和這世界有不一樣的見解與領悟。因此我想回去蘆葦海岸，確認雷昊大哥說得是否正確。」

香奈轉個話題，扯開又問：「先不談那個，對了！我有件事想問你。」犬犽道：「咦！什麼事？」香奈說：「我一直在思索那個闇曾講過的話。」犬犽問：「他說了什麼？」香奈描述：「還記得我們在平瑤鎮遇見他的時候，他曾說過…在過去的戰爭中，曾有個人被按立為鎮國御史，負責在四國境內通聯，報知戰爭情勢嗎？」犬犽點頭：「嗯！他建立了四國聯盟的首批聯合軍，後來不倖被人嫁禍，被冤枉叛罪，身邊的好友也死了。」

香奈道：「或許是因為四象獸的牽連，害我也失去親人，所以才會一直思索這件事情。」犬犽沉默半晌：「香，妳恨那些暗行御史嗎？」香奈咬牙切齒：「恨？簡直恨極了！他們殺掉了翠雲嶺的百姓，那些無辜的人死得冤枉，當中包括我的親人，怎麼可能不恨他們？」犬犽嘆一口氣：「香…恨會挑啟爭端；愛能遮掩一切過錯。人生下來，多少都犯過幾件惡端，就算恨透他們，這能讓妳改變什麼嗎？」

香奈默默而坐，想不出這幾句訣言究竟有啥含義，拂袖走開：「你別對我講大道理，我聽不懂的！」犬犽道：「香！我這言語不是衝撞妳說的，妳萬別誤會，只不過雷昊大哥曾經告誡過我：『明哲之人嘴中有智慧，無知之人背上受刑杖。謹守誨訓是在生命的道上，違棄責備的就是失迷了路，因為心中有智慧的必受命令，口裏愚妄的則會傾敗』。」香奈杏眼圓睜：「哼！左一句雷昊大哥、右一句雷昊大哥，犬犽你別忘記了，害死翠雲嶺百姓的，也包括你的雷昊大哥在內。」犬犽點頭：「嗯，香！雖從嘴巴容易說出口，要做起來卻很困難，但是…我總覺得…四國境內會有許多紛爭，都是暴力恃強，誤把報仇當作勇敢。恨會挑啟爭端；愛能遮掩一切過錯，能克服心中怒氣，寬恕別人過錯的，才是真正勇德。因為當我們無端受到傷害時，總是會想著報仇。若能攻克己身，消除怨恨饒恕他人，那這份情操，肯定是難能可貴的！」香奈緊咬嘴唇，推他膀臂道：「胡扯！你根本什麼都不明白！」犬犽喚：「香！

等等！」香奈甚感憤怒，一時情緒激動：「這事情不是發生在你身上，所以你才能說得那麼輕鬆！」

犬犽看她模樣，曉得對方還在氣頭上，恐怕三言兩語也解釋不開，半點鼻息也不敢亂透：「嗯…妳說得對，妳的遭遇是我所不曾經歷過的…」香奈強把一口怒氣咽下肚腹，掉頭就走：「晚安！」犬犽一言不發，心裡感嘆：「香受了喪親之痛，連日來一肚子悶氣無處發泄，這幾句只是情急話兒，所以才變成疑古疑怪的脾氣，若是我可憐她身世，萬萬不能再挖膽傷肝，負了她的心情。」

香奈隨便找一處曠地捱身坐下，恨不得趕緊閉眼睡覺，把一股懊悔都拋置腦後。無奈心裡愈想愈難過，一把辛酸淚忍不住流下來，心中想著那話：「恨他們又能改變什麼呢？」全身抖顫，迷迷糊糊的竟不知覺地閉目睡去。折騰一個晚上，五人收拾了行囊，隔天駕駛馬車往西南行去。沿途可見奇山怪岩，幾叢蘆葦在池畔附近，放眼眺望，到處都是汪洋大海。梧桐揭開布簾，歡喜叫：「香奈姐！你們快看！」

香奈靠近車窗看，見沿岸有船一字排開，停靠岸邊。那些漁船行雲流水，舵夫撐著篙竿靠攏岸邊，拋錨結纜。宮本武藏和猿飛佐助好奇心起，將身擠過來看：「哎喲！那海邊好漂亮啊！」、「浪人！不如咱們兩個就在這邊定居吧？」香奈把二人揪胸夾領，推扯旁邊：「走開！這邊擠死人了！」

五人來到海岸線，跳下車廂，岸邊的蘆葦草簌簌搖動，原來是有風吹過。香奈見蘆影搖曳，陽光下飄來一陣微風，全身打個寒顫。犬犽轉過身，指向海岸小屋：「我家就在那邊！」梧桐歡喜道：「犬犽哥！這邊的風景好漂亮啊！」犬犽微笑：「若是梧桐妹妹喜歡，以後可以經常來玩！」

眼看萬里方圓有數萬座島嶼，珊瑚被陽光映照得耀眼繽紛，宮本武藏把一隻手臂搭膊在同伴的肩膀上，笑呵呵問：「打魚的！你真有福氣，一輩子住在這種人間天堂，感覺如何呢？」猿飛佐助的手臂伸來，搭膊在另一邊的肩膀：「打魚的！等解決那個闇之後，浪人和我也想搬來和你一起住，可不可以？」犬犽哈哈笑：「如果你們喜歡，當然隨時歡迎！」轉過了頭，正要喚：「香…」忽見香奈獨自走到遠處礁岩促膝坐下，那光景顯得孤獨，令人感慨。

香奈黯然失落，孤伶伶的坐著發獃，看著同伴返回家鄉，腦海裡不自覺想起翠雲嶺的親人，免不得又想落淚。犬犽悄悄走來，站在背後，卻不曉得該安慰什麼才好，仰起頭眺望蔚藍的天空，說道：「香…在我還小的時候，我總是喜歡在蘆葦海岸附近的沙灘玩耍，享受微風和晨光沐浴。在這塊土地上，我逆向海浪衝下淺灘玩水，那是一生之中最快樂的事情…」香奈心中的傷感不必明言，轉過了頭，用翠袖擦拭眼眶：「那你怎麼不去跟他們一起玩？」

嘻鬧聲從不遠處傳來，舉目眺望，宮本武藏和猿飛佐助站在沙灘海岸，放開嗓門對著天空叫：「哇哈哈哈！我會成為四國第一的武行者！」、「我和浪人一樣！也會成為天下第一的武行者！哇哈哈哈！」梧桐靦腆一笑，也跟著叫：「哇哈哈哈！我是四國第一的梧桐小公主！」

香奈被逗得破涕微笑，抿嘴弄唇，忍不住噗嗤一笑：「那兩個笨蛋…」犬犽藉機轉過話題，對她寬慰安撫：「香！每當我望著蘆葦海岸的海洋，儘管心中有什麼憂慮煩惱，也像這些海浪一樣，推向大海，漂流遠方，所有心中的難過和不愉快，都消失得無影無蹤了。」香奈屏氣凝神，不解思索問：「犬犽，你從小住在這個海岸線，無憂無慮，難道心裡也會有煩惱嗎？」犬犽苦笑：「香，我和妳一樣，都是住在這世上的人啊！每天所聞所見，雖然未必盡是骯髒污穢，但是路途走得遠了，多少也會有憂慮煩惱，不是這樣的嗎？」香奈微微點頭：「嗯！人既生在世上，要沒有煩惱，總是不可能的。」犬犽用手撥打海水，微笑：

「哈哈！不過…妳快看這海水，是多麼清澄透徹？瞧！既使有再多憂慮和煩惱，這片海洋就像是潔淨的活泉，永不枯竭。正因為有這海水沖刷了泥沙，好像洗潔了憂鬱一樣，才能把所有不愉快的事，通通帶往遼闊無際的大海去呢！」

「嗯！」香奈雙眼含淚，點頭應了一句，犬犽輕拍她的肩膀，再三鼓勵：「香，妳面貌美極了，笑個樣子給我看？」香奈揩拭淚痕，勉強堆個笑臉：「犬犽，你在逗我玩嗎？」犬犽說：「香！妳若有什麼問題就儘管跟我說，悶在心裡亦非暢事，不如這樣罷！從今兒開始，我來當妳的丫鬟，妳若向東走，我就跟著往東去，妳轉西行，我也跟在後面，就算要隨意使我喚我，也都毫無怨言！妳瞧這樣如何？」香奈被逗得破涕轉笑：「你想化妝，打扮個小狗模樣嗎？」犬犽怪眼圓睜：「哎喲！妳太抬舉我了，我的名字有個犬字，但可不是小狗啊！」香奈聽他油嘴滑舌，又好氣又好笑：「你說話沒個正經，講兩三句就來胡鬧，我與你非親非故，可討不起這麼一個忠心耿耿的小狗。」

二人笑逐顏開，正打起精神，忽又聽旁邊有聲音喊：「啊哈！忍者！你快來看看這是什麼？」宮本武藏的手中拿著一張藤網，跑到淺灘捕魚捉蝦：「嘿！忍者！咱們今晚可以吃海鮮大餐了！」猿飛佐助跑到水邊，也從海岸附近的小屋搜出釣線：「浪人！咱們來捉海龍！」梧桐蹲在淺岸邊喝彩叫好，活潑俏皮的拍打海水：「兩位大叔！你們等等我啊！」猿飛佐助哈哈笑：「小公主！這海裡好多魚蝦啊！妳快過來，一起幫忙浪人和我捉魚！」宮本武藏揭開藤網，在水裡撈來撈去：「忍者！你別心急，當心動作太急躁，嚇走魚蝦…」

猿飛佐助急著想捉魚，腳下一個踉嗆，跌在水中：「哎喲！痛死人哩！」梧桐看得有趣，興高采烈的忍不住大笑：「忍者大叔全身濕淋淋，可變成落湯雞啦！」嘻嘻哈哈捲起翠袖，一撥一拍，用水潑灑：「忍者大叔濕淋淋！浪人大叔濕淋淋！」猿飛佐助全身濕透，狼狽站起：「哎喲！小公主，我這件夜行衣是乾淨的，妳別亂潑啊！」

宮本武藏童心大起，拋下手中的網藤，一個飛撲將同伴壓入水中：「哈哈！忍者小賊想往哪裡逃去？」猿飛佐助口鼻灌水，咕嘟嘟叫：「喲！浪人！我的夜行衣…我的…咕嘟嘟嘟！」梧桐樂得哈哈笑，拍打水面：「浪人大叔！快潑他臉！」二人撥水拍水，合力灑向猿飛佐助，弄得全身濕漉漉：「浪人！潑完水就想逃跑嗎？站住！快回來！」腳下鞋褲均是濕透，跑起步來啪吖啪吖的拖響，模樣滑稽。

眾人嘻哈哈笑，蘆葦叢在陽光照映下更顯繽紛，正玩高興，忽然一陣海浪打上淺灘，犬犽念頭微閃：「咦？」香奈喚：「犬犽？」犬犽踏步追向礁岩岸邊，觀望海浪：「反者道之動，弱者道之用。將欲歙之，必固張之；將欲弱之，必固強之；將欲廢之，必固興之；將欲取之，必固與之！」香奈見他全神貫注，沉默不語想：「犬犽怎麼了呢？」

犬犽默默的站在礁岩上默想，仰頭觀天，思索：「天下萬物皆生於有，有生於無，大海之所以能夠容納滌淘萬水，彙聚百川溪流，乃是因為它處於低下，充滿遼闊胸襟，因此海洋便有『百川之王』的稱號。」思索半晌，轉念又想：「反者道之動，弱者道之用，凡自高的必降為卑，凡自卑的必升為高，在後的要在前，在前的要在後。若我收斂心思，嘗試不以自己眼光來看待事物，是否就能分明一切呢？正因為不競不爭，自謙為下，天下便沒有能與競爭之的。如果我能棄絕一切私意，卑謙虛己，返歸到事物源頭，是否就能悟到這招『平淡無奇』的精要所在呢？如此說來，雷昊大哥的那招『平淡無奇』和『百川匯海』的道理相較起來，倒是有異曲同工之妙了…」

香奈在旁聽得專注，問：「犬犽，什麼事情呢？你想到什麼了嗎？」犬犽彷彿有所領悟，興奮拍手：「啊哈！我終於明白了！」香奈疑惑不解：「你明白了什麼嗎？」犬犽口裡喃喃唸道：「反者道之動，弱者道之用，在前的要在後，在後的要在前。若是我們能收斂心思，不以自己眼光看待事物，不競不爭，自謙為下，天下便沒有能與競爭之的。這就是『平淡無奇』的精要所在了？啊哈！」香奈發獃半晌，愣愣的搖頭：「我完全聽不明白這些話，你能不能夠再解釋一遍？」犬犽全神貫注，若有所思低了頭說：「怪不得…怪不得…雷昊大哥教我的那套平淡無奇，表面看來似拙實巧，原因果然就在此！」香奈盯著他發獃，心想：「什麼平淡無奇？什麼似拙實巧？」

犬犽快心蕩意，把捆仙繩扛在肩膀甩一甩，左踱右踱：「百川匯海…大道先施神技，出口授傳精訣，看似平淡無奇，在人視來毫不起眼，詞句聽來閡耳不入，使用起來卻是受益無窮。拳法精髓也是如此，雷昊大哥教我的那套招數看來平凡無奇，簡略單調，其中卻隱藏無限變化，原來道理就在這邊。」低頭發獃，腦海閃過許多招式，殊不曉得自己已經悟出了一套極為厲害的武技奧義。香奈卻聽得懵懵茫茫：「百川匯海？」

宮本武藏、猿飛佐助和梧桐在蘆葦海岸奔跑嬉鬧，玩得樂不可支，全身均被水潑得亂七八糟。過了晌午，眾人在礁岩擊石取火，剝蝦去殼，用短刀將魚蝦割去腑臟，串燒竹枝烤熟了吃。那清魚香脂四溢，肉質鮮美，蝦殼軟中帶硬，嚼起來清脆爽口。五人圍個小圈坐在沙灘上，香奈吃到一半，忽壓低聲問：「梧桐妹妹，香奈姐有件事情想麻煩妳，可不可以？」梧桐一時興奮，笑問：「什麼事情？」香奈臉腮通紅：「再過幾天就是日蝕之象，犬犽大老遠趕回老家來，主要是想再多懷念這地方一會兒，過兩三天，咱們去彩雲峽和嬋郡主會合之後，也不曉得還有沒有機會再回到這地方。趁著明天一大清早，想請妳幫我個忙，好不好？」梧桐笑嬌嬌的問：「幫什麼忙？」

香奈用手指輕輕戳了對方的額頭，故意吊個胃口：「嘻嘻！明天妳就知道了！」梧桐說一句閒言俏語，吐舌取鬧道

：「香奈姐若不現在告訴我，那就不幫忙嘍…」香奈一時心急，臉色羞紅：「哎喲！梧桐妹妹…我…我只是想要盛裝打扮…給犬犽一個特別驚喜…」梧桐噗嗤一笑：「真的嗎？那太有趣了！我肯定要幫香奈姐這個大忙！」香奈急得又羞又愧，疊個食指貼在嘴唇：「噓！別讓他們三個聽見了！」梧桐急忙捂嘴：「噢！」

宮本武藏剝掉蝦殼，拋入口中嚼啊嚼，滿臉疑問：「小公主，幫什麼忙啊？」香奈臉腮通紅，猛搖頭：「不…不干你們兩個的事，坐遠一點！別偷聽我們講話！」犬犽和猿飛佐助斜瞄一眼，安靜閉嘴，心裡均想：「好險！還好沒有隨便多問，真是倒霉的傢伙…」宮本武藏無辜被罵，臉色一沉：「莫名其妙，居然怪我偷聽？明明是妳們兩個講話太大聲！」

過一會兒，猿飛佐助伸懶腰打個呵欠，自把伊賀秘刀擯在旁邊，衣袖遮蓋了面貌，安穩躺下：「浪人！我吃得真是飽啊！」宮本武藏打嗝兒：「是啊！吃得真飽！吃飽之後就想睡覺了！」猿飛佐助笑：「哎呀呀！平白幾條魚蝦經過一番料理，竟變得如此美味？浪人！在這海邊生活爽快，當真是吃得香、睡得沉，海鮮兩三口，人生有何求？」

「既然如此，那大家就早點睡吧！明天一早起來，還有許多事要做呢！」犬犽把一隻胳膊墊做枕頭，躺在海灘，伸腳暢睡。這天傍晚，夜明風清，或許是因為連日來勞累奔波，五人晚上睡得特別沉酣。隔天一大清早，梧桐起床，見海灘上有人練功，掂腳呼喚：「犬犽哥！」犬犽豁然詫異：「咦！是梧桐妹妹？」身法翩翩的使出一招「百川匯海」，拳勢飛去，地上兩行貝殼硬生破裂。

他把手中的捆仙繩旋圈三轉，岩石竟給劈成兩半。梧桐看了這番景象，驚訝的跑上前道：「犬犽哥！你的武藝好厲害，竟連岩石都能斬斷！」犬犽喘氣吁吁：「梧桐妹妹，怎麼今天起那麼早？」梧桐問：「清晨六更我睡不著覺，閒暇無事就出來走走，順便看海。犬犽哥怎麼會那麼早起練功？」犬犽道：「昨天在觀察那海浪的時候，突然想起了雷昊大哥曾對我說過的一些話。我必須要慇懃練功，武藝才會有長進。」梧桐情意諄諄的笑：「若有機會，可要麻煩犬犽哥，帶我去蘆葦海岸的附近走走玩玩。」

犬犽想起一事：「對了！昨天晚上吃飯的時候，香和梧桐妹妹講了什麼？為什麼要鬼鬼祟祟的？」梧桐故作神秘：「啊！那個啊…」犬犽好奇問：「哪個啊？」梧桐故意吊個胃口，嘻嘻笑：「其實我起個大早也是有原因的，香奈姐需要我幫忙，她說有樣東西想給你看，所以我起床幫她，剛剛才準備好。」犬犽疑惑問：「有東西想給我看？」梧桐點頭：「是啊！香奈姐姐說，等我們離開蘆葦海岸，去到彩雲峽和嬋郡主他們會面後，恐怕再沒機會回到這了，所以她想給你驚喜。」

香奈急得又羞又愧，站在門檻邊輕喚：「梧桐妹妹！」犬犽驚慌回神：「咦！是香嗎？」香奈的臉頰襯著兩片紅暈，半遮半掩的往門檻內逃：「還…還是算了…」、「啊！香奈！妳要去哪裡？」

梧桐急忙追上，扯住羅袖：「犬犽哥！還不快過來幫忙？香奈姐是特地打扮這樣，給你看呢！」犬犽滿腹疑惑：「嗯…啊？」香奈以髮結辮，頭頂襯一條繡花方帕，腰下套著一件露水裙的織繡盛裝，被梧桐拉拉扯扯，婀娜娉婷的走出門外：「我…我…」

梧桐活潑牽著手，嬌嬌的笑：「犬犽哥，你瞧香奈姐今天打扮如何？」犬犽審細巡視，一顆心七上八下怦怦亂跳：「啊…香…香？妳…妳早啊！」香奈又羞又愧，粉頭低垂：「哎喲！梧桐妹妹，我愈這樣穿愈感覺不自在，還是回屋子換下了好吧！」梧桐扯住手腕，攔阻：「香奈姐！這衣裙襯上香奈姐簡直就是紅粉色艷，花柳爭研。犬犽哥神貌清秀，身又俊智又高，你倆要搭配一起，那才是天下佳偶成雙成對，連天仙鴛鴦都羨慕呢！」犬犽怪眼圓睜：「梧桐妹妹…妳…妳在講什麼啊？」香奈見他心魂神蕩的模樣，嬌蓉半掩，怯羞羞的打個招呼：「犬犽！你…你今天怎麼那麼早起床？」犬犽左觀右顧，懊惱道：「糟糕！妳們兩個起那麼早，我都還沒想好該準備什麼食物呢！」

宮本武藏墊石鋪枕，置了蓆葉在海灘就寢，這時被三人聲音吵醒，打個呵欠抬起頭看：「什麼聲音那麼吵啊？咦？忍者！」猿飛佐助茫然睜眼，忽見香奈纖貌之態，全身打扮得嬌妝梳整，當下看得神魂蕩漾，疑似痴掉了問：「浪人，是…是仙女下凡嗎？」梧桐喚：「忍者大叔！浪人大叔！你們快看！香奈姐打扮得好不好看？」

香奈穿得碧月羞花，一身盛裝甚覺不好意思，宮本武藏附耳密語，向同伴問：「忍者，香姑娘她今天怎麼了？」猿飛佐助詫異問：「浪人，什麼香姑娘？我沒看見香姑娘啊！她人在這裡嗎？」宮本武藏拍他腦袋：「蠢蛋！你眼睛瞎了嗎？」猿飛佐助瞇著雙眼，稍微清醒：「啊！這不是麻雀變鳳凰嗎？我還以為仙女下凡，怎麼惡婆娘也能當公主？」

香奈原本打扮整齊，穿得漂漂亮亮想來討喜犬犽，反而被這兩人弄個掃興，氣得跳腳喊：「什麼？你們兩個說誰是惡婆娘？」宮本武藏立刻指向同伴：「是他！是他！」猿飛佐助不慎失言，嚇得捂嘴：「啊！不是我！」香奈聞言大怒：「可惡！你們兩個成天只會惹人生氣！」宮本武藏壓低聲咕噥：「忍者，她的妝扮變是變了，怎麼脾氣還是沒改？」猿飛佐助點頭：「俗話說江山易改，本性難移嘛…」宮本武藏急忙捂嘴：「忍者！你想找死嗎？」

「可惡！欠揍的傢伙！看我怎麼訓教你們？」香奈嘔一股不平之氣，紮起翠袖，要把二人的腦袋敲個叮咚響，宮本武藏和猿飛佐助嚇得魂不附體：「饒命！」正想起身逃跑，不慎腳下一個踉蹌，狼狽跌倒。

香奈抬起腳踹向二人的臀部，踢得他們哇哇怪叫：「可惡！滿口裏放屁胡說，兩個渾人同個胎子打出來的，我最討厭你們這種粗俗的乳臭野漢，像你們這麼喜歡捱揍的，難得難尋，走遍天涯也未必能遇見半個，今天真是難得遇見，看我怎麼教訓你們？喝啊！站住！」宮本武藏和猿飛佐助同聲喊：「哇啊啊！」

犬犽和梧桐視若無睹，趕緊離開，心想恐怕那兩人是在夢裡還沒醒來，抽身遁走：「他們兩個又挨揍了…」不稍幾時，夕陽由西邊落墜，轉眼又一個黃昏降臨。梧桐把桌上安排了許多豐盛菜餚，宮本武藏和猿飛佐助早餓得飢腸轆轆，毫不客氣，一屁股往長凳坐下，狼吞虎嚥的吃了起來。犬犽抱幾壺好茶好酒，斟來酌往，和同伴暢飲一番：「乾杯！」宮本武藏和猿飛佐助喝到醉醺醺，趴在桌上打瞌睡：「忍者…你醉了沒？」、「浪人…我沒醉…你醉了沒？」、「我…我醉了…吁吁吁吁…」

香奈想起自己早上出乖露醜，沒有胃口吃飯，推開了門，嘆一口氣獨自往海灘走去。眼下受了好大挫折，心裡愈是一股氣憤，用翠袖擦拭淚痕，安慰自己：「哼！哭什麼哭？有什麼好哭的？」忽聽得背後沙沙聲響，香奈側頭一看，驚問：「是誰？」一個嬌柔姑娘回答：「香奈姐…是我…」聽音辨位，原來對方竟是梧桐，香奈心中一驚，急轉身背向她：「糟糕！若叫梧桐妹妹瞧見我這紅眼模樣，豈不讓人笑話死了？」咳了咳嗽，清淨喉嚨問：「梧…梧桐妹妹，今天夜晚氣候寒涼，妳怎麼突然跑出來吹風？」

梧桐不好私問，心中怦怦的跳：「香奈姐，我有點悶，想過來和妳一起吹海風，可不可以呢？」香奈沉默不語，梧桐見她收了戒心，怯怯又問一句：「大家…大家都在屋子裡熱鬧著，妳自己一人…跑來海灘這邊，不感覺孤單嗎？」香奈道：「屋子裡太悶太熱，都是那三個臭傢伙的酒味，我不想跟大家擠著，想獨自靜一靜。」梧桐柔聲輕喚：「香奈姐，妳是不是有什麼心事？」香奈忸忸怩怩：「我…我的胸口悶鬱不暢，想出來海灘走走散心，怎麼會有什麼心事？」梧桐又問：「香奈姐，妳喜歡犬犽哥對不對？」香奈紅了臉兒：「我…我…」

梧桐早把這事看破九分，心裡更加明白，微笑：「香奈姐但說無妨，若是能幫得上忙，我一定盡力幫著香奈姐。」香奈捲起長辮耳飾，扶著香腮，立刻將目光轉移開，羞得不敢睨看對方：「我和犬犽不過是好朋友、他那乳臭小子，我…我怎麼可能會喜歡他？」梧桐笑問：「香奈姐，妳猜梧桐心裡，有什麼事情不快樂呢？」香奈怕自己答錯了話，一手掩著酥胸，暗想：「梧桐妹妹也喜歡犬犽嗎？為什麼她要這樣問我？」凝思半晌，開口道：「梧桐妹妹妳別擔心，我對犬犽情同兄妹，就像和妳一樣，大家還是往常的好性兒，可沒什麼非分之想。」

梧桐從地上撿起小石子，飽吸口氣，將手一揮，擲入海浪：「香奈姐！我當妳是自己親姐姐一般，這事只有妳知我知，過了這會兒，就沒別的人會知道了。」香奈摸不透對方的心裡在想什麼：「梧桐妹妹…妳怎麼了？」梧桐哽咽道：「等這些事情一結束後，我就要和爹爹回去聚鶴塔，不能再跟大家在一起了，所以我不快樂。」

香奈臉色微愣，一對長辮耳飾被風吹蕩：「妳是在擔心這個？」梧桐低著頭，喃喃說：「唉！我只怕自己和爹爹走了之後，這一生再沒遇見一個知心如意的朋友，就像香奈姐和犬犽哥這樣。」香奈安慰：「梧桐妹妹，即使妳和崑崙郡主回去聚鶴塔隱居，犬犽和我，還是隨時可以去探望妳的，不是嗎？」梧桐勉強堆起笑容：「嗯…」梧桐疑惑問：「等所有事情結束之後，妳會留下來，再和犬犽哥一起去闖蕩四國嗎？」香奈的臉蛋一羞：「和犬犽嗎？為什麼我誰不跟，偏偏要跟著他？」梧桐急忙改口：「我的意思，是跟大家一起…」香奈笑問：「梧桐妹妹，妳該不會是以為我喜歡犬犽那個乳臭小子吧？」梧桐慌慌張張，搵著袖帕連搖頭：「不是…我不是這個意思…」香奈哈哈大笑：「稱不得心意，這是哪世裡的冤家？我怎麼可能會喜歡上像犬犽這樣一個…這樣一個…打魚的乳臭小兒？」梧桐倒把情況看獃了，疑惑問：「妳真不喜歡他？」

一陣浪濤迎風打來，蘆葦海灘寂無人聲，二人低頭不語，方隔半晌，梧桐才繼續又問：「香奈姐，人非草木，情感這事豈能漠然？但是…難道…難道這風波全是我自己多想了嗎？」香奈疑問：「梧桐妹妹！妳今天是怎麼搞的，怎麼好像牽腸掛肚似的？」梧桐扭扭怩怩：「我…我…唉！沒什麼罷！事到臨來，全都愈弄愈糊塗了…」

香奈張開雙臂擁抱海風，微笑：「既然不曉得，那就別想太多吧！」梧桐的心中一時疑惑，打起精神又問：「香奈姐，那妳心裡又在想什麼呢？」香奈見她情急模樣，笑著臉貼在肩膀說：「梧桐妹妹，妳可是第一個問我這些話的人呢！」梧桐半點拒抗的意念都沒有，搖頭：「我只是想了解香奈姐在想什麼…」香奈挽著手，拉她閒談：「別人要跟我哄上幾句，都沒法兒，要我多費精神去尊奉人家滿意，更是難上加難。梧桐妹妹這樣溫柔，香奈姐當然很喜歡，只是我心裡有許多痛苦，是別人沒辦法體會的，我也沒打算要其他人來替我分擔。」

梧桐見她的雪白肌膚顯得嬌柔，平添又多了幾分姿色，心裡暗嘆：「唉！香奈姐天生麗質，就只是嫣得一笑，固然也籠絡住了犬犽哥的心。」香奈見她心中煩悶，關切問：「梧桐妹妹妳還好嗎？」梧桐立即回神，兩頰緋紅，急搖頭：「嗯！沒…沒什麼…」香奈思索半晌，微笑：「人生的旅途坎坷不平，絕對不可能一帆風順的。過去的我在賣藝時，總認為自己射飛鏢的技術超越常人，可以仗義救人，所以不免時常得意，總是打從心底賞識自己，驕傲之心也不知不覺也遂然而生。雖然我曾經賞識過自己，出門在外靠著賣藝渡個糊口，這些平順的日子也只是我一直以為，直到失去了親愛的人，才忽然領悟到生命有多脆弱。」

梧桐見同伴講到傷心之處眼眶泛紅，倒嚇一跳，掏出袖帕替她揩拭眼淚。香奈的心中一股莫名感觸，沉思半晌，才繼續說：「在生命的歷程中，有太多的遭遇無法依靠自己掌握，每個人總有一些遺憾的事想要挽回，但是無論你如何嘗試彌補、嘗試改變，甚至嘗試遺忘，這些重擔似乎更加難以承受。我只是不明白，若是生命那麼渺小、那麼脆弱，為什麼卻還能讓一個人傷心難過大半輩子呢？既然它那麼渺小又脆弱，不是應該沒有多大的價值才對嗎？」

梧桐見她半含半吐，似乎有意隱瞞，心中便動了疑問：「香奈姐，其實妳心裡很擔心的…對吧？只是妳不願意表露出來。」香奈嘆一口氣：「梧桐妹妹，再過幾天就是日蝕之象了，到時候要去找嬋郡主和風羌大人合力對付闇，也不曉得那一戰之後會是如何？其實我很害怕…我已經失去了許多親友，我害怕會再失去梧桐妹妹妳，害怕會再失去犬犽，更害怕會再失去大家…」梧桐安慰：「香奈姐！或許生死別離這個擔子是沉重的，我們暫時還沒法領會，但我總相信生命是有它存在的價值與意義，就好比是暖煦的太陽，雖然它日出山頭日落山腳，總是按定時序，卻提供了光線，耀照明光。又好比清澈流水，順著山勢的高低循環著，滋潤大地，生養不息。妳瞧！這些在人的眼中，盡看似毫不起眼的事物，尚且有它存在的價值，更何況是我們呢？倘若世上一切事物，都沒有它存留的價值，那麼它們便沒有生存的意義了，不是嗎？」香奈笑著道謝：「梧桐妹妹！妳真是個好人。」梧桐心存好感，也說：「香奈姐…妳真是堅強…」香奈吩咐：「對了！梧桐妹妹，雖然咱心裡清楚明白，今天我告訴你的這番話，萬萬不可在別人面前提起，明白嗎？尤其是在犬犽面前。」梧桐見她焦慮模樣，忍不住噗嗤一笑：「怎麼？香奈姐怕我跟犬犽哥告狀，訴說妳的心底話嗎？」香奈臉上潮紅：「梧桐妹妹！我與妳說正經話兒，你別鬧我頑笑好嗎？」梧桐笑啐一句：「好好好！香奈姐妳別氣，我明白！」香奈笑著責她：「妳不來晦我幾句，心裡就不舒服。」講完，彎下腰從海灘上抓起泥土，抹在梧桐兩頰。

梧桐愣了愣，穢面污著臉問：「啊！香奈姐？」香奈抿著嘴唇笑：「誰叫妳要跟我說頑話兒？」梧桐笑：「好姐姐！咱倆來比劃，且看是香奈姐的泥巴纖玉手了得？還是梧桐的泥巴纖玉手厲害？」香奈見她表情滑稽，忍不住也噗嗤一笑，二人嘻嘻哈哈，兜著圈兒追逐起來。

風景轉到另一端，月光下看得分明，海岸小屋的不遠處隱約有個人影閃動，犬犽閉口無言，屏著氣息站在屋檐下。旁邊的柵欄不知幾許寬闊，犬犽見香奈和梧桐又笑又鬧，自己孤伶伶的一人站在牆邊，無言可答。

突然一陣海風吹來，將蘆葦叢弄得咻咻聲響，犬犽的心中有點割捨不下，情牽纏綿，用長袖揩拭了臉頰的淚痕，微笑：「香…梧桐妹妹…謝謝妳們…」當下決毅要行，把捆仙繩綁縛在腰帶，踏出腳步，消失在寂靜漆黑的暗夜之中…

隔天清晨，香奈梳洗完畢，穿了衣裙走進屋子和大家一起吃早飯，閒聊半晌，卻久久不見犬犽進來。梧桐東張西望，疑惑問：「咦！香奈姐，犬犽哥去了哪裡？妳有看見他嗎？」猿飛佐助也跟著起疑：「是啊！浪人，打魚的去了哪裡？怎麼那麼久還不見他進來吃飯？」宮本武藏只顧吃飯，嚼得雙頰飽滿，搖頭：「不曉得哩！」

香奈許久未見同伴倒也意出望外，猜疑想：「犬犽那傢伙究竟在搞什麼？就算有事牽纏，也應該向大家道聲早安再去辦事，日曬三竿還不打聲招呼，真是不知禮數。」梧桐站起身問：「香奈姐，要不要我去叫犬犽哥起床？」香奈搖頭：「梧桐妹妹妳坐著吃飯吧！反正我已經吃飽了，閒著也是閒著，不如讓我去罷！」說著，慢慢起身，往寢室的方向走去。

猿飛佐助見她倉促離開，又繼續開始閒吃閒聊，喝口茶笑問：「浪人！你看香姑娘最近是不是有什麼異樣？」宮本武藏只顧挾菜，搖頭：「沒有啊！我見香姑娘人好好的，哪有什麼異樣？」猿飛佐助故作老練，拍著肩膀笑：「哎呀！浪人！這個你就不懂啦！」宮本武藏滿臉疑惑：「咦？不懂什麼？這話怎麼說呢？」

猿飛佐助呵呵笑：「浪人！帶刀打仗的事情你或許比我厲害，但是女人的事，我可比你清楚。我見香姑娘整天不倸不睬的，飲食又不節，十頓飯只吃五頓，你倒猜猜這什麼原因？」宮本武藏回答：「香姑娘東行西走，一路從彩雲峽趕路來這，中途受了許多勞碌，又淘虛了身子，這短暫幾月當然難以調試，那也沒有什麼好奇怪的。」猿飛佐助故作玄虛道：「浪人！這個你又不明白啦…」宮本武藏好奇問：「忍者，你別假裝神秘，有話兒快吐，倒來說說看是什麼原因？」猿飛佐助嘆一口氣：「哎呀！世間萬般愁苦事，無非生死與別離…我見香姑娘一連幾天悶悶鬱鬱，若不是思念翠雲嶺的鄉親，便是為情所困啊！」宮本武藏定睛一亮，笑呵呵道：「香姑娘思念親戚那也是人之常情，合當理事。至於為情所困嘛…我說你這個忍者的腦袋胡思亂想，人家香姑娘脾氣凶惡，就算遇見什麼俊俏小生，也把人家給嚇跑了，哪裡有什麼男人敢喜歡她？」

梧桐坐在旁邊靜靜聽，見二人喧喧嚷嚷，腦海中突然記憶起昨夜晚上，香奈和自己在海灘說過的話：「梧桐妹妹，再過幾天就是日蝕之象了，到時候要去找嬋郡主和風羌大人合力對付闇，也不曉得那一戰之後會是如何？其實我很害怕…我已經失去了許多親友，我害怕會再失去梧桐妹妹妳，害怕會再失去犬犽，更害怕會再失去大家…雖然咱心裡清楚明白，今天我告訴你的這番話，萬萬不可在別人面前提起，明白嗎？尤其是在犬犽面前。」念及此處，忍不住拿起筷子，把碗碟叮叮咚咚的敲個響亮：「浪人大叔！忍者大叔！大凡行走江湖闖蕩的，做人要實實在在，你們兩個別亂說香奈姐姐的壞話啊！否則我要去跟她告狀！」

宮本武藏和猿飛佐助見梧桐大發雷霆，有如細針刺下肚腹，嚇得安靜閉嘴，滿面慚愧。屋內滿團死寂，過得半晌，忽見香奈淚眼汪汪，心慌意亂的扯著裙兒跑進門檻叫：「梧桐妹妹！」梧桐見她滿面焦急，詫異問：「香奈姐！妳怎麼了？」香奈急叫：「犬…犬犽他不見了！」

眾人聽見這話，均是驚獃，掙先擁上前問：「香姑娘！發生什麼事？打魚的怎麼會不見了呢？」、「浪人，他乘船去外海捕魚了嗎？」香奈急得臉色蒼白，含淚從懷中掏出一封手信，雙腿酥軟的跪倒在地：「我…我剛剛進去房間找犬犽，見他的捆仙繩不見了，只搜出這封信件！」宮本武藏恨不得立刻扯開：「借我看看！」伸手接遞清搜封件，急把信紙抽出一展，驚叫：「是打魚的寫得手信！」

眾人合攏圍觀，見紙上理明詞暢，寫道：

香！和闇對決的這場戰役，恐怕危險有誤，勞煩你們四位在此等候，我去彩雲峽找嬋郡主和風羌大人會合，待得事情結束，旬日相會之期再續溫寒，祝你們各自平安，莫牽珍重。

香奈半晌不語，軟酥酥的坐倒在地，嘴裡直喚：「犬…犬犽…」宮本武藏濃眉橫豎：「那個笨蛋，不願意把我們四個牽扯進來，想自己單身赴會去對抗闇嗎？」猿飛佐助驚道：「浪人，那他不是有危險了嗎？」梧桐上前安慰，從旁攙扶著香奈：「香奈姐！」

宮本武藏將手信拆開看畢，摺成簡子再塞回紙袋：「忍者！打魚的應該把馬車駛走了，你覺得我們用跑的，能追上他嗎？」猿飛佐助搖頭：「我不曉得！」宮本武藏追問：「香姑娘！打魚的臨走之前，除了這封信件，還有沒有留下其它什麼東西？」香奈心思散亂，只是搖頭：「犬…犬犽那個笨蛋…」

猿飛佐助見她臉色慘淡，盤算：「浪人！打魚的昨晚離開，多半還走不遠。咱們若是有馬可騎，多半還能追得上他…」宮本武藏連忙揮手，對三個同伴吩咐：「大家仔細聽著！這項行動由我來負責發令，大家一起去追打魚的，你們只管依照旨令辦理！明白沒有？」猿飛佐助不敢草率，壓低聲問：「浪人！這樣好嗎？」宮本武藏橫一眼：「哪尼？忍者，你竟敢不信任老大的話？若再繼續耽擱，到時候恐怕就追不上了！」猿飛佐助料難推阻，只好點頭：「浪人！那我們沒有馬車，該怎麼辦？」宮本武藏回答：「先離開蘆葦海岸，再做決定！」

香奈心中納悶，聽了那話茫然不語，宮本武藏拍一拍胸脯，安慰：「香姑娘妳不要擔心！我所使的二刀流千人斬乃是真功夫，忍者的隱身術也很厲害，若是投擲煙霧彈遁逃，保證沒人能抓得住他。咱們兩個幫妳去找打魚的，若是沿途有人膽敢攔阻，肯定被我們打得落花流水。你們兩位小姑娘由我和忍者來保護，絕不會出事！」

猿飛佐助急忙糾正：「浪人！我的秘技是暗殺，不是拋煙霧彈逃跑…」宮本武藏濃眉橫豎：「少囉嗦！哪個還不都一樣？我不是說了，現在開始，所有行動由我負責發令嗎？你別插嘴，只管依照旨令辦事就好！明白沒有？」猿飛佐助顯不耐煩：「好啦好啦！浪人，咱們若要離開必須趁早，倘若延遲，恐誤正事。」宮本武藏點頭：「好！我們走吧！」

香奈眼眶泛紅，咬著嘴唇罵：「犬犽你這個大笨蛋！大笨蛋…」梧桐安慰：「香奈姐！妳不要擔心，犬犽哥武功那麼厲害，不會有事的，況且他昨天晚上才離開，肯定跑不遠的。」香奈低頭無語，又不知同伴生死存亡如何，忍不住墮下幾點淚水，連聲暗嘆：「唉！但願那個笨蛋平安無事才好…」

第十五章 彩雲峽之役

犬犽去心已決，騎上轎鞍，把兩隻腿往馬肚一夾，駕著馬車飛竄離開。

奔馳許久，天色逐漸轉亮，他離開了蘆葦海岸數十里路，心中一直想著香奈的那句話：「梧桐妹妹，再過幾天就是日蝕之象了，到時候要去找嬋郡主和風羌大人合力對付闇，也不曉得那一戰之後會是如何？其實我很害怕…我已經失去了許多親友，我害怕會再失去梧桐妹妹妳，害怕會再失去犬犽，更害怕會再失去大家…」念及此處，咬緊牙根道：「香！妳放心吧！不會再有失去的人，我會盡全力守護你們的！」

那輛馬車奔走草原，快速衝下山坡，沿途顛簸，也不曉得究竟過了多久，終於抵達一處駐兵營帳。

這天彤雲密佈，寒風吹來好不寒冷，犬犽駕駛馬車來到駐營，見前方到處都是散落滿地的刀槍，唯獨不見士兵屍體，驚憂：「糟糕！這地方發生什麼事情？怎麼會有許多刀劍散落在此？」瞥頭一望，見天山國的旗幟斜插在地，思索：「原來這些都是嬋郡主的士兵嗎？怎麼被殺得一敗塗地？是闇嗎？」

犬犽只圖趕路，抽鞭策馬繼續動身，正要啟程，忽聽得有馬蹄聲迅速追近。背後一匹銀鬃俊馬長嘯三聲，後腿一個打直，整隻馬匹像人一樣立了起來。

犬犽的坐騎驚嚇一跳，正想拉扯韁繩轉身查看，忽聽背後有聲音喊：「咦！犬犽？」犬犽回頭驚望：「月祭！是你？」月祭也不畏懼，笑問：「你去哪裡？」犬犽見他神態自若，絲毫不把自己放在眼裡：「我要去彩雲峽找嬋郡主，你來這裡做什麼？尋寶嗎？」月祭見對方的腰帶懸掛著捆仙繩，笑問：「我還記得，你那柄萬古神器，是上次在島嶼找到得吧？」

犬犽雙眉一豎，不太高興道：「我還有急事在身，不方便跟你多聊，就這樣吧！我們後會有期！」月祭騎馬衝來，只裝聾作聽不見似的，阻擋馬車：「等等！」犬犽愣問：「什麼事情？」月祭冷笑：「上次在島嶼的時候，你們幾個一起圍攻我，未免勝之不武。這次正好我倆來單獨比劃，倘若你勝了，我便任由你走！若是我勝了，你就得乖乖把捆仙繩留下，如何？」犬犽搖頭：「你在說什麼？我沒時間與你胡纏，我需要去找嬋郡主和風羌大人，再見！」

月祭冷諷一句：「什麼嬋郡主和風羌大人？我還道你有點男子氣概，原來只是沒個擔當的懦弱鼠輩？這番作為，日後我肯定替你張揚出去，連你祖宗十七八代都給發揚光大了！哈哈！」犬犽咬緊牙根道：「你別使言語來激我，我不會輕易上這當的！」月祭道：「怎麼？還是想用捆仙繩出手教訓我，仗著萬古神器佔盡便宜嗎？」

犬犽舉起馬鞭疾抽，兩匹銀鬃俊馬被主人拼命催趕，拽起八蹄，車速如風的衝了出去：「喝啊！馬兒！快跑！」月祭追趕在後：「想逃？」犬犽駛著馬車飛馳，旁邊一道黑影疾竄來，月祭踩著馬鞍，奮力往車頂上一跳：「嘿！」順勢落下，正打算出掌攻擊敵人，不料犬犽的雙腿挾住馬鞍，猛力鞭扯，那輛馬車疾如飛鳥似的衝下山坡。

月祭撲翻跌在車頂，頭上樹叢生風，竟被綠葉掃得臉頰疼痛：「可…可惡！」犬犽回頭見對方從車頂躍下，急忙鬆開韁繩，徒手相抗：「月祭！快住手！」二人四掌相撞，五臟六腑倒轉一般，喘不過氣。月祭的手臂震得腫痛，怒罵：「可…可惡！你這傢伙！」犬犽頭昏腦脹，跌在車椅爬不起來：「快住手！馬車會翻的！」月祭只做沒聽見：「把萬古神器交出來，我就饒你性命！」犬犽見馬車無人掌控，像斷線風箏到處亂闖：「月祭！你再不住手，我們兩個都要摔下馬車！」

兩匹快馬不顧山路顛簸，八隻鐵蹄如雷震似的拼命加速，此番情勢非常危急，月祭抄出鐵折扇揮去：「嘿！交出捆仙繩！」犬犽手慌腳亂，抽出捆仙繩防禦：「別鬧了！快住手！」月祭的鐵折扇攻前後防，幻變無窮：「誰跟你鬧？我是講真的！」犬犽一個不慎，那鐵扇從手臂劃過三痕：「哎喲！你若再逞強，我們兩個都會墜下馬車！」月祭防中帶攻，揮舞鐵扇擊向胸口：「交出萬古神器！」犬犽感覺一股勁風迎面襲來，向後一退，疾速滑開：「我不想跟你打，快住手！」月祭冷笑：「你若知趣，就應該乖乖把萬古神器交給我！」

犬犽東竄西躲，試圖閃避敵人攻擊，可惜馬車的面積並不寬闊，二人在車頂近身搏鬥，只稍差吋許就可能摔下車頂。索性自從犬犽領悟了百川匯海的招式之後，武藝大有展進，否則若換作常人，早被月祭的鐵折扇刺出幾個透明窟窿。

兩匹野馬無人掌控，韁繩亂蕩，犬犽的右腳踏在車頂邊緣，躲開攻擊：「月祭！暗行御史打算利用四象獸摧毀四國，你若是為了天下蒼生著想，就快停手！」月祭仍不死心，揮舞鐵折扇砍去：「那柄捆仙繩是在島嶼上找到的，我也有一份。你既有本事搶走，如今撞著了我，還想往哪逃？」犬犽一個翻身，滾避道：「你若繼續胡纏，我們兩個全都會死在這裡！」

月祭曾在古廟被對方擊敗，後來想起時常憤怒，氣不過就要討命索債：「把捆仙繩交給我！」犬犽又叫：「你若再不住手，我們真的全要喪命於此！」月祭冷笑：「既然如此！你最好先讓我宰個痛快！」舉起鐵折扇往頭頂下壓，犬犽急忙舉起捆仙繩抵擋，捆個四五圈，綁縛住敵人的手腕叫：「你真是不可理喻！」月祭不顧危險，舉起鐵折扇擊向敵人：「胡說八道！」

犬犽被逼得使出渾身解數，嗤嗤幾聲，右臂又給鐵扇割開兩條血痕。月祭幸災樂禍的笑：「納命來吧！再躲再閃還不是只能討饒？快交出捆仙繩，我就饒你性命！」犬犽心想：「若是他想謀我性命，該怎麼辦？」月祭惡言威脅：「喂！你再不交出萬古神器，我就一招先捏碎你的手腳骨頭！」

「咦！」犬犽聽了不勝駭異，忽見山坡有塊凸岩，馬車前輪撞上石塊，車身劇烈搖晃，二人結成一團，拋飛遠處。狂沙亂捲，整輛馬車從半空中飛起，仿彿千萬斤重的大石旋轉兩圈，餘勢未衰，滑行數尺之後緩緩停住。

犬犽遭那勁力彈開，如落葉翻風似的顛下車頂，撞上樹幹，跌倒在地：「扼…扼…痛死了…」腦袋天旋地轉，險些兒連性命都丟失了，索性沒受內傷，忍著疼痛，撫胸爬起：「月祭！」

月祭血流滿面，躍上馬車，一腳踹斷車廂的門：「可惡！」犬犽見他滿臉血污，勸道：「月祭！你快罷手吧！」月祭憤怒的罵：「你這傢伙！這次真的惹惱我了！」犬犽曉得若再發獃不走，恐怕白白賠上一條性命，撕下半截衣袖裹住傷口，往山坡下逃跑：「糟糕！該怎麼樣擺脫他好？」

眼看兩匹馬兒摔倒在地，受了重傷爬不起身，遠方忽有個黑影迅速接近，審細一看，竟是月祭先前的座騎脫韁衝來，心喜：「正好！」月祭也察覺敵人想逃：「別走！」一聲暴喝，握著鐵折扇向前疾斬：「可惡！你逃不掉的！」

迎面一匹銀鬃俊馬如閃電馳來，犬犽的腳尖在地上輕輕點步，翻滾兩圈，右手撐著地面躍上座騎：「再見了！」月祭從旁偷襲，伸手來扯韁繩：「別逃！」犬犽急把捆仙繩往馬背一抽，順勢衝撞：「別攔著我！」月祭倔強的扯著韁繩：「嘿！抓到你了！」

銀鬃俊馬受了驚嚇，抽個落空飛也似地逃跑，激起一團塵霧，犬犽急促馬繩，呼喚：「快放手！你會被馬蹄踩扁的！」月祭的雙手緊抓著韁繩不肯放開，沿途拖行，左甩右甩叫：「可惡！我肯定要宰了你！」

犬犽催馬急馳，那匹銀鬃座騎一路飛趕，月祭被沿路拖行，緊抓韁繩不肯放鬆，用力一拉，忽扯住敵人的衣角：「你這傢伙！難道非要我斬了你雙手，才肯學乖？」犬犽嚇得怪眼圓睜，奮起神威，照準腦袋一腳踹去：「快放開我！」月祭的腦袋被踩，倉惶叫：「啊！」雙手一鬆，顛翻半圈摔個鼻青臉腫，眼前一黑，暈了過去，霎時之間被座騎拒出四五丈外。

犬犽一路馳馬逃亡，距離敵人愈來愈遠，終於再看不見。銀鬃白馬四蹄飛趕，踏得地面窿窿震響，塵飛霧揚，瞬間走個跡影全無。索性犬犽反應機靈，使個退敵之策，費盡九牛二虎之力才將敵人打發，否則月祭窮追不捨，頑強攪局也只會弄得禍到臨身。

眼下趕著要去彩雲峽與嬋和風羌會合，離開了翠雲國的範圍。沿途石路顛簸，快馬穿越棕樹竹林，一路飛沙逆拂，把犬犽吹得灰頭土臉：「不曉得嬋郡主和風羌大人到了沒有？」左觀右望，沒什麼風景可看，除了荒山野叢，偶爾有瓊花瑤草襯著陽光，還有一個尋常農夫駛著牛車迎面接近，滿臉皺紋，露出汙黑的牙齒對自己微笑，拉著牛車經過身畔離開。

犬犽為了返鄉一趟，轉眼三天經過，連日不見雷昊、嬋和風羌，任憑心中有千思萬計，也猜不透同伴計劃了什麼戰略對付闇，想到這邊，右手遂一鞭抽打捆仙繩，銀鬃俊馬吃痛長嘶，精神更是倍加驍勇，飛也似的加速。

奔馳片刻，遠方有許多用麻繩和布搭蓋的帳篷，兩個駐兵來回巡邏，一見犬犽接近，立刻趕來盤查：「站住！」犬犽扯住韁繩，跳下馬鞍：「咦！怎麼會有那麼多帳篷？你們是天山國的軍隊嗎？」其中一人識得犬犽，恭敬下跪：「原來是風羌大人的朋友！」犬犽笑問：「你們兩個認識我？」駐兵乃是差來公辦的，節級依允，點頭：「嬋大人和風羌大人已經在帳篷恭候多時，小俠請隨我們來吧！」

犬犽尾隨著兩個哨兵走向營帳，穿越烽火臺，有人打鼓舞噪的吹響著號角，仰頭一看，隱約可見遠方彩雲峽的岩壁上刻著兩幅巨匾，字跡雄勁，寫著：「天地」和「山海」四個大字，心想：「這地方相距彩雲峽尚有一段路程，嬋郡主為什麼把士兵駐守在這呢？啊！是了！闇曾說過不許遣派伏兵在山上，若是被他發現，恐怕糟糕。嬋郡主和風羌大人駐兵在此，為了是不要被察覺行蹤？」

兩個哨兵公然巡邏，引領犬犽經過營地，走入一座帳篷靜候等待。嬋和風羌均換了一件體面衣袍，盛裝打扮，背後有護衛恭敬跟隨。犬犽見到二人，滿臉堆笑：「嬋郡主！風羌大人！」風羌也忍不住歡喜問：「犬犽兄！別來無恙？」犬犽點頭：「一切都還順利。」嬋問：「咦！你那些朋友呢？」犬犽解釋：「我不想他們捲入紛爭，所以叫他們待在蘆葦海岸等我。」嬋扮裝威儀，點頭：「嗯！」犬犽轉念又問：「對了！雷昊大哥到了嗎？」風羌道：「明天就是日蝕之象，翠雲少主、崑崙大人和白雲齋大人應該很快也會抵達此地。」

犬犽想起一事，轉話題問：「對了，嬋郡主、風羌大人，我在路上遇到一件奇怪的事，許多刀劍和盔甲散落滿地，但屍體全都不見了，那是怎麼回事？」風羌道：「幾天以來，軍隊有許多人莫名失蹤，這件怪事我們也正在調查。」嬋毅然轉身，對帳篷外的守衛吩咐：「來人！快差人寫一封帖子傳達出去，今天晚上多派遣幾個哨兵駐守營帳，明天就是日蝕之象了，我相信在那之前，闇一定會有所行動！」風羌問：「嬋大人，現在該怎麼做好，您打算要駐兵成什麼隊形？」

嬋走到帳篷門口，抬頭眺望不遠處的彩雲峽，喃喃囈語：「險形者，我先居之，必居高陽以待敵；若敵先居之，引而去之，勿從也。」犬犽好奇問：「風羌大人，嬋郡主這話是什麼意思？」風羌解釋：「嬋大人說，如果敵人占了山嶺優勢，我們就應該引兵撤離，不宜與他正面交戰。」嬋道：「風羌！吩咐下去！立刻分作西南北三路鎮守，西路分作九隊，北和南各自分作四隊。大家齊心協力，埋伏駐守，這次的情勢非比尋常，千萬不可有半點疏失。」

才剛講完，忽有個校報狼狽奔來，焦急喊：「嬋大人！嬋大人！」那人奔得不遠，受傷太重，先在帳篷前倒地氣絕，旁邊有個侍衛驚逃：「哎呀！殭屍來襲啦！殭屍來襲啦！」犬犽詫異：「咦！殭屍？」週圍士兵不想被生死之憂牽纏，嚇得退避，也怪叫：「哎喲！有人死了！究竟發生了什麼事情？」、「嬋大人！派去傳話的人死了！我們該怎麼辦好？」風羌怒道：「快救性命！快探他還有沒有鼻息？」

正亂之際，又有一個校報跟著跑來，捱肩擦背的擠進人群：「嬋…嬋大人！」風羌見那哨兵受了重傷，全身血紅，忙扯住旁人問：「營帳外發生什麼事情？誰把他打成這樣的？快說！」

眾人並肩飛趕，待得奔近，見那人臉色慘白，眼神恐懼，稍喘兩下便昏倒在地。犬犽驚問：「他死了嗎？」風羌把食指搭在士兵的手腕，搖頭：「沒有！他還活著。」昏倒的士兵突然眼珠翻白，骨骼僵硬的撲向前喊：「殺…殺！」犬犽怪眼圓睜：「啊！這是什麼？」風羌一手推開同伴，挽個順勢大平翻滾開：「保護嬋大人！」說著，健步上前，雙手扯住士兵的肩膀：「躺下！」侍衛愈加憤怒，哀嚎幾聲，闊口張開想去咬人，風羌扣住對方的手腕往背後一折，壓倒在地：「快來制伏住他！」

四個哨兵趕來幫忙，飛撲向前把那侍衛壓倒，累得汗淋氣喘，低聲啞氣道：「啊…啊…殭屍好大氣力！」侍衛被壓倒在地，口吐白沫的喊：「殺…殺！」許多援兵相隨趕來，手執刀械圍繞著他，用繩索綁縛：「捆住他！動作快！」

犬犽見那殭屍力大無窮，驚訝問：「嬋郡主！這些人都是傳達號令的哨兵嗎？怎麼會突然變成了喪屍？」嬋謹慎觀察，冷靜說：「找繩索把他捆住，大家小心，先別踏出營地外！」風羌陪襯在旁，焦急問：「嬋大人！這怎麼可能？」有哨兵倉惶道：「是殭屍！殭屍殺人！」風羌斥責：「豈有此理！光天化日之下，哪裡來什麼殭屍？」哨兵解釋：「啟…啟稟嬋大人…這些校報的本來要往營地外去捎信，通知其他駐兵，沒想到中途卻撞見殭屍，那些殭屍全都是失蹤的同伴啊！他們像發狂一樣攻擊我們，見人就砍！」風羌大怒：「簡直豈有此理！這世上哪來的殭屍，什麼人裝神弄鬼？」嬋解開屍體衣甲：「風羌，你們過來看！這人的筋骨皆被刀劍砍斷，可見是有人所為。」哨兵恐懼：「嬋大人！真的是殭屍啊！是那些失蹤的士兵，我…我發誓絕對沒有看錯！」

帳篷外有哨兵見了屍體慘狀，仰天嚎哭：「救命！嬋大人！我不想死啊！」眾人紛紛拋棄刀械，摟作一團，風羌見了大怒，衝至面前，把部屬扯到一邊喝罵：「你們別哭哭啼啼，這裡沒有什麼殭屍！誰敢再發出聲，軍令如山！一發都砍了腦袋！聽見沒有？」嬋望著屍體，心裡盤算：「看這些人傷勢慘重，還能撐著氣力跑回來，想必不是出於偶然吧？有人企圖想展示什麼嗎？這究竟是怎麼回事？」風羌道：「嬋大人！這兇手大費周章，編造出殭屍的謠言欺騙眾人，裝神弄鬼，這根本就是在玩弄我們！實在太可惡了！」

嬋思索：「風羌，依我來看，這件事情多半和闇脫不了關係。」風羌疑問：「他是怎麼辦到的？」嬋道：「你忘記了嗎？三年前的那場戰爭…這種傀儡戰術曾經在狩獵一族出現過。」風羌恍然大悟：「是移魂轉身術？」嬋吩咐：「風羌，檢查他身上有沒有什麼符咒之類？」風羌仔細搜查屍體，果見士兵的大腿插著一柄鐵椎，鐵椎上綁著靈符，驚訝道：「嬋大人！這？」

「沒錯！那些並不是什麼殭屍，只是被咒術所控制的活人罷了！」遠處有個人影走來，額頭上有道疤痕，原來竟是雷昊，揖手鞠躬道：「參見嬋大人和羌左使！」風羌回頭看：「咦！是翠雲少主？」犬犽也驚喜喊：「雷昊大哥！」雷昊道：「嬋大人，半刻遲緩不得，我們必須起程往彩雲峽去。」風羌問：「翠雲少主，日蝕之象要等明天才會出現，為什麼我們得現在起程？」雷昊搖頭：「不能再等到明天清晨，必須要立即採取行動，若是拖延愈久，闇就會利用傀儡製造出更多的傀儡，一旦傀儡用縛咒的鐵椎刺傷了人，移魂轉身術就會附上身，並且控制他們。」風羌恍然大悟：「原來如此，他正在利用這些傀儡，製造一個自己的軍隊？」

犬犽疑惑不解：「既然如此，他怎麼不在開始就造一隊傀儡軍團呢？這樣豈不是輕輕鬆鬆，就能與四國軍隊抗衡了嗎？」雷昊解釋：「這個咒術的厲害之處，是它能夠使用傀儡控制傀儡，在短時間內，創造出極為強大的傀儡兵團。缺點則是效果無法維持太久，畢竟施術者需要吃飯睡覺，一旦歇息片刻，那咒術就會被迫解除，因此闇直等到這一刻才施展出來。」嬋補充道：「若是施展這咒術，也沒有辦法使用萬古神器召喚出四象獸了，因為施術者必須躲在極為隱密之處，才能確保自己不被發現。」

風羌咬牙切齒道：「可惡！真是邪門歪道，闇居然從狩獵一族學到了那麼恐怖的咒術？」犬犽問：「雷昊大哥，怎麼樣會被這種咒術控制呢？為什麼剛才那個士兵來帳篷找嬋郡主的時候，原本還腦袋清醒，一轉眼就變得瘋瘋癲癲？」雷昊解釋：「被這咒術控制有兩種辦法，第一種是用靈符下咒，只要把受術者的毛髮拋入瓷罈，用傀儡術結印，就會被施術者控制。這種方法比較難解，必須打破瓷罈，讓施術者受到干擾才行。」

犬犽追問：「那第二種呢？」雷昊回答：「若是不慎被傀儡使用縛咒的武器刺傷，那咒術的靈力也會纏身。但是這種解術方法比較容易，只需把縛有靈符的武器拔出傷口，就會清醒沒事了。」

犬犽看著地上屍體，怯退三步：「原來這咒術是能傳播的？啊！那…那這個死人會不會突然甦醒，來咬我們？」雷昊拍肩膀道：「放心吧！屍體是沒有用處的，唯獨活人才有辦法變成傀儡。」犬犽擔憂的說：「那麼多傀儡都被闇控制了，陸續把他們身上的武器拔出來要拔到什麼時候，才能弄醒所有的人？」雷昊回答：「別擔心！只要能找到闇，這些人的咒術就會解除。」嬋道：「無論如何，我們還是得快點搜出闇，那些傀儡感覺不到疼痛，他們會不斷攻擊，受了傷直到血流乾，若是不快找出闇的藏匿地點，這些失蹤的士兵，恐怕全都會自相殘殺而死。」

風羌捏緊拳頭，怒叫：「可惡！真不曉得他是從哪裡學到這些邪術的？」雷昊解釋：「被闇招攬加入暗行御史的，其中一個女孩，曾經是狩獵族的傀儡師。」嬋點了點頭：「難怪！」雷昊道：「我們必須一起行動，否則若有人不慎被咒術控制，就無法解開了。」風羌有無窮的怨氣難以咽下，說道：「走吧！要解開移魂轉身需要趁早，若是等傀儡人數增多，那可麻煩！」犬犽問：「嬋郡主，我們需要帶援兵去山上嗎？」

嬋思索半晌，搖頭：「這麼做恐怕不妥。」雷昊分析：「犬犽小兄弟，嬋大人講得對，援兵若是不慎被埋伏捉住，只會淪為傀儡，間接增加闇的勢力。我們四個單獨去就足夠了，況且人數少，行蹤比較不易被察覺。」犬犽怪眼圓睜叫：「什麼！就我們四人？」嬋問：「你害怕嗎？」犬犽吱吱唔唔：「才…才不會呢！」

雷昊拍了拍肩膀：「別擔心！你手上有捆仙繩，一隻玄冥龜就足夠對付所有的傀儡，不必害怕。」犬犽點頭：「嗯！」風羌又問：「對了！嬋大人！崑崙大人和白雲大人還沒有來，我們該怎麼辦？」嬋吩咐：「風羌，闇正在快速擴展傀儡軍團的勢力，沒空再拖延了，我們改變計劃！傳令下去！吩咐駐兵在此鎮守，切勿輕舉進攻。若是有傀儡攻擊營地，不可隨意殺生，設置陷阱埋伏，把捉來的傀儡用繩索綁縛，一旦等我們找到了闇，那些人的咒術就能解除。」

風羌鞠躬：「遵命！」嬋對雷昊和犬犽說：「那麻煩請二位準備好，等風羌一傳達完哨令，我們就立刻動身，前往彩雲峽出發！」雷昊和犬犽異口同聲道：「是！」四人走出帳篷，營地內外喧聲吵鬧，嬋對一個哨兵招呼：「快備武器！」

守營哨衛不敢抗命，從寶櫃拿了鴛鴦鉤和鋼鐮刀，嬋將羅繡征袍披上肩膀，對駐衛吩咐：「守緊營地！切記，若是情非得已，千萬不可隨意殺生，那些傀儡只是暫時被催眠，還有救醒的辦法。」衛兵揖手鞠躬：「遵命！」

風羌的腳上套著火雲靴，把金鵰弓和箭筒背負在肩膀，雷昊則是在腰帶掛個月牙鋼刀，崗哨守衛前來迎接，推開圍欄道：「嬋大人和三位大人小心珍重！」嬋點了點頭：「守好營地，千萬不可讓闇的傀儡攻入營區！」講完，一個飛風竄出圍欄：「我們走！」

風羌、雷昊和犬犽前後並列，身手敏捷的向前躍去，速度如擎電一般穿越樹林，瞬間落在遙處不見蹤影。犬犽和同伴飛風奔跑，舉目眺望，前方彩雲峽的高山岩壁險峻，山下是飛瀑急流，忽然北風大作，沙塵夾雜著漫天黃土吹得四人難以目視。風羌甚為謹慎，握緊著鵰弓不敢大意，四人沿著山路向上奔跑，趕路半天，卻不見任何人影。

雷昊心中盤算：「闇用移魂轉身控制傀儡，肯定是藏在隱秘之處，究竟會躲在哪？」犬犽緊緊尾隨同伴，輕輕巧巧的躍上崖石：「咦！怎麼還不見傀儡出現？那個闇究竟在打什麼主意？」嬋吩咐：「大家謹慎！雖然那些傀儡都被移魂轉身術所控制，但他們也不會輕易行動，敵人在暗我們在明，週圍的一石一草都不能大意！」

風光從揹筒中抽出羽箭，手持金鵰弓的謹慎速走：「嬋大人，請允許風光到前方先鋒探路！」嬋曉得屬下想當誘餌，點頭應允：「嗯！」風光把鐧鐮刀交給雷昊：「翠雲少主！若我不慎失手，這柄萬古神器麻煩你好好保管！」雷昊伸手接遞：「放心吧！你不會有事的。」風光雙足輕快，一個飛身躍上岩石：「保重！」

犬犽、雷昊和嬋墊後掩護，彩雲峽的山峰地勢懸殊，頂上是坦蕩蕩的高原，底下則是端急水流，左右兩邊還有危石聳立的岩壁，環峰阻雲，圍繞著白茫茫的霧氣。

雙方一前一後跑得疾快，速度不相上下，僅相差三丈距離。奔行片刻，忽見前方斷阻隔開，除了一條鐵鎖橋再無處可走。風光踏著鐵鎖橋穿越了峭壁，回頭招手：「三位！這邊安全，可以過來了…」尚未講完，忽見五個男子跳出草叢，手持鐵斧砍向鎖鏈：「殺！」犬犽回頭驚看：「雷昊大哥！小心！」

一個男子的手腕綁縛靈符，抓緊鐵斧，口吐白沫喊：「殺！殺！」雷昊反應敏捷，伸手一抓捏住敵人的脖頸，壓在地上：「小心！我們中了埋伏！」可惜動作稍慢，鐵鎖橋被柴斧砍斷，竟坍塌墜落，犬犽驚得目瞪口呆：「我們沒辦法渡過橋了！」

那鐵鎖橋壓垮岩壁，挾帶著碎石滾下山谷，墜在急流瞬間不見踪影。犬犽、雷昊和嬋仔細一看，前方道路被危崖截斷，山谷下煙雲渺茫，全是霧氣：「糟糕！現在該怎麼辦？」嬋無暇思索：「先往後撤退！」

三人背貼著背，把四面八方的情勢盡看眼裡，正感擔憂，雷昊見左邊有株巨樹丈高幾尺，急喊：「沿著樹幹向上攀爬！快！」嬋躍上樹幹，對危崖另一端喊：「風光！一個時辰後，在山頂高原處會合！」說著，腳踏穿雲勢，踩著大樹又竄高兩丈，雷昊和犬犽追隨在後，回頭驚叫：「哎喲！嬋郡主！雷昊大哥！那些傀儡追上山了！」、「犬犽小兄弟！快爬上樹！」犬犽狼狽爬樹，情急之下也忘記要抽出捆仙繩召喚玄冥龜，低頭稍看，許多侍衛追趕來，對自己叫：「殺！殺！」

「嬋大人！我掩護你們！快走！」雷昊雙掌推出，一股暖流之氣疾風撲面，侍衛被打下樹，滾落懸崖：「啊！」傀儡士兵口吐白沫的叫：「殺！殺！」

雷昊架刀防禦，用刀背迴旋一砍，那侍衛被斬得肚腹疼痛，險些跌倒，索性受了咒術之後身體硬朗，不至為那疼痛所疲憊，受這一招還能勉強把持住，又跳上樹幹：「殺！」雷昊又驚又怒，轉身就逃：「犬犽小兄弟！」犬犽急伸手去抓：「雷昊大哥！」

雷昊一個飛身被提上樹，士兵撞在樹幹，跌個四腳朝天。嬋移動寸步，又向岩壁高處跳去：「快跟上！」犬犽拉住雷昊的手腕，用力向上一提：「嬋大人！這些都是中了移魂轉身術的傀儡嗎？」嬋回答：「別理他們！擒賊擒王，先找出闇！」

三人沿著樹幹跳上岩壁，順著狹窄的山道逃到樹林，舉目眺望，彩雲峽底下有河流過，雲霧繚繞，朦朧一團。雷昊轉過頭望，驚問：「可惡！沒路可走了嗎？」嬋思索：「闇既有本事控制那麼多傀儡，肯定會躲在一處隱密之地，是洞窟嗎？還是樹洞中？他肯定距離峰頂不遠，否則一旦日蝕之象出現，可不容易在第一時間察覺天候異變。」

正在思想，幾百隻連環箭順勢射來，犬犽驚呼：「嬋郡主、雷昊大哥！小心！」說著，把捆仙繩旋圈二十轉，羽箭彈飛左右，掉落在地。雷昊回頭驚看：「可惡！這些傀儡窮追不捨，有完沒完？」受了咒縛的侍衛激烈鼓躁，挺槍衝來：「殺啊！」雷昊曉得迫在眉捷，擲出火爆彈：「別停下來！快走！」犬犽用捆仙繩捲開羽箭攻擊：「雷昊大哥我掩護你！」

傀儡士兵分列三排，從四方朝三人揮刀來砍：「殺！殺啊！」犬犽伸出手抓，一拉一拗，硬將士兵拐倒在地：「你們這些傢伙！真是陰魂不散！」傀儡士兵雙腳翻天，混亂中又有人衝出草叢喊：「殺！」嬋招手呼喚：「這邊危險！快往右走！」犬犽狼狽奔逃：「啊！好多傀儡！」

雷昊向右閃避，飛出一腳踢開侍衛，那傀儡向後跌倒，連排混亂的摔翻在地。破空之中咻咻幾聲，飛箭如流星擎電射來，箭柄燃燒著火焰亂般落下。索性亂箭一枝也沒射到，盡數插在樹木岩石，雷昊氣憤之極，抄出火爆彈叫：「嬋大人！犬犽小兄弟！你們快退後！」

嬋處變不驚，攔住手腕叫：「先等等！」雷昊道：「嬋大人！這些人都被下了咒術，若是不慎被他們傷到，我們就會全軍覆沒！」嬋點頭：「但你若殺他們，這些人全都會死，就算咒術解除，再也沒辦法救回一命。」雷昊咬牙切齒，把火爆彈收回腰袋：「可惡！得想辦法引開他們！」

「哎喲！快放開我！」犬犽被一個傀儡揪住，壓倒在地，敵人闊口張開，企圖咬他：「殺！殺！」雷昊見同伴遭伏，右腳移位迴旋一踢：「快起來！走！」傀儡士兵跌個四腳朝天，犬犽灰頭土臉的爬起身，拍一拍塵土：「哎喲！痛死我了！這些傢伙是野蠻人嗎？」

嬋見傀儡士兵人數太多，有心拖延道：「翠雲少主，炸樹把他們擋住！」雷昊反應極快，抄出數十枚火爆彈擲向樹根：「小心！樹要倒了！」嬋喚：「快趴下！」塵埃蔽目，大樹被火爆彈炸得轟隆隆響，犬犽連滾帶爬的向後逃竄：「雷昊大哥！嬋郡主！你們在哪？」嬋捂著嘴：「咳咳…」雷昊目不能張，耳朵嗡嗡聲響：「你說什麼？」三人的臉上烏漆麻黑，樹林烏煙瘴氣，大樹被火爆彈炸得向左傾斜，滾倒在地。

「殺！殺！」傀儡士兵攻勢淩厲，混亂中有人拿刀揮霍亂斬，將樹幹砍出幾道痕跡，那群傀儡士兵如生鐵鑄成似的，被大樹壓住腳踝，也不覺疼痛：「殺啊！殺！」後面又一堆傀儡擁擠來，大喊：「殺！殺啊！」

雷昊推測了端倪，料猜敵人數路同樣，抓一把火爆彈再次炸樹，傀儡士兵擠擠擁擁，舉起單刀砍向樹幹：「殺啊！殺啊！」後方擠滿人潮，登時之間許多同伴被卡個動彈不得，紛紛仰後跌倒。犬犽喜叫：「雷昊大哥！有路可退了！」嬋吩咐：「我們快走！」雷昊道：「你們先退，這裡由我掩護！」

近處正鬧個天昏地暗，忽見山上一支疾箭飛下來射倒傀儡，雷昊轉頭驚看：「咦！是羌左使！」犬犽驚喜：「啊！不必在山頂會合，風羌大人已經找到我們了！」嬋吩咐：「快爬上去！」

眼前再無別的選擇，三人飽吸口氣，揪著樹藤爬上懸崖。風羌弩弓搭箭，瞄準山下：「嬋大人！二位！快上來，我掩護你們背後！」幾個傀儡士兵立足不穩，滾下山坡，背後又有同伴湧上支援：「殺！殺！殺啊！」雷昊扯住犬犽往上攀爬，一邊喊：「快走！」

傀儡向山上拋投刀槍，猛搖藤蔓喊叫：「殺！殺啊！」嬋揮舞著鴛鴦鉤，將暗器盡數擋開：「快向上爬！」犬犽單手抓著樹藤懸吊半空，不料體重過量，突然嘶聲裂開，全身猛向下沉，急速落墜：「啊！」雷昊驚呼：「糟糕！」嬋一個飛身躍下懸崖，舉起鴛鴦鉤喊：「赤鷲！出來！」

天空傳來一陣雷響，忽起狂風，赤鷲展開翅膀飛舞鳴叫，疾速向岩壁俯衝飛來。犬犽墜在半空毫無著力之處，正要墜谷，誰曉得腳下突然衝出一隻巨鳥，低頭稍看，原來竟是嬋召喚了天靈獸出手援救：「好險！」嬋向雷昊吩咐：「快跳上赤鷲！」

二人鬆開虬藤躍上巨鳥，天空吹來一陣寒風，低頭稍看，見到彩雲峽底下盡是峻峭絕谷和端急河流，頂上一片蔚藍天空，形成強烈對比。風羌站在懸崖觀看三人，見那情勢驚駭，幾乎感覺連心肝都不接著五臟，喊道：「嬋大人！」嬋轉頭瞄一眼：「風羌！快跳上來！」風羌看見不遠處有一塊凸岩，踏步向外跳出：「喝啊！」不料背後一支疾箭射來，刺在肩膀：「啊！」犬犽驚喊：「風羌大人！」雷昊一把拉住手腕，將他提上赤鶩：「羌左使！你傷勢怎麼樣？」風羌忍著疼痛，搖頭：「不礙事，只是一點皮肉傷罷了！」犬犽驚呼：「啊！嬋郡主！那些傀儡爬上懸崖了！」嬋喊：「赤鶩！飛！」

天靈獸赤鶩向上飛開，相距懸崖愈來愈遠，週圍環繞著成群白鳥，雲彩浮空，仿彿置身一處霽靈仙境。赤鶩的翅膀向兩邊擴展，衝上高空，激起一陣天旋地轉的颶風。許多傀儡士兵攀在峭壁，亂成一團，扯斷藤蘿。有人伸手亂抓，僥倖抓到懸崖樹枝，可惜細枝吃力不住，紛紛墜落，跌下谷底摔個粉碎。

犬犽和雷昊站在赤鶩的背脊上獃看半晌，忽聽背後有聲音喊：「殺！」嬋驚叫：「小心！」雷昊矮身一低，側身滑開：「羌左使！」風羌雙眼翻白，抄出羽箭衝來：「殺！」

犬犽見對方的肩膀插著一枝捆縛靈符的羽箭，驚喊：「雷昊大哥！糟了！」雷昊叫：「是移魂轉身術！」嬋道：「你們引他注意，我負責拔箭！」風羌受了咒術之後變得沒啥尊卑，弩起鵰弓，連續抽出數十枝羽箭射向敵人：「殺！殺！殺啊！」

雷昊偏身避開，那羽箭掠身飛過，射向天空。嬋搶佔優勢，雙腳踏在赤鶩的羽背上，健步奔出：「風羌！」風羌轉頭一看，忽見對方伸手來扯自己的肩膀，啪一聲羽箭折斷兩截。雷昊撲來壓住大腿，踹向膝蓋：「躺下！」風羌雙眼緊閉，昏迷過去，犬犽探近看：「雷昊大哥！他怎麼樣？」風羌雙眸閉著，兀自未醒，嬋探出手指替他把脈，索性脈像感覺起來強弱明顯，跳動規律：「別擔心！風羌只是昏迷，暫且無礙！」犬犽指著山峰下叫：「咦！嬋郡主、雷昊大哥！那是什麼？」

二人看著半山，忽見彩雲峽的峭壁雲霧朦朧，「天地」的巨岩匾刻上有個桃紅黑點透在霧裡，細看清楚，原來竟是人影。嬋立刻叫：「赤鷲！快飛過去！」雷昊恍悟：「是闇！」

山峰的峭壁被霧遮蔽，赤鷲翅膀一拍，掀起旋風衝向岩壁，頃刻之間雲消霧散，「天地」兩個字跡突然變得清晰可見。闇把十指結個咒印，身旁數百壺瓷罈一字排開，腳下踩著「天」字頂端的「一」，彷彿一塊天然屏障懸在彩雲峽半空，冷笑：「嘿！終於發現我了嗎？」

雷昊抄出二十枚火爆彈，一個飛身跳到赤鷲的頭頸，擋在同伴身前叫：「大家先退後！這邊讓我來應付！」闇見勢不妙，踏著天字巨石跳飛開，躍上峭壁：「嘿！」雷昊挾起爆彈擲向峭壁，火爆彈在半空中排列一線，數百壺瓷罈陸續被炸得碎散裂爆。

闇身手敏捷的向前奔逃，耳邊風聲颼颼，背後的瓷罈碎塊摔墜懸崖。天空中塵土瀰漫，幾團飛沙迎頭撲面塞著口鼻，犬犽和雷昊被嗆得昏頭腦脹：「咳咳…」嬋舞起翠袖撇開煙霧，捂著嘴叫：「赤鷲！快追！」

赤鷲啼鳴三聲，翅膀一振衝天而起，拱著身軀飛向山嶺。闇沿路奔逃，回頭見背後的巨鳥窮追不捨，抓着藤蘿蕩下山坡，一個飛身又跳上懸崖：「嘿！我就在等這一刻！」說著，手腕套著四象寶環，舉高喊道：「土火通靈術！麒麟蛟！出來！」

突然天空中滿團藍雲，一條身長十幾丈的蛟獸從地層破穴而出，那精怪獠牙外露，嘴一張動，噴出十餘丈的藍色火焰。犬犽驚叫：「嬋郡主！」嬋急喊：「大家坐穩了！」犬犽的雙手緊抓著天靈獸赤鷩的羽翼，雷昊抱住風羌，單手將身夾緊鳥背。嬋叫：「赤鷩！飛高！」

赤鷩收攏雙翼，一個旋轉從彩雲峽穿梭而上，週圍白茫茫的盡被雲層遮蔽。他們不敢隨意接近敵人，被大氣雲團包圍什麼都看不見。麒麟蛟盤踞在彩雲峽的半邊懸崖，尾端橫掃之處都被藍火所吞噬。火勢將附近耀照得如同藍天，烈焰壯觀，成群飛鳥振翅飛逃，彩雲峽的頂峰煙沖雲霄，頃刻之間就被燒得無法熄滅。

犬犽和同伴抓住赤鷩飛在天空徘徊，穿梭厚密雲層，幾個天旋地轉早就頭昏眼花，突然底下一條藍焰火柱夾雜著沙塵衝開了雲團，迎面襲捲。赤鷩豁然驚覺，振翼側飛想要避開，藍焰火柱從旁掠過，嚇得犬犽和同伴跌個四腳朝天。雷昊抱著風羌，單手抓緊赤鷩的羽毛不肯放鬆，一個不慎，竟被風勢拋出天空：「啊！」嬋急喊：「旋風柱！」

赤鷩展開兩翼搧風之力，雷昊和風羌被捲上天，俯瞰山下雲霧迷茫，頭頂卻是晴霄萬里。二人騰在半空，可見萬團雲彩漂浮周圍，遠近的山脈、島嶼、溪流和海洋盡是奇觀。

闇一個飛身，躍上麒麟蛟的背脊：「土石焰火術！」岩壁忽碎裂如粉，激起千百丈高的塵揚，土石挾帶著藍火如雨墜落，嬋曉得自己若是使出風象術，那堆土團混著火焰，勢必把赤鷩的身軀燙個焦黑。犬犽無暇思索，一個飛身跳出巨鳥赤鷩的羽背，抽出捆仙繩喊：「雷昊大哥！風羌大人！我來救你們！」

三人蕩在半空中，大氣壓力將衣袖吹個柔活，雷昊緊抓著風羌的手腕不放：「犬犽小兄弟！小心那些藍焰土石流！」犬犽急喊：「玄冥龜！出來！」側耳聽得峽谷轟轟聲響，一隻巨龜遮蔽了半邊天，懸崖底下的河流忽冒起三道水柱，旋轉攪動，從谷底急旋而上。

水柱升到天空，數團藍焰擊在水柱，變成蒸氣雲消煙散。犬犽墜落在水柱頂端，抽出捆仙繩向前一劈，捲住雷昊的手臂喊：「雷昊大哥！我抓住你了！」雷昊右手扯住繩索，轉兩圈捆在風羌的腰上：「犬犽小兄弟！保護羌左使！」犬犽驚呼：「雷昊大哥，你要去哪？」雷昊脫離二人，疾向下墜，忽從腰帶扯出鋼鐮刀，喊道：「把他帶去安全的地方！」

背後寒氣侵骨，雲團中突然衝出一隻巨鳥，鵜鳳凰翅膀一振，從蔚藍的高空俯衝而下。只見牠連續穿梭三層雲團，一個向下滑翔，收住雙翼向上攀升。

鵜鳳凰借著兩翼兜風之力平穩停住，說時遲那時快，雷昊一個翻滾，重重地摔在巨鳥背上。那疼痛看來似難禁受，索性沒掉落絕谷深淵，總算命大。犬犽還以為同伴摔下彩雲峽谷必死無疑，見他反應機靈的喚出鵜鳳凰，驚喜：「好險！」闇喊道：「可惡！用土焰流沙阻斷水牆！」

麒麟蛟長哮兩聲，彩雲峽的岩壁都在鬆動，危岩崩塌，形成千百丈高的火焰石牆，掀上天空。嬋舉起鴛鴦鉤，喊道：「風象通靈術，旋風柱！」赤鷩翅膀一展，十根風柱團團飛轉，將方圓幾畝的樹木全數吸起。樹木撞在土焰牆，轟聲大震的全都爆裂，化成灰煙，落墜天際。

雷昊平穩站立，踩著鵜鳳凰的背脊飛上天空，見犬犽和風羌毫髮無傷的墜在水柱內，總算鬆口氣：「需得用鵜鳳凰的風象術壓制瑞麒麟的土象術，但是闇已經融合了蟠蛟和瑞麒麟，該用什麼方法才能阻止他？」嬋相遙觀望，呼喚：「在天空中毫無著力之處，若是摔下山谷，可就麻煩！快飛到彩雲峽的峰頂，再想辦法攻擊敵人！」雷昊點頭：「了解！」

鵸鳳凰兩翼兜風，飛向犬犽，雷昊伸出手喊：「快上來！我們先離開這邊！」犬犽一手握住對方，扛著風羌跳上巨鳥的羽背，三人乘著天靈獸鵸鳳凰騰雲駕霧，飛往山頂。凝望崖下森林，樹小如芥，抬頭看時，視線已被厚密的雲層遮蔽，霎時忽又雲消霧散，青紅綠紫的瓊花瑤草別有洞天，鵸鳳凰立刻就抵達了彩雲峽頂的寬廣草原。

犬犽扛著風羌，從鵸鳳凰的背上躍下，雷昊抬頭一看，嬋也踩著赤鷩平穩降落，眾人在彩雲峽的高原靜觀片刻，忽見麒麟蛟沿著山坡爬過來，將前半身軀盤踞在高原上。

闇孤伶伶的站在巨獸頭頂，幾陣清風吹過，冷笑：「天離地有多遠，居然在這遇見你們？」雷昊義氣凜然道：「闇！鬧夠了！快停止吧！」闇淡淡一笑：「治國君主若要受百姓愛戴，非得把私人恩怨擺在一邊，則國運才得安定。怎麼？雷昊，你打算要替你妹妹報仇？還是饒過我呢？」

雷昊咬牙切齒，想起父親和妹妹慘死皆與對方有關，把心一橫：「我要阻止你的陰謀！」闇問：「你曉得我的陰謀是什麼嗎？」雷昊道：「你企圖融合四象獸，摧毀四國，我絕對饒你不過！」闇笑：「雷昊，現在你和我一樣了，你和我的親友都死了，在這世上無依無靠，再沒有人能與你骨肉相照，如果你要殺我只是為個報仇心切，我也不會責怪你的。」雷昊怒道：「我…我不會殺你，但我絕對會阻止你！」闇笑問：「噢？你怎麼心地柔軟起來？」嬋走上前說：「恨能挑啟爭端；愛卻遮掩一切過錯，闇！讓大家平安歸去吧！四象獸的力量並不能解決一切問題，即使你融合了所有的萬古神器、毀滅四國，幽和明鏡也不會復活的。」

闇愣然一怔，但想自己喪失親人，忍不住又是一腔冤恨：「你們這些假冒偽善之徒！沒資格再對我說教！」犬犽勸道：「你快停止吧！否則四國會毀滅的！」闇冷冷問：「小伙子，你曉得我收集四象獸，是為了什麼嗎？」犬犽搖頭：「不清楚，但我想聽你親自解釋。」

闇思索半晌，描述：「傳說在很久以前，四國遭受了空前浩大的災難，冰洋極海的積雪被烈焰融化，形成無數川流。萬畝方圓的地域被汪洋淹沒，島嶼陸沉，天傾地陷的空前巨災一觸即發。那時，有四位仙人遵照天象經緯的指示，仗著仁厚膽識之心走遍天下，在極地荒涼的隱僻之所發現了天地相輔、山海相循的奧秘。他們發現靠著吸收天地山海的日月精華，經過火風水土的醞釀所淬煉出的幻化靈珠，能使天下生活安定，扭轉人類榮枯興衰的契機。因此四位仙人展開了收集靈珠的旅程，將它們鑄造成神器，試圖使用這股力量來解救天下蒼生。千百年來，八柄萬古神器代代相傳，四仙人為天下樹立萬世典範，以彩雲峽為地界的中心點，創立了天山國、蓬萊國、鬱樹國和翠雲國。後來，四仙人擇地隱修，萬古神器和四象靈珠召喚術之傳承的重責大任落到了後裔身上，諷刺的是…後世之人逆勢而行，四國的秩序很快就被萬古神器所取代，凡是四象獸所經之處，都變成了人間煉獄。此類後事因果循環，誰都無法再置身事外…」

犬犽點了點頭：「這故事我曾聽說過。」闇繼續說：「在過去的戰爭時代，權勢的鬥爭和聯綿不斷的戰火，造成了無數生靈的死傷，唯有人類死亡，生靈萬物才能維持平衡，否則人類的戰爭，只會帶來更多死亡，這就是為什麼我要融合四象獸的原因。」

嬋搖頭嘆氣：「闇！看來你所受的傷害，遠遠超乎我的想象。」闇冷笑：「這塊土地上死了太多的人，活在亂世之中不是殺人就是被殺，這些經歷使我成長，失去的痛苦，那對誰來說都是一樣的。嬋郡主，您和我應該都能感同身受的，不是嗎？」嬋道：「你說得不錯，惟一伴隨戰爭遺留下來的，只有死亡和恐懼的力量。」闇冷笑：「嬋郡主，這證明了我們只是無法互相理解的庸者，如此而已。做人要懂得識趣，當年我執行任務的時候，曾在四國境內遇見過不少井底之蛙，原先都是疏財仗義想出頭的。只是末後光景十分可憐，結局都是家破人亡，最後落得遺臭萬年，被人唾棄。這也是您所渴望實踐的夢想嗎？」

雷昊道：「闇！生命之中總有許多不倖時候，融合四象獸，未必能換來真正和平！」闇淡淡說：「無論你怎麼說吧！雷昊！不管如何，所有的四象獸融合之前，人類自己所引發的戰爭絕對不會停止，一旦四象獸融合了，就擁有殺死千萬條性命的力量，那個時候，再也不必有人需要體會到失去親友的痛苦，因為大家都死了。」犬犽憤恨道：「這世界絕不是那樣的！如果和平是建立在這種毀滅之上，那真是一點人性都沒有！」闇冷笑：「人心害怕自己渺小無力，從古至今，那些想要改寫戰爭和歷史的人，全都身敗名裂了，小伙子你也和我一樣，有興趣想當那個遺臭萬年的改革者嗎？」犬犽怒道：「你這個毫不尊重生命的傢伙，我不會讓任何一個人死去，我要阻止你！」

闇問：「小伙子，你了解人性嗎？真正的痛苦，你是沒法體會的，我曾答應過幽，我會將四國帶往真正的和平！」嬋道：「人所行的一切，在自己眼中都看為公正，闇，你快罷手吧！現在回頭還來得及！」闇回答：「嬋郡主，自古以來，天下強國之所以會絕滅，全因為郡主不稱民心所至，百姓被逼得落草為賊，逢州掠殺逢城掠奪，你們大家覺得是不是呢？當戰爭發生時，當有人為了權勢而陷害你時，當你至親至愛的人被殺之時，唯一剩下的，只有無從發泄的怨恨。無論你權勢多大，無論你財富多少，都無法改變過去。在這場腥風血雨的戰爭中，是不可能會有一個完美的天下，唯有徹底解決戰爭的根源--人類，這個世界才能維持真正的平衡。」

雷昊道：「闇！你為了實踐崇高理想，使用這種毫無人性的手段，你以為擁有了四象獸，擁有了萬古神器，就能帶來和平嗎？你錯了！所謂的和平，是人與人之間互相信賴，互相尊重的力量！」

闇的心中一腔冤恨無處發泄，瞪大眼叫：「什麼信賴和尊重？嘿！我現在什麼人都可以殺！人只有認清缺點，才能自救！雷昊！我多麼羨慕看見你有許多夥伴可以一起並肩作戰？但是如今看見你因為失去妹妹和父親而痛苦，我心裡就覺得開心，一艘小船沉到海裡，沒人理它，但是一艘大船沉到海裡，把附近的船隻都給捲入大海中，我要顛覆翠雲嶺、顛覆天山懸樓殿、顛覆蓬萊島、顛覆聚鶴塔和整個四國！這災難是你們自己造成的！納命來吧！」說著，高舉起手腕叫：「麒麟蛟！火焰土石流！」

嬋急叫：「快！我需要海靈獸的協助！」犬犽回應：「嬋郡主！我來幫妳！」雷昊伸手去扶風羌：「羌左使讓我照顧！」犬犽點頭：「好！」嬋吩咐：「用洪水攻擊蟠蛟的藍焰，我會幫你應付瑞麒麟的土象術！」犬犽大叫：「水象通靈！旋渦水柱！」

彩雲峽高原的湖面沖起九道水柱，捲向天空，那漩圈急滾飛轉的湧向麒麟蛟。闇忽叫：「土牢石縛術！沙土埋葬！」地殼震動，地脈好似波浪起伏，激起了百丈高的泥沙，旋渦水柱擊在岩石，滿空飛灑。

嬋反應極快，喊道：「赤鶩！用旋風柱捲開土牆！」一陣旋風過處，赤鶩把碎裂的岩塊捲飛數丈，沙土和風柱團團旋轉，塵霧彌漫，再分不出東南西北。闇的擋土牆被水柱和風柱攪亂，怒叫：「該死！」犬犽恃勇輕進，又喊：「玄冥龜！放水淹他！」

玄冥龜的水勢波濤怒湧，迎面湧去，麒麟蛟的土牆被旋風柱鎮壓住，火焰術又無法抵擋水勢，闇往腰帶一抓，抄出落魂鞭叫：「巨蟒！出來！」

洪流橫象的大水聲勢駭人，忽從左右邊支流開，浪濤伏起，一條巨大的蟒蛇竄出水面，挺起數十丈長的身軀，嬋驚叫：「糟糕！是海靈獸蟒麟蛇！」雷昊見勢不妙，一手扛著風羌，召喚鴸鳳凰叫：「你們快上來！」嬋向左奔逃，一個飛身躍上鳥背：「我們沒有土象獸瑞麒麟和白尾麋鹿，要擋住牠的洪水可有點困難！」闇趁機進擊，喊道：「巨蟒！快用洪水沖開他們！」

水流從高原向四方擴散，沖到懸崖邊直往下墜。山邊正巧有許多侍衛拉著藤蘿攀爬上岩石，忽見大水迎頭沖下，一堆兒跟著踉蹌落水，被滔滔河水沖下懸崖。那些侍衛無處逃脫，隨著遍地洪流奔湧，有人不防岩石淹在水下，情急竟一頭撞上，血流滿面。

侍衛隨著波濤大水沖落峽谷，山下的樹林中有群飛鳥受了驚嚇，撲翅高飛，逃避遠去。水勢愈漲愈高，堤潰了崖邊危岩，湍激的水流把彩雲峽高原淹成一片汪洋大海，草樹盡沒，到處都填成了水鄉貧地。

山崖上危岩崩潰，無涯無際的黃水墜下深淵，數萬生靈蕩在水中，情景悽涼。犬犽和嬋及時逃到鵷鳳凰的背上，低頭觀看，見高原遍地變成汪洋大海，也不曉得多少無辜性命喪生，雷昊觀察情勢，盤算：「若是再拖下去，等到日蝕之象出現可就不妙！必須近身攻擊，盡早制伏他才行！」把心一橫，飛身跳下鳥背：「犬犽小兄弟！替我照顧好羌左使！」犬犽驚呼：「雷昊大哥！」

嬋跟著跳下鵷鳳凰，呼喚：「想辦法接近闇！我掩護你！」雷昊縱身撲下，跳在玄冥龜的背殼上，見許多樹木隨著洪流遠遠沖走，一時沒空多想，抄出火爆彈，向前飛奔：「闇！跟我對決！」闇有心拖延，也不召喚四象獸攻擊對方，冷笑：「嘿！來吧！」

犬犽正在擔心同伴安危，忽聽左邊的山峰遙傳聲音來喊：「這些洪水便是你們搞得鬼嗎？這番誤國殃民的作為，大水若是沖到村莊，真不曉得有多少無辜之人要淹死？」犬犽見那人面貌熟悉，驚叫：「咦！月祭？」月祭冷笑：「可惡！犬犽！我追你好久，終於在這地方找到你了！先前你踹我一腳，我還沒算賬呢！快把萬古神器交出來，我就饒你性命！」犬犽怒罵：「月祭！你這賊盜恁般糊塗！四國有危險了，你還只顧著尋寶嗎？」

闇見彩雲峽的高原又冒出一人，心生警戒：「嘿！原來還有同伴嗎？」月祭在危岩遠處喊：「你別誤會！冤有頭債有主，有事情找他們不要找我，我只是來看熱鬧的！」闇哈哈一笑：「那好！你歸我麾下對抗他們。我們兩個一起打拼，日後無論是黃金白銀，還是綵帛犒物，可也少不了你的一份。」月祭謹慎的觀察對方，搖了搖頭：「我不需要什麼金銀犒物，我只是來湊熱鬧而已。」

雷昊站在龜殼上喊：「闇！把四象寶環脫掉，跟我單獨對決！」闇毫無回應，忽見遠處有大浮木漂來，兩個陌生男子站在浮板上，喊叫：「打魚的！」犬犽回頭驚看：「啊！是你們？」宮本武藏叫罵：「打魚的！你竟敢拋下我們不顧？待會解決暗行御史，絕不饒你！」猿飛佐助抽出伊賀秘刀，喊道：「浪人！讓我們來大顯身手吧！」香奈和梧桐也站在浮木上，大喊：「犬犽！」、「犬犽哥！」犬犽見同伴紛紛趕來，又驚喜又難過：「香！梧桐妹妹！」

猿飛佐助道：「浪人！那個暗行御史好生攬豁！我的手又開始癢啦！咱們一起解決掉他！」宮本武藏抽出佩刀：「哪裡來的賊人，敢跟忍者與我作對？」猿飛佐助笑：「浪人！四國到處山高水低，待得這次打發了這個冤家，我想回到東瀛島，圖個閒雲野鶴！」宮本武藏吩咐：「忍者！你別鬆懈，終於要出全力啦！咱們搞得它轟轟烈烈，就做這一次罷！」猿飛佐助毅然點頭：「好！」

雷昊趁隙踩了浮木，飛跳過來：「闇！你的對手是我！」闇也跟著跳上浮木：「嘿！來吧！」雷昊一腳踩斷木板，那浮板左搖右晃，闇滾向旁邊，雙腿蹲個馬步穩定住重心，不曉得敵人此招乃是聲東擊西，一招將自己誘定不動，突然撲上來攻擊：「闇！我們的恩怨，今天在此做個了結！」

闇笑道：「嘿！這樣打才有趣！」雷昊揮拳攻擊：「來吧！」闇倒翻筋斗，敏捷躲避：「雷昊！不錯！三年過去，你的武功總算有點長進！」當下在半空中無從借力，險被那衝勁彈飛，立刻伸手去扯對方的衣襟，腳尖在水面輕輕一點，跳回浮板。

雷昊試圖將敵人打落水中，可惜闇總是盡數避過招式，再想擲出火爆彈，闇的右腳已經迴旋踢來。雷昊向後一仰，狼狽避開，闇冷笑：「嘿！中招了吧？」雷昊的手臂關節瞬間被折，痛叫一聲：「啊！」情急應變，迅速抬起大腿想反踢對方的腰腹，試圖來個危中取勝。

原本闇可以把他的手骨折斷，重傷敵人，只是如此一來不免被踹中肚腹，那倒成了兩敗俱傷。眼前自己被三個敵人圍攻，當然自護重要，情急之下舉手一擋，不料雷昊的熊臂力大異常，虎口被震得又酸又麻，再無思索餘地，飛起一腳踏斷浮木，踢在對方的身上。

雷昊被斷裂的木條擊中，撲地摔倒，嬋疾速趕來，一手扯住自己的衣袖，提起身喊：「快抓住我！」雷昊平衡身子躍回浮板，否則那無崖瀑布仿彿世界盡頭，水流順勢向彩雲峽谷墜下，若是摔到水中，恐怕就給急流沖落絕壁。

犬犽曉得闇這人心狠毒辣，若不趕緊解決，可是後患無窮：「玄冥龜！快使用水牢術困住他！」話才講完，水面突然湧起無數根撐天水柱，聲勢驚駭，捲向敵人。闇見水柱沖向自己，急把四象寶環擋在胸口：「土禦盾術！沙漏流球！」

一顆沙狀鼓成的大球籠罩住全身，水柱打在流沙表面，化成千萬水珠濺散開。闇喊道：「蟒麟蛇！先擊倒玄冥龜！」

巨蛇好似餓鷹見食，玄冥龜離身十多尺忽見蟒麟蛇游來，兩隻巨獸撞入水渦，團團旋轉。玄冥龜負痛想逃，左掙右扎的冒出水面，駭浪仿彿傾盆降雨，巨龜的甲殼被纏住也逃脫不開，大蟒蛇性起發威，從頭到尾愈纏愈緊，一時之間竟無法掙脫。

嬋站在浮板上喊：「闇！凡事若自相紛爭，勢必只有兩敗俱傷的結果！你快停止吧！」闇勃然大怒：「嬋郡主，你們攻擊我之後，就想趁機開脫嗎？哼！想都別想！」說著，一個飛身跳向後，站在浮木的邊緣，喊道：「土火通靈術！火焰沙流！」

嬋對同伴招呼：「快逃！」雷昊曉得敵人身手矯健，就算召喚天靈獸鵜鳳凰也未必能抵擋得住麒麟蛟的攻擊，驚詫之際，一個不留神忽見天空有藍色火焰混著沙團墜下，驚叫：「嬋大人！小心！」

轟隆聲響，藍焰和沙團擊在浮木，將斷木燒焦。浮木吃水過重，翻顛覆沒，雷昊被沖出十里之外，不見蹤影。犬犽驚喊：「雷昊大哥！」宮本武藏和猿飛佐助抄出兵器，躍上浮木：「刀疤大俠！」、「浪人！我們快去救他！」

闇冷笑：「嘿！這就是阻饒我的下場！」犬犽抄起捆仙繩，跳向浮木：「闇！」嬋驚叫：「別去！你單獨一人打不過他！」犬犽不顧危險，下盤虛浮假意賣個破綻：「闇！捆仙繩在我這！我才是你的敵人！」闇不曉得敵人賣啥葫蘆，轉守為攻：「嘿！拿來！」犬犽叫：「嬋郡主！我需要天靈獸的掩護！」嬋一個飛身跳上赤鷥，喊叫：「風象通靈術！旋風柱！」

赤鷥拍振翅膀，一個沖天飛上氣層，疾風旋起，水面的浮木全都向上吸入旋渦氣流。闇瞪大眼叫：「趁現在！土炎通靈術！流沙焰火球！」麒麟蛟闊口一張，藍色火焰和沙流瀑布捲上天空。嬋暗驚：「糟糕！」犬犽忽喊：「水象通靈術！旋渦水柱！」

一道巨大的水柱激成急漩，乘載著千百斤重的玄冥龜和蟒麟蛇捲上天空，赤鷩的旋風柱吸起水渦，風水合一，旋成了巨浪龍捲風。不料麒麟蛟的流沙焰火球同時吸來，蟒麟蛇纏繞住玄冥龜的甲殼，流沙焰火球擊在大蟒蛇的身軀，部分面積被藍焰燒傷，巨蛇往下跌落，墜在水中激起波浪，接連幾個起伏，平風靜浪。

闇先前不知道自己被誘入了危境，只覺那巨浪龍旋風的威力極強，一見蟒麟蛇被漩渦水柱沖上高空，這才曉得中計，咬牙切齒，一個飛身衝向犬犽：「可惡！敢來阻擾我的計劃？」香奈和梧桐在浮木遠處驚喊：「犬犽！」、「犬犽哥！小心！」

忽然有個黑影從頭頂落下，崑崙擋在犬犽面前，喊道：「闇！接俺一招！」闇驚詫：「什麼？」連忙低身躲避，不料卻被對方的鷹爪手扯開長袖，登時血跡斑斑：「嘿！原來是崑崙郡主？」

崑崙沒傷到敵人的要害，衝上前廝拼：「瞧你還不死？」梧桐驚喊：「爹爹！」崑崙叫：「桐兒！這裡危險，別過來！」闇冷笑：「省點力氣吧！待得日蝕之象出現，你們馬上就要大禍臨頭了！」崑崙回答：「哼！無知小兒！你一夥暗行御史災殃禍疾，人人得誅！俺要在此解決掉你！」闇道：「崑崙郡主，我只不過是在替天行道，希望蒼生太平！」

崑崙怒道：「一派胡言！」闇回答：「崑崙郡主！只要有人，就有紛爭，自古以來，四國境內的戰爭接連不斷，就算有權勢的也無法創造和平。嘿！俗話說：犧牲小我，完成大我，若想要成就太平統業，三分靠機靈，七分靠本事，這些犧牲和作為都是為人民所做的，難道這點道理您都不懂嗎？」崑崙聽了大怒：「所以就應該犧牲無辜的百姓？這些人就都該死？」

闇為了等候日蝕之象，愈要拖延時辰，向後退避：「哼！天下哪裡有人百姓不做，去做強盜的道理？我是為了和平，有些蠢人卻是非不分，反來誣陷，說我是邪門歪道。無論如何，凡事以眼見為憑證，等我融合了四象獸，一切都能清楚明白！」崑崙道：「闇！人若在場上比武，非按照規矩而行，就無法獲得冠冕。你以為自己的這番作為，能夠讓俺心悅誠服？」犬犽在旁喊道：「崑崙郡主！我來幫你！」闇冷道：「臭小子不怕被我宰嗎？」

這個時候，畫面轉到另一端，不曉得究竟過了多久，風羌迷糊甦醒，睜眼看見自己躺臥在鵷鳳凰的羽翼上，爬起身只感覺頭痛欲裂，唇焦舌乾：「咦…我到了哪裡？」正念之間，忽聽底下傳來聲音喊：「闇！只要我們活著，就有機會改變天下，創造和平，但絕對不是用這種毀滅的方法！」闇道：「臭小子，你上次破壞了梨花墓園，我一直還在想該送你什麼好呢！」

風羌心中一驚，雙手支撐著站立起身：「糟糕！嬋大人和翠雲少主！」闇的左臂受傷，桃紅征袍被大水濺個濕透：「這世界上什麼都靠力量，四象獸是力量，萬古神器也是力量，恨也好、仇也罷！都只會像雪愈堆愈高。為了要阻止這種惡性循環，唯有根除戰爭、根除仇恨和根除悲傷的源頭，只有人類！」

犬犽說：「你怎麼能隨意替別人決定生死？你不覺得自己這樣太殘酷了嗎？」闇道：「小子，你曉得戰爭是什麼嗎？」犬犽道：「你企圖融合四象獸，就是在引發另一場的戰爭！」闇描述：「三年前，許多孤兒因為戰亂逃亡而走失，拿著父母生前遺留給自己的乾糧，若吃下肚腹就等於是被迫忘記自己的爹娘是誰，不飽腹又會餓死，如果是你，你會怎麼做呢？吃掉乾糧還是不吃？」

犬犽似乎念起自己父母，闇見他沉默不語，厲聲又問：「怎麼樣？我在問你話，為何不回答呢？騙子！其實你不是真心在乎這些百姓的性命吧？」崑崙在旁勸道：「小伙子！清醒一點！別被他的話語給迷惑了！」

犬犽吞吐一句，哽咽道：「闇…我能體會你所說的，但是創造和平，不一定要使用這種方法！」闇搖頭：「過於奢望，是不會有好結局的，畢竟人只有認清缺點，才能自救。因此…我決心改變一切！」

天空忽有一枝疾箭如流星掣電射來，闇驚向左移：「可惡！」速度稍慢，那疾箭刺入肩膀，痛得他跪倒在地：「羌…羌左使，連你也打算要阻止我？」崑崙喊：「小伙子！趁現在！快！」犬犽將捆仙繩旋圈五轉：「知道了！」

闇的肩膀流血，腳踝一緊，低頭又見原來是被捆仙繩給纏住：「可惡！」風羌在鵷鳳凰的羽翼上喊：「我射中了！趁現在快解決他！」闇想扯掉捆仙繩，不料這一急非同小可，浮板左晃右蕩，立刻將敵人和自己搖得天旋地轉，難穩重心。

崑崙衝過來叫：「闇！俺今天就在此了結你的性命！」闇抄出鐵椎，向前疾刺：「可惡！去死！」崑崙的左眼受傷，滿臉是血，痛得倒在地上：「啊！」梧桐在遠處看見，哭喊：「爹爹！」香奈扯住她的手腕：「太危險了！不能過去！」梧桐掙扎：「爹爹！」

這下變故來得突然，犬犽連忙抽開捆仙繩，撲去喊：「崑崙郡主！」崑崙勉強睜一隻眼：「快…快阻止闇！」犬犽曉得此刻若再不攻擊，待得日蝕之象出現，所有同伴便將性命葬送給敵人：「闇！你快停手！」闇冷笑：「嘿！你還不死心嗎？」崑崙被鐵椎刺中眼睛，血流不止，根本無法再戰：「可…可惡！俺真是太不謹慎了！」

烈日當空，一條黑影從天空飛墜下來，落在浮木。風羌站穩住，舉起鵰弓叫：「崑崙大人的眼睛受傷，你快助他包紮傷口，這邊我來應付！」犬犽點頭：「好！」崑崙道：「俺沒事！快解決闇，若是日蝕之象出現，就太遲了！」

闇見自己被三個敵人圍攻，一個飛身跳出浮，躍上麒麟蛟的背脊：「你們是無法阻止我的！」崑崙叫：「他想逃！快追！」嬋乘著赤鶩俯衝而下：「天罡風穴！赤鶩！把闇吸上天空！」

天空忽旋起大颶風，萬團錦雲從氣層倒捲下來，吸得水流旋渦打轉。犬犽望空一看，忽見太陽緩緩向左移動，驚叫：「嬋大人！」嬋轉頭見背後的日光顏色轉淡，半圓形的日輪射出萬丈精芒，一圈圓影為月魄所掩，急喊：「糟糕！是日蝕之象！」

第十六章 彼岸的海洋

崑崙縱身一跳，躍上麒麟蛟：「快阻止他！」風羌抄出三枝羽箭：「崑崙大人！讓我來！」日蝕之象降臨，赤鶩和鴸鳳凰忽像是岩石附身，收翅束尾的化成彫像，向下俯衝。玄冥龜和蟒麟蛇也跟著化成石像，週圍冒出無數氣泡，沉入水中。

嬋驚見兩隻天靈獸的速度銳減，像投石一般往下疾墜，急忙跳下赤鶩的羽背：「風羌！」風羌正準備朝闇連射三枝羽箭，抬頭驚看：「咦！嬋大人！」顧不得多想，踏著浮木追去喊：「嬋大人！快拉住我！」

赤鶩兩翼兜風，一個勁往下直墜，嬋墜在半空伸手去抓同伴的手腕：「拉住了！」風羌扯住對方，二人摟作一團，在半空中連轉五圈，跌落浮板。

天空中的太陽為月魄遮蔽，顏色淡轉聯成一線，黃道黑蔽，玄冥龜、蟒麟蛇、赤鶩、鴸鳳凰和麒麟蛟均變為岩石沉入水中。眼看四象獸化成石像，原本淹沒彩雲峽高原的湖水便淺下數丈，水勢沿著瀑布墜落懸崖，逐漸涸乾。

此刻真不得容緩，犬犽奔向敵人：「崑崙郡主！我從左邊攻擊他！」崑崙顧不得眼睛受傷：「那好！俺從右邊！」闇的右手一揚，扯下桃紅征袍，遠遠拋開：「來吧！」說著，舉起落魂鞭和鐵樺殺威棒，見細孔有兩顆鵝蛋大小的靈石散發出滿團光輝，紫色和綠色靈珠透明稀薄，立刻默誦幾句咒訣喊：「四象通靈術！水靈珠！土靈珠！解印！」

落魂鞭和鐵樺殺威棒這兩柄萬古神器的圓孔原本各嵌著一粒靈珠，無法取出，這時忽然鬆落，掉在地下。犬犽和崑崙奔到敵人面前，左右撲去想搶靈珠：「闇！快住手！」闇旋轉兩圈，將鐵蒺藜拋灑在地：「哼！太遲了！」崑崙見鐵蒺藜灑落在地，無論如何也沒辦法近身搏命，立刻滾避開：「小心鐵蒺藜！」犬犽縱身一躍，落在左邊：「糟糕！崑崙郡主，我們來不及了！」

闇拋開了落魂鞭和鐵樺殺威棒，將水靈珠和土靈珠往寶環的圓孔用力一壓，牢牢卡住：「嘿！終於融合了四顆！」崑崙雙掌齊發，攻向敵人：「闇！納命來！接俺一招！」闇向右避開：「嘿！」宮本武藏和猿飛佐助揎肩搭背，扶著雷昊站在遠處喊：「打魚的！小心！」犬犽怪眼一睜：「啊！」

「臭小子，現在該你了！」闇迎面衝來，將手劈向敵人的肩膀：「交出捆仙繩！」犬犽抓著捆仙繩，狼狽回防叫：「崑崙郡主！我需要幫助！」闇又是一掌，劈向胸口：「拿來！」

梧桐和香奈見同伴正與敵人鬥得激烈，自己卻毫無插手餘地，在遠處焦急喊：「犬犽！」、「犬犽哥！」月祭在旁觀戰，笑道：「哈！萬古神器要被人搶走了嗎？」香奈罵：「喂！犬犽有難，你快去幫他啊！」月祭冷道：「妳少囉嗦！我可不幫任何一邊。」

闇打算奪下敵人的萬古神器，犬犽緊抓著捆仙繩不肯鬆手：「快放手！」闇牢牢扯住捆仙繩喊：「拿來！」崑崙喊道：「小伙子撐著點！俺來救你！」闇無法閃躲又不慎中招，肩膀被敵人的勁掌打得疼痛倒退，險些跌倒：「可惡！」

索性闇這人體格硬朗，在四國的衛侍之中可是一流高手，如今受這勁力攻擊，勉強還能緩住急勢。他把右手往地一撐，穩定下盤，單手扯住捆仙繩道：「哼！我決心要改變一切！沒人可以阻止我！」犬犽暗叫糟糕，試圖擺脫敵人的糾纏，只是對方牢牢抓著捆仙繩，下盤有如泰山似的屹立不動，根本無法甩脫：「崑崙郡主！」

崑崙卯足了全力踢向敵人的肚腹，闇依樣劃葫蘆的踢出腳，硬是擋個落空：「崑崙郡主，還有什麼招式？」不料忽覺腦後生風，立時暗驚：「糟糕！還有兩個傢伙！」待要躲避，卻是不及，風羌和嬋兜個圈繞到背後偷襲：「風羌！射他的手腕！」

風羌抄起五枝穿雲箭，張弓搭弦：「中！」闇急忙鬆開捆仙繩，腰轉半圈，五枝羽箭被他盡數一收，揣入懷中：「嘿！想趁隙偷襲？」手中握着箭枝，一簇羽箭往返來的路擲去：「送還給你！」嬋距離三尺近處，大吃一驚：「咦！」

風羌料不到敵人武藝高強，居然能攔截羽箭，一個飛身擋在前方：「嬋大人小心！」嬋親眼目睹忠誠部屬擋住亂箭，臉色大變，縱身撲上：「風羌！」風羌的胸膛被數枝穿雲箭射中，身上箭如蝟毛，倒在地上：「嬋…嬋大人…」

嬋的腦海浮出一個畫面，忽想起海棠逝世的情景，當時風羌的心中一腔冤恨無處發泄，捏緊拳頭，對自己說：「嬋大人！」嬋問：「什麼事？」風羌強壓悲傷：「請容許風羌暫時保管鋼鐮刀，一旦消滅了闇，風羌會立刻將天靈獸歸還！」嬋道：「風羌，海棠已經受了夠多折磨，如果你打算現在放棄，我會允許你的。這場戰役是闇和四國之間的事，你並沒有必要牽扯進來。」風羌咬牙切齒道：「嬋大人！四國的事，就是風羌的事！如果風羌能放棄，那海棠的犧牲又算是什麼？風羌不是曾向嬋大人承諾過了嗎？即使戰爭結束，風羌都會將這條性命奉獻給嬋大人，直到離世為止！」

想到這邊，一股憤怒湧上胸口，嬋把悲傷難過全往肚裡吞，奔到犬犽和崑崙身邊，並肩作戰道：「崑崙！我們採用三方攻勢，我走中鋒，你們各掩護著我左右！」闇冷笑：「哼！這就是跟我作對的下場！」犬犽見風羌中箭，嘶吼：「風羌大人！」崑崙吩咐：「小伙子！冷靜點！」

嬋向前躍一大步，刷刷兩招，抽出鴛鴦鉤刺向敵人：「走！」闇不敢輕近，舉起四象寶環防禦週身，顯是害怕了三人圍攻，崑崙看得分明，喊道：「小伙子！攻他右邊！」闇冷笑：「嘿！三個打我一個？」

月祭閒看野景，見犬犽、嬋和崑崙三個圍攻敵人，闇卻絲毫不落下風，暗詫：「好險沒趁機偷襲那個傢伙，否則肯定給打得落花流水，不如先等這三人除掉勁敵，我再動手偷神器。」闇閃避攻擊，嬋忌諱他武藝高強，謹慎道：「崑崙！封鎖左邊！」

崑崙揮舞拳勢：「闇！還有什麼招數，全都使出來吧！」闇不敢刻意接近，舉起四象寶環防禦：「得想辦法奪下捆仙繩和鴛鴦鉤。」犬犽看準來路，揮舞著捆仙繩：「嬋郡主、崑崙郡主！我鎖住他右邊了！」闇勢走輕靈，向旁滑開：「可惡！」嬋趁勝追擊，鴛鴦鉤轉個半圈，自半空劈落：「攻他下盤！」

闇無論如何終躲不掉，肩膀給尖鉤削出一痕：「哼！終於要開始認真了嗎？」犬犽飛撲來喊：「你逃不掉了！」闇見這機巧難逢，心想：「先拿下捆仙繩！」反應機靈，一拳打在敵人的手臂。犬犽向後跌個四腳朝天，闇見他的肚腹露出空隙，抬起腳往下一踏：「拿來！」

犬犽忍住疼痛，抓著敵人的腳踝喊：「嬋郡主！」闇受人挾持，回頭驚見嬋追趕到：「糟糕！」正想低頭閃避，卻被崑崙揑住喉嚨，壓倒在地：「俺制伏他了！」

眼看那招數殊無規範，卻一氣喝成，崑崙曉得若是自己出手太輕，免不得讓敵人逃脫，立刻把勁掌照向咽喉揑住：「闇！受死吧！」闇不慎中招，化個拳勢擋開攻擊，反掐住敵人的脖頸：「嘿！」崑崙看得驚訝，急忙壓住對方的手臂：「糟糕！」闇見他中計，雙拳化掌劈向肩膀，崑崙痛叫：「啊！」闇又踢在對方的肚腹一腳，腰轉半圈，飛身脫逃。

嬋和犬犽關切問：「你沒事吧？」、「崑崙郡主！你怎麼樣？」崑崙搖了搖頭，表情顯得疼痛：「俺沒事！」闇冷笑：「嘿！差點兒就誤中了你們的陷阱。」嬋吩咐：「你們兩個向後退，與我保持距離。」犬犽驚道：「嬋郡主，妳一人攻擊他，實在太危險了！」嬋道：「同樣的計策他不會再次上當，現在時間不多了，再不誘計他，就沒辦法搶到四象寶環了！」

闇先前誤觸陷阱，被崑崙的手掌捏住脖頸，幾乎掐得喘不過氣，冷靜思索：「可惡，沒辦法接近那個臭小子。」這個時候，忽見雷昊引領宮本武藏和猿飛佐助追來，喊道：「圍攻他！」闇回頭驚看：「什麼？」犬犽喜出望外叫：「雷昊大哥！」猿飛佐助得意洋洋的說：「刀疤大俠溺在水中，全靠浪人和我把他救起。」宮本武藏罵：「待會兒再聊，先對付這個傢伙！」闇冷靜沉思：「對方人數太多，不宜拼命！」雷昊手持鐧鐮刀追趕：「攔他右邊！」

雷昊揮出鐧鐮刀：「別想逃！」闇早看清楚敵人的虛招，右腿轉變迴旋之勢向上一踢，雷昊竟被攻個出奇不意，仰身摔倒：「啊！」犬犽驚喊：「雷昊大哥！」嬋和崑崙迅速追上：「拿住他！」

闇捷如猿猴的避開二人，飛踢兩腳，宮本武藏和猿飛佐助倒霉中招，均是摔得鼻青臉腫。梧桐站在遠處，指著天空驚喊：「啊！香奈姐妳看！」

眾人定睛細看，天空暗黑一線逐漸展開，日輪射出強烈的光芒。雷昊和崑崙暗驚：「糟糕！日蝕之象結束了！」闇把雙手抄進袋，擲出鐵椎：「可惡！」

八枚鐵椎飛來，雷昊和犬犽並肩衝上，揮舞著鐧鐮刀和捆仙繩抵擋：「大家小心！」鐵椎叮叮噹噹的彈飛數丈，插在泥土，陷得三寸餘深，顯然手勁甚強。

只見天空的日輪光芒展露，豆大黑點恢復了圓，原本黑蔽的黃道又變得碧空天晴。玄冥龜、蟒麟蛇、赤鶩、鵸鳳凰和麒麟蛟的石像忽然迸裂，化成滿團煙霧，捲起風沙，飄向四方。

犬犽和同伴見四象獸化成土團，滾入煙霧消失不見，雷昊正氣凜然道：「闇！停止吧！你的計劃失敗了！」闇喘氣吁吁，冷笑：「嘿…是嗎？真是可惜，起碼我已經融合了四隻。」嬋恍悟一怔，高聲叫：「糟糕！大家快撤！」闇忽然抬起手臂，高舉四象寶環叫：「四象通靈術！白尾麟蛟蛇！出來！」

天空中旋起藍色雲團，一隻巨獸嘯聲震蕩，破穴爬出。白尾麟蛟蛇通體碧鱗，藍色的火焰環繞週身，連聲厲吼，吐出飛沙和烈焰。牠的蛇身冒著煙霧，白尾向後一甩，沙土飛散，罩住視線。

宮本武藏和猿飛佐助嚇得轉身就逃：「啊！浪人！好大一隻精怪！」、「蠢蛋！別扯我的盔甲！」崑崙、雷昊和犬犽逃得稍慢，被藍火圍困，走脫不得：「雷昊大哥！現在該怎麼辦？」藍火如狂浪湧到，所經之處燒成火海。那火勢唯恐沾到一點也會變成焦炭，濃煙夾雜著嗆鼻之氣，視線難濟，讓犬犽和同伴進退兩難。

嬋逃到火圈外，一見勢態不妙，抄起鴛鴦鉤喊：「赤鶩！快救人！」天空忽起狂風，赤鶩振翅一振俯衝而下，崑崙抬頭望見巨鳥兩翼橫展，急喊：「大家快跳上去！」雷昊和犬犽跟著同伴跳上赤鶩的羽背，嬋高舉起鴛鴦鉤，叫：「飛上天空！」

赤鶩兩翼兜風，眨眼之間梭出火圈，犬犽見宮本武藏和猿飛佐助渺小如蟻，狼狽的在底下逃竄，手指著叫：「啊！他們在那！」雷昊踩著羽翼站穩，把鐧鐮刀擲給同伴：「崑崙大人！萬古神器！」崑崙立刻接遞，舉起鐧鐮刀喊：「鵸鳳凰！風象通靈術！影舞風遁！」

空中的颶風天旋地轉，鴸鳳凰也跟著俯衝而下，翅膀向兩邊擴展，掀起一柱旋風掃過了彩雲峽的高原，瞬間把宮本武藏和猿飛佐助捲上高空。二人的衣褲被風吹得柔活，在半空中哇哇怪叫：「啊！浪人！救命！」、「忍者！我還不想死啊！」

鴸鳳凰收攏雙翼，從二人腳下滑翔過，宮本武藏和猿飛佐助跌坐在羽背，牢牢抓著不敢亂動，雙腳夾緊喊：「啊！浪人！我好害怕！」、「少囉嗦！忍者！我也很怕啊！」

巨鳥一個側轉速度增快，視線被雲霧遮蔽，一團白茫茫的盡看不見。鴸鳳凰穿梭了數團雲層，借著兩翼兜風之力平衡身軀，闇見敵人逃脫，咬牙切齒叫：「水土通靈術！駭浪流沙河！」

六根沙柱粗約半畝，突然冒出地面，團團旋轉的激成急漩，流沙齊往中心匯流。那沙柱沖到半空，忽往下墜落，濺起了流沙瀑布和澎湃的沙浪，勢絕洶湧。

香奈和梧桐毫無藏身處可躲，眼睜睜看著那驚天動地的流沙海浪迎面湧到，二人的心臟怦怦悸跳，忽聽天空傳來聲喊：「快抓住我！」抬頭一看，赤鷩收攏雙翼向下滑翔，犬犽把捆仙繩劈空一甩：「香！」香奈反應機靈，急摟住梧桐的腰身，扯著捆仙繩飛上高空：「啊！」犬犽叫：「嬋郡主還在底下！」崑崙立時會意：「鴸鳳凰！快去救人！」

鴸鳳凰跟着收住雙翼，像疾箭脫弦一般衝下地面，離地三尺忽又衝霄而起，嬋向上一跳，使個翻身鷂子躍上了鴸鳳凰的羽背：「快走！」兩隻天靈獸仗著風力搧動翅翼，前追後逐，衝向碧霄萬里的藍天，疾飛而去。

流沙河從彩雲峽的高原擴散開，一片青蔥樹林全都摧斷，海沙交映，轉眼變成了土河奇景。那沙河仿彿萬脈洪流，淹沒遍地，許多岩石抵擋不住，裂成碎塊，被沖得不知去向。

闇一個飛身，跳到白尾麟蛟蛇的頭頂，腳下的流沙河漲岸齊高，從巨獸的身旁分流開，濤翻浪湧的自空飛墜，墜落峽谷。犬犽和同伴感覺遍身的周圍雲霧朦朧，兩隻天靈獸滑翔在半空中，天上碧晴萬里，地下的流沙河波翻浪滾。梧桐見有團黑影，指著赤鶩的鷹爪，驚問：「咦！香奈姐！那是什麼？」

香奈抓著捆仙繩盪在半空，側轉頭看：「可惡！是那個江洋大盜！」月祭雙手摟抱著鳳爪，不敢放鬆：「糟糕！被察覺了！」香奈喊：「犬犽！快叫大鵬鳥把江洋大盜踢落流沙河！」犬犽不忍心落井下石，陸續先拉起香奈和梧桐，伸手喚：「月祭！快抓住我！」月祭毫不領情，抓著鳳爪不肯放鬆：「嘿！我才不會輕易欠你一個人情呢！」

另外一端，猿飛佐助問：「浪人！下面那隻怪物好厲害，該怎麼辦？」宮本武藏罵道：「蠢蛋？你問我我問誰？」猿飛佐助無辜捱罵：「噢！」宮本武藏站上鵜鳳凰的羽背上，喊道：「喂！打魚的！底下那隻怪物好厲害，我們該怎麼辦？」犬犽在遠處沒聽清楚：「啊？你們說什麼？」宮本武藏放開嗓門，又叫：「我說下面那隻怪物好厲害啊！」

「看來目前為止，只能先用遠距離攻擊了。」嬋站在二人的身邊，對遠處同伴吩咐：「崑崙！準備使用疾速風旋斬，我們用雙旋風對付土象術！」崑崙點頭示意，對著鵜鳳凰高喊：「俺曉得了！風象通靈術！疾速風旋斬！」

鵜鳳凰兩翼扇風，身軀蒙上一層彩雲，眾人忽覺得寒氣侵骨，流沙河一遇風力立刻吹散。闇見流沙河被風勢驅逐，立刻改變攻勢：「白尾麟蛟蛇！火柱攻擊！」巨獸沿著流沙河爬行，鼓脹咽喉，噴出十丈長的藍焰火柱。宮本武藏和猿飛佐助見那藍焰穿梭雲端飛來，嚇得怪眼圓睜：「救命啊！」嬋打算受牠一招用弱處攻擊，搏命叫：「赤鶩！趁現在！從旁繞過，對闇使用疾速風旋斬，全力進擊！」

赤鶩展開翅膀，兩邊的羽翼翔空滑行，晃眼從藍焰火球的旁邊飛掠過，朝著闇俯衝而去。牠的鳳爪被月祭扯住不放，身軀負重墜得更快，翅膀掃出一柱旋風。闇站在白尾麟蛟蛇的頭頂，驚喊：「土象通靈術！沙土防禦！」

巨獸怪嘯連聲，裂震土石沖出流沙河，四面包圍，竟將闇護罩住。可惜那流沙罩雖然堅固，在千鈞一髮施展還是被旋風斬強行穿透。結縛的沙網震破，土塊沿著縫隙龜裂，索性闇被沙罩裹住全身，沒受到傷害。

犬犽回頭驚看：「嬋郡主！」一團火焰在天空炸開，雲彩都映成了靛藍色，鵸鳳凰的羽毛上下翻揚，化為滿天團絮。崑崙驚喊：「糟糕！俺太大意！」雷昊急喚：「犬犽小兄弟！快召喚靈龜！」犬犽立即反應，抽出捆仙繩叫：「玄冥龜！漩渦水柱！」周圍忽湧起一團黃霧，浪沙翻滾，巨大的烏龜矗立在流沙河中央。玄冥龜連頭帶尾攪動流沙，旋出許多圈水渦漩柱，捲向天空。

宮本武藏、猿飛佐助、嬋和鵸鳳凰墜在漩圈內，水柱急滾翻飛，沖上十餘丈高。闇念個靈訣喊：「快用藍焰燒掉他們！」犬犽集中精神，也叫：「水象通靈！水禦術！」

白尾麟蛟蛇拱起身軀，噴出藍色火焰，玄冥龜掃出巨尾，海浪迎頭壓到，藍焰盡數撲滅，消失不見。闇再變個靈訣，又喊：「土象通靈術！流沙陣！」海浪忽被流沙急速攪動，激成大急漩往中心匯流。海浪變得黃土渾濁，玄冥龜感覺腳下有種膠滯之力，陷在流沙動彈不得，白尾麟蛟蛇用流沙困住了巨龜，猛張開口，牢牢的咬住龜殼不放。

犬犽見玄冥龜不能移動，驚慌叫：「崑崙郡主！」崑崙喊道：「鵸鳳凰！快去支援！」鵸鳳凰受了藍焰攻擊，靈氣大為損耗，脫落的羽毛冒出大片煙霧。崑崙見牠躺在漩柱飛不起來，又急又怒：「可惡！鴸鳳凰已經不聽俺的使喚了！」宮本武藏、猿飛佐助和嬋身受多傷，索性並未致命，勉強爬起：「赤…赤鷲…天罡風穴！」

忽見天空颳起一陣大颶風，萬團錦雲從氣層倒捲而下，迎頭罩住了白尾麟蛟蛇，闇見巨獸就要被風穴掩埋，急喊：「火象通靈術！流星焰火球！」白尾麟蛟蛇闊嘴一張，冷不防的吐出數團藍焰，噴向風穴。犬犽和同伴驚見藍焰飛來，均想：「糟糕！」

要知道天罡風穴極具吸力，獵物被倒捲進去絕難逃脫，但是赤鷲若把這團藍焰吸入腹內，則會負傷慘重，瞬間耗盡靈力。正尋計策，忽見厚層雲的彼端出現一點紅光比火還亮，火焰迎面飛來，撞在藍焰，化成一團灰煙。

那團藍焰被紅火球截住，在空中相撞全都散滅。崑崙立即醒悟：「是魅龍的赤焰火球！」雷昊驚喜叫：「白雲大人終於到了！」闇見彩雲峽的谷底竄上一隻巨龍，冷笑：「嘿！不到最後，終於不會出現的嗎？」

魅龍露出獠牙，嘴一張動，冒出十餘丈的火焰，山林遍處被烈焰燒成火海，大半林木變成了焦炭。嗆鼻的濃煙令人窒息，宮本武藏、猿飛佐助、嬋和鴸鳳凰被漩圈水渦噴在高空，仿彿騰雲駕霧。崑崙反應機靈，急喚：「鴸鳳凰！快送他們走！」

鴸鳳凰勉強爬起，一個滑翔把宮本武藏、猿飛佐助和嬋載往遠處避難。雷昊抄出火爆彈，問：「準備好沒有？」犬犽精神一振，點頭道：「嗯！」崑崙吩咐：「先把桐兒他們送走，快！」當下雖然並未以主人的身份使喚，赤鷲卻好似明白眾人心意，振翅一拍，往安全的地方飛去，借著兩翼兜風之力，平穩降落。

月祭雙手一鬆，跌倒在地：「哎喲！」香奈縱身跳下，抄出鐵錐抵在脖子：「別亂動！」梧桐爬下赤鷲的羽背：「

香奈姐！」犬犽吩咐：「香！梧桐妹妹要麻煩妳照顧了！」香奈點頭：「這我知道！不必你說！」雷昊催促：「沒時間了！快走！」崑崙伸手撫著赤鶯的羽翼，拍三下喊：「飛上天吧！」

赤鶯一個疾勁沖上天空，穿梭雲團，前方視線全被白雲遮蔽。犬犽往底下看，鵜鳳凰從彩雲峽的懸崖滑翔而過，企圖攻擊白尾麟蛟蛇的頭部。犬犽又見玄冥龜被流沙河纏住，喊叫：「水象通靈術！洪流水遁！」

玄冥龜張開闊嘴，驚濤駭浪一湧出口，白尾麟蛟蛇還沒來得及反應，被那激流水勢衝出了數十丈遠。赤鶯看準白尾麟蛟蛇的咽喉，振開翅膀飛衝下，闇見天上陽光耀眼，急喊：「快用火攻！」

白尾麟蛟蛇正要吐出藍焰攻擊天靈獸赤鶯，迎面忽一條龐大的紅影猛肆爪牙，撲向自己。

虓龍來勢甚疾，露出利齒咬住白尾麟蛟蛇。兩隻巨獸纏住雙方，虓龍緊咬著獵物不肯鬆口，忽感覺視線被樹影遮蔽，原來竟是許多綠茸茸的藤蘿草木像春筍冒出新芽，蔓延四方伸展開，纏在頭部和身軀。

虓龍被茂林密樹捆縛的動彈不得，幾處藤蘿又牽制住身軀，崑崙和雷昊見敵人借助草木之靈，利用白尾麋鹿的土象術制伏虓龍，心中均詫：「糟糕！是白尾麋鹿的土禦攻擊！」闇再喊：「土象通靈術！土流瀑布，沙土埋葬！」頭頂忽變得遮蔭蔽地，周圍的土地都在搖動，流沙好似波浪起伏，把虓龍罩在中央。

那流沙瀑布從百丈的高空倒瀉而下，宛如一頂大棚罩在頂上，彩雲峽的高原沙浪掀天。犬犽和雷昊均喊：「白雲郡主！」、「白雲大人！」崑崙急叫：「風象通靈術！影舞風遁！」

鴸鳳凰收縛雙翼，掙著最後一口氣力沖天飛起，速度疾降，往流沙瀑布俯衝而下，羽翼掃出十道旋風柱，橫排捲去。流沙瀑布和藤蘿草木被颶風連根拔起，吸上天空，殘枝和斷木團團旋轉，像塵土似的消散雲端。

鴸鳳凰的靈力耗盡，啼鳴幾聲，忽在半空中震散開，化成幾畝方圓的白煙濃霧，吹成團片，滿天飛揚。�龍掙脫了藤蘿的糾纏，甩尾過處，比豆粒還大的火焰沾到白尾麟蛟蛇的身軀，被燒之處斗大水泡燙個通紅。巨獸的鱗甲被火焰燒到剝落，闇急喊：「焰禦防火牆！擋住�龍之火！」

白尾麟蛟蛇露出銳牙，一道藍色火焰橫排燒開，竟把紅焰阻隔在外。雷昊對同伴叫：「趁現在！快！」犬犽點了點頭：「水象通靈術！百川匯海！」

玄冥龜一聲厲嘯，彩雲峽底下的急流忽激起漩圈，湧上高原。那巨浪震耳欲聾，駭浪捲向敵人，彩雲峽的四壁承受不住巨力震撼，天搖地晃，幾乎崩塌。萬重的崩浪逆流而上，海水高湧，峭壁下深潭的水全往高空匯流。犬犽見時機成熟，喊叫：「沖開那隻巨獸！」

海嘯滾滾湧來，闇睜大眼叫：「水象通靈術！洪流水遁！」白尾麟蛟蛇張開闊口，吐出滔天駭浪，那水勢震撼山嶽。眾人眼前一花，忽見大水迎頭壓到，雷昊驚呼：「糟糕！」犬犽喊：「大力鎚頭功！」

玄冥龜抬起腳掌猛向地下一踏，海嘯逆流湧了回去，白尾麟蛟蛇沒防備洪水翻湧來，竟遭波浪沖到遠方，霎時拒出半里之外。闇的腳下顛簸不平，一個不慎跌倒在地，懷中滾出兩壺瓷罈：「不！」

犬犽見那瓷罈掉在巨獸背上，忽想起白雲齋曾對香奈和自己說過的話，當時香奈急追問：「那你說他有弱點，他的弱點是什麼？」白雲齋回答：「兩壺磁壇。」香奈臉色一愣：「磁壇？」白雲齋點了點頭：「對，兩壺磁壇，你們只要有辦法搶到磁壇，多半就能制伏住他。」想到這邊，犬犽凝神大喊：「玄冥龜！快用漩渦水柱攻擊那兩壺磁壇！」

波濤怒嘯，一條高湧百丈的水柱往磁壇捲去，闇也不顧危險，追趕著磁壇叫：「幽！明鏡！」水面上波濤澎湃，闇被水柱沖落巨獸，暗流湧急，擠住胸膛難以喘氣。混亂之中也看不見水底多深，赤鷩見闇溺在水中翻滾，兩翼兜風俯衝而下，翹高尾翼，掃起一柱旋風攻擊白尾麟蛟蛇。魈龍接著吐出紅焰，火仗風勢，彩雲峽的高原霎時紅了半邊天。

風火水三股強大勢力融合在一起，白尾麟蛟蛇的身軀被燒得滾燙，濃煙瀰漫，焦灼之痕清晰可見。犬犽、雷昊和崑崙見那巨獸被風火水的四象召喚術擊中，決無倖免。

雲層厚密，一時之間雷鳴電閃，忽有大雨淋盆落下。犬犽將捆仙繩收縛在腰帶，海浪湧起一團白霧，玄冥龜隨風飄消。彩雲峽高原的狂浪淺下幾尺，往四方流散開，草原上遍地狼藉，殘枝落葉和濕泥土散滿了全地。

一片火海全被大雨澆滅，陰霾增多，雨勢持續下個不停。白尾麟蛟蛇散成了煙霧消失不見，雷昊拖著沉重的腳步走到面前，喃喃說道：「一切終於都結束了…」闇甦醒來，仿佛一隻烏鴉傷著翼翅，躺在地上動彈不得，雨水打在臉頰，全身感覺非常難過：「我…我…」

犬犽見敵人躺在一塊平坦的岩石上，緩緩走來，使力撐起闇的手臂。崑崙和雷昊驚喚：「小伙子！」、「犬犽小兄弟！」

犬犽見闇的右肩血流不止，急用手按住傷口，從長袖撕下半截破布，綁縛道：「他受傷了！先救人命要緊！」闇的臉色憔悴不堪，疑惑問：「你為什麼要救我？」犬犽毫無猶豫道：「你受了傷，我不會見死不救的！」

闇緊緊摟著兩壺磁壇，仰天淒笑：「救一個曾經要殺掉你的人？」犬犽道：「天下千千萬萬的人，你我能力有限，若是總要向傷害過自己的每個人報仇，那我現在已經不知道死過多少次了。」闇慢慢坐穩，喘口氣道：「你以為這樣就能改變人心？從古至今，想要改革的人，全都身敗名裂了，你也和我一樣，有興趣想當那個遺臭萬年的改革者嗎？」犬犽道：「我聽嬋郡主他們說過，你曾經是四國的鎮國御史，是什麼改變了你？我希望先聽聽你的故事。」闇描述：「幾年前，有個郡主僱用了光明御史去抵抗狩獵族，在戰爭之後卻又派人刺殺了他最心愛的人，並且昭告天下，說那人企圖叛變，奪取萬古神器。於是他脫離了四國聯盟，建立起暗行御史這個組織。」

犬犽和同伴沉默不語，闇冷笑又說：「這個世上充滿了假冒偽善的好人，我既不能傷害他們，只有脫離他們，因此我決心改變一切。」眾人聽了不可思議，崑崙質問：「你快死了，企圖把過錯全都嫁禍給白雲老兒？」

雨水打在臉頰上，闇的語氣略帶滄桑道：「嘿…我就曉得你們不會相信，因此壓根兒沒打算說出來過。」崑崙怒罵：「一派胡言！若是白雲老兒企圖嫁禍給你，你又不是啞巴，怎麼不開口替自己辯屈伸冤呢？」闇反問：「如果我事先告知了你，你會相信嗎？」崑崙回答：「你當俺是傻瓜？」闇道：「崑崙郡主，你也曉得我們這個組織是秘密進行的，為了維持和平，暗裡幹了許多不乾淨的事，泄露機密絕不被允許。白雲郡主嫁禍給我，是因為害怕我的勢力擴張，為了防止我有什麼異常舉動，因此事先譭謗了我，好讓眾人將我隔離。哪有人想要無故挑起爭端呢？白雲郡主害怕我的勢力變大，會威脅到四國安危，因此放出謠言，譭謗我為了奪取神器，企圖控制四國。我被四國的人藐視，所有百姓都認為我是戰爭的挑起者，沒人願意再相信我，原本是僱用來殺敵的，最後卻遭到徹底監視，嘿！真是諷刺！」

聽到這邊，犬犽的腦海突然浮現一個記憶，當初暗行御史在彩雲峽追逐自己，準備搶奪捆仙繩之時，索性雷昊和嬋及時趕到救援，逼得海棠、笙和多蘿蘿撒手撤退，鯀曾對自己說過：「小子！今天算你走了好運，我沒時間和你糾纏。」犬犽回答：「你別想輕易離開，快把崑崙郡主的落魂鞭歸還我們！」鯀問：「你可知道闇大人為什麼要收集萬古神器嗎？」犬犽說：「你們搶奪萬古神器，不就是為了要引發戰爭？」鯀反問：「你認為只要萬古神器留在嬋、崑崙和白雲齋的手中，四國就會永遠和平了嗎？」

犬犽從沒想過這個問題，一時之間無法回答，吱吱唔唔道：「他…他們既是一國之尊，就能治理國家，帶給天下百姓和平的生活。」鯀冷笑：「人類的歷史，本來就是戰爭的歷史，從古到今一直都是如此。只要有人的地方，就有紛爭，沒有誰比誰清高，也沒有誰比誰卑賤這種標準。所謂的規範，都是人自己制定出來的。一個人的死和一百個人死，最大的差別，就在於當你一個至親至愛的人逝世時，你會為他哀悼悲傷，但是一百個不認識的人死去時，那對於你來說只是一個數字，這就是一和一百的最大差別。」犬犽無從辯駁：「我不曉得你為什麼告訴我這些，但我絕對不能讓你搶走神器！」鯀搖了搖頭：「唉！小子，你犯了人生之中最大的錯誤了。」犬犽滿臉茫然：「什麼？」鯀說：「我們後會有期！」犬犽想再追問：「等等！」

回憶到此，犬犽恍然大悟，終於明白鯀的話中有什麼含義：「最大的錯誤…難道竟是白雲郡主？」雷昊又追問：「憑你的武功就能呼風喚雨，難道不能一刀殺掉白雲大人？」闇冷笑：「殺掉他？我可沒打算殺掉他，我要毀掉蓬萊國、毀掉翠雲國、毀掉天山國、毀掉鬱樹國，讓大家也體驗看看失去親愛之人的痛苦。況且他是郡主，身為臣子的我，不能殺王。」

崑崙道：「戰爭已經結束三年多，如果白雲老兒要攻佔四國，不是早就應該有所行動？」闇道：「四國各自擁有四象獸，表面的和平，讓許多人活在安逸的假象之中。我曾替白雲郡主賣命，他希望留住我，只是因為這樣才能鞏固勢力，當我離開蓬萊國，又殺掉了他身邊一個鎮國護使，他想再快速佔領一個國家，豈是那麼容易的事嗎？若是陰謀敗露，豈不是另外一場無盡戰爭的開端？」

崑崙道：「無論如何，大勢已去，闇！你放棄吧！日蝕之象已經結束，融合四象獸摧毀四國的計劃也已經行不通了。」闇冷笑：「嘿！我沒打算真的摧毀四國，只是想讓大家體驗這種感覺。當你活在和平的假象中，遇見問題喪失了解決能力，只會讓你變得難以接受事實罷了！」

犬犽道：「你曾經歷了失去的痛苦，所以也要別人來體會這種感覺？」闇道：「如果殺一人可以救一百人，殺一千人可以救一萬人的性命，那就是暗行御史存在的動力！」雷昊問：「就為了要大家體驗你的痛苦，所以殺了我爹？」闇搖了搖頭：「雷昊，你認為你很了解你父親的事？事實上你一無所知。」雷昊臉色微愣：「什麼？」

闇道：「害死你父親的，是白雲郡主，並不是我。」雷昊驚訝：「什麼？」闇笑：「你心裡可能會想，如果這件事情是真的，我怎麼不早點把真相告訴你妹，對嗎？」雷昊沉默半晌：「你把這件事情告訴過笙了？」闇道：「這個秘密只有鯀一人曉得，可是我叫他替我守住了秘密，因為一旦你妹妹知道真相，她肯定會脫離暗行御史，而白雲郡主也會立刻被人追殺了吧？嘿！我還不打算殺掉白雲郡主，但我要他親自體驗我的痛苦，可惜至今為止，我還沒想到任何辦法，因為他沒有親信之人可以讓我傷害。」

「你說這話是真的？」一個女的滿面淚痕，纖腰嬝娜的走了過來，厲聲問：「闇！回答我！」眾人回轉頭看，雷昊驚呼：「笙！妳沒死？」笙視若無睹，目不轉睛的盯著敵人：「說！真的是白雲齋殺了我爹？」

雷昊見她臉頰的左邊有大片燒傷，驚喊：「笙！妳…妳的臉…」笙淡然搖頭：「江湖上本來就是刀槍劍雨，受點傷也沒什麼大驚小怪的。」雷昊見妹妹左臉那道疤痕隆起，心生感觸，曉得被火紋身的滋味可不好受：「笙！妳…妳何苦如此？」

闇道：「原來妳還活著？」笙冷冷問：「你恨不得我死，不是這樣的嗎？還是你指望我忍辱偷生，才有機會向你報仇？」闇搖頭道：「殺掉妳爹的，是白雲郡主所差派來的人沒錯。不過我沒騙妳，妳的殺父仇人確實已經死了，他也曾是白雲郡主的鎮國護使，可是最後卻被我給殺掉了。」雷昊臉色一愣，驚問：「難道是魄狼御史？」

闇點了點頭：「你還記得魄狼這人？不錯！魄狼和我曾被編入聯盟軍的主要戰力。三年以前，當時戰爭快結束時，白雲郡主是怎麼跟你們說的呢？我企圖叛變，首先殺了自己的盟友魄狼，然後從他身上奪走了混天乾坤圈，是不是也？」雷昊道：「魄狼和你同樣身為蓬萊國第一流的鎮國御史，事發之後，我們也曾搜尋過他，但是都尋不見。」

闇淡然道：「魄狼曾是白雲郡主安插在我身邊，負責監視我的，但你們找不到他，因為他的屍體已經被我用火焚燒了，不過這些你們沒必要知道，那是他和我之間的私人恩怨。」笙把心一橫：「闇！無論是魄狼還是你，我都要報仇！解決你之後，我會再去找白雲齋算賬！」

闇見她言笑不苟，舉止毫無半分輕率之態，笑著問：「忍著眼淚，抹殺掉所有親情，妳真能做到嗎？」笙冷道：「你把真相隱瞞了這麼多年，對你來說，我的性命算得上是什麼呢？一個融合四象獸的器皿？還是你復仇計劃的一顆棋子？為了達到目的，我的忍耐是必要的！」講完，一腳踢開闇的手臂，將那兩壺瓷罈用力踩碎：「闇！暗行御史到此為止，全都該結束了吧！」

闇的兩壺瓷罈被人踩碎，心如刀割，憤恨的叫：「笙！」笙冷道：「爭多競少，現在一個受了重傷的你，還能有多大能耐？」雷昊正要攔阻妹妹，忽聽見犬犽喊：「大家小心！」抬起頭看，鮀龍迅速接近，張口吐出炙熱的火焰。

雷昊急扯住笙：「小心！」崑崙喚：「快找地方掩護！俺去引開牠！」雷昊喊道：「犬犽小兄弟！快走！」犬犽扶住闇，踏著快步奔跑：「我們不能拋下他不管！」、「犬犽！」、「犬犽哥！」香奈和梧桐在遠處叫，宮本武藏和猿飛佐助也跟著喊：「打魚的！」

「咦！白雲齋他打算做什麼？」嬋站在遠處看不清楚，舉起鴛鴦鉤喊：「赤鶩！快去救人！」赤鶩將羽翼一張，彩雲落在背後，旋風飛轉的往雷昊疾馳去。鮀龍見巨鳥衝來，吐出紅焰，赤鶩恃強前進，險給火團燒傷，飛轉避開。

雷昊扯著笙跳上赤鶩的羽翼，崑崙也追來，一個飛身騎在巨鳥的脖頸：「快走！」雷昊驚呼：「糟糕！崑崙郡主！還有犬犽小兄弟！」崑崙喚：「來不及了！別去送死！」雷昊正要跳下羽背，忽見鮀龍撲來，嬋急喊：「赤鶩！快逃！」

赤鶩衝天而起，凌空急轉，翱翔於天空之中，同時也把沙石捲入高空，團團飛轉。鮀龍見敵人疾速如風，吐出火焰，頃刻把天空耀照的一派通紅。雷昊驚看背後烈焰壯觀，急喊：「大家小心！」

赤鶩感覺底下焰氣衝天，低頭緊盯，火光爆散成許多火焰球，燒在翅膀的兩側。天靈獸哀叫一聲，拼著兩翼受傷加速衝下，天旋地轉的也分不出東西南北，往下墜落，撞出方圓三里的大坑洞。雷昊、笙和崑崙被赤鶩幾個旋轉拋飛開，頭昏眼花的跌在沙堆，遍體傷痕，爬不起身：「呃…」崑崙勉強爬起，前方黃澄澄的沙土聯綿不絕，哪有躲藏之處？

一陣寒風捲著大雨，滿地的泥濘甚是難行，鮀龍盤踞在地，俯瞰整片高原。雷昊抄出火爆彈，擋在笙和崑崙的身前

：「可惡…白雲郡主躲在哪裡？」宮本武藏、猿飛佐助、香奈和梧桐追趕來，抄出武器準備迎戰：「刀疤大俠！大家怎麼樣？」、「浪人！等等我啊！」、「爹爹！」

崑崙的雙手被火燒傷，跪倒在地：「可惡！白雲老兒究竟在想什麼，竟用魮龍之火攻擊大家？」嬋驚問：「發生什麼事？為什麼魮龍會攻擊我們？」崑崙怒罵：「嬋！白雲老兒打算向我們發動戰爭！」嬋詫異道：「什麼？」梧桐指著天靈獸赤鶩，驚喊：「你們快看！」

眾人回頭一望，赤鶩奄奄一息的癱在地上，啼鳴兩聲，身軀化為塵土，煙消雲散。嬋冷靜道：「牠的靈力已經消耗盡了。」崑崙怒罵：「白雲老兒究竟在想什麼？」雷昊謹慎戒備：「白雲大人！你在哪裡？何不現身？」

雷電閃爍，一個男子從遠方緩緩走來，手中握著如意風火輪道：「真不愧是闇，即使是死，也要讓人留下震驚印象。」笙抄出掌心雷：「殺人兇手！是你殺了我爹？」白雲齋搖了搖頭：「妳爹的事情，我很遺憾。」笙怒罵：「胡扯！」白雲齋道：「妳爹和闇一樣，他們都只是盡力在追求一個沒可能實踐的理想，但是闇太過熱衷於自己的信仰，一旦發現真相，夢想破滅，就會變得無所適從。」

眾人疑惑：「什麼？」白雲齋問：「沒有鬥爭的和平，真的會來臨嗎？你爹曾是第一個提議廢除四象獸的人，但他不懂得認清事實，在這世界上，弱小的註定都要被除滅，若想存活，就必須變得更強。四國經歷了狩獵族之戰，那時動亂不斷，唯獨統一，世界才能安享和平，你爹迂腐的理想，只會連累我們蓬萊國、天山和鬱樹國一起淪陷成亡國奴罷了。所以必須除掉這個不切實際的理想。」

崑崙怒問：「白雲老兒，你瘋了嗎？原來雷烈是被你所殺的？」白雲齋回答：「四國幾千年來的歷史，由老祖宗流傳下來可是不滅的產業，怎麼能輕易葬送在雷烈迂腐的理想上？」嬋問：「什麼是迂腐？什麼是實際？為了要統一四國，而利用四象獸發動戰爭除滅一切阻擾的人，才叫實際？才叫理想嗎？」白雲齋臉色一沉：「嬋，你們天山懸樓也算是大國，若沒辦法認清事實，那可是糊塗之人所為的事。」笙喊道：「我要殺掉你！」雷昊驚叫：「笙！不要魯莽！」嬋叫道：「快阻止他們！」崑崙也喊：「嬋！妳想辦法引開魆龍注意，白雲老兒由俺對付！」

白雲齋舉起如意風火輪：「火象通靈術！焰赤煉獄！」魆龍拱起背脊，霎時紅光眩眼，一團天火墜落下，火雹像千萬爆竹炸開，嬋被逼得後退躲避：「崑崙！快奪下如意風火輪！」

笙正想擲出掌心雷，火星墜下恰巧點燃，雙手瞬間燒成兩團烈火，雷昊驚喚：「笙！」手忙腳亂的飛身撲去，二人跌倒在地，笙的手掌熱辣辣的，跌倒在地：「啊！」崑崙撇頭驚看：「快撲滅火！」

白雲齋身形一閃，飄到面前：「究竟誰所貢獻的是功勞？誰所貢獻的才是罪過？今天我們就一次把這些事端考究清楚！」崑崙暗叫：「糟糕！」白雲齋的如意風火輪焰氣灼灼，崑崙忽覺右肩痛入骨髓：「啊！」梧桐驚叫：「爹！」香奈一把拉住：「別過去！危險！」嬋喊：「別過來！」

魆龍噴吐一團火焰，爆炸聲震耳欲聾，宮本武藏急喚：「忍者！你快去幫嬋郡主對付巨獸！我負責在這保護兩個小姑娘！」猿飛佐助臉色為難的說：「啊？我去？」

白雲齋奔向笙和雷昊，高舉起如意風火輪劈下：「做事若不懂得深謀遠慮，百姓也不會想投靠這國，那只是統率一座孤城罷了！」雷昊緊摟妹妹，用背遮護：「小心！」笙凝目相視，微笑：「哥！對不起了…」雷昊疑惑不解：「咦！什麼？」

笙忽把手肘向上一拐，雷昊不曉得這是虛招，胸膛痛辣辣的中了一掌，仰身摔倒：「笙！」笙舉起轟天雷，叫道：「白雲齋！跟我同歸於盡吧！」白雲齋躍在半空，手中的如意風火輪劈向轟天雷，驚覺：「糟糕！這火藥彈若是爆開，會把我炸個粉碎，看來她想自殺！」急把鋒刃一偏，砍向敵人的肩膀，笙的肩膀受傷，轟天雷脫手掉落：「啊！」崑崙向前飛撲，雙手捧住：「俺接住了！」

白雲齋握著如意風火輪，鋒刃卡在敵人的肩膀拔不出，笙扯住他的手腕，咬牙切齒喊：「白雲齋！替我爹償命！哥！趁現在快解決他！」雷昊向前逼近，手掌當頭劈下：「喝啊！」不料白雲齋忽然鬆開如意風火輪，畫個半圈反手一擋，疾指戳向敵人右臂的天池穴，又攻擊腹下的衝門穴：「你們也該認清現實了吧？」雷昊被攻得出奇不意，待要閃避卻已太遲，右邊胸口劇烈疼痛，右腿一軟，跪倒在地：「啊！」

「哥！」笙忍痛撲上，雙手做爪疾取敵人的肩膀：「白雲齋！納命來！」
白雲齋迴旋一腳，迅速從敵人的肩膀抽出神器：「哼！四國的叛徒！妳別妄想與我同歸於盡，我是不會死的！」如意風火輪從笙的肩膀硬生拔出：「啊！」雷昊嘶喊：「笙！」崑崙忍痛爬起：「你們兩個撐着！俺來救援！」

彩雲峽的岩石忽向四方坍倒，滾著無數大石墜到谷底，仿佛就要陸沉光景似的。嬋對同伴喊：「崑崙！那顆轟天雷！快！」

鮑龍張開嘴，數十根獠牙冒著紅焰，崑崙舉起轟天雷叫：「接住！」拋空一擲，火爆彈往巨獸拋去，轟聲響亮，半畝方圓炸出一片紅雨，鮑龍怒叫兩聲，白雲齋冷道：「你們別浪費氣力了，那種威力的火藥是傷害不了山靈獸的。」

滂沱驟雨淋得山坡泥濘，笙走不上兩步，全身無力的跪倒在地：「白…白雲齋…你要為你所做的付出代價！」白雲齋道：「如果輕易就能放棄仇恨，人的感情就太沒價值了，妳恨我嗎？殺父仇人就在眼前，你想報仇嗎？」笙咬牙切齒道：「你害死我爹，我要報仇！」白雲齋搖了搖頭：「我的目標其實和你們大家都是一致的，當初不得已犧牲雷烈，是為了要阻止他實踐不切實際的理想，若是四國放棄了四象獸，國家肯定淪陷於異族手中。因此我所做的若有冒犯之處，請恕失禮，犧牲小我是為了要完成大業。」

「白雲郡主！你企圖掩飾了事實，卻沫滅不了事實的真相。」闇一拐拐的緩緩走來，冷笑：「你不過是個虛偽的和平主義者，偽善的平和，犧牲我們這些為國捐軀的。」白雲齋道：「原來你還沒死？」闇搖頭：「是我命不該絕，若是要死，在三年前狩獵族的那場戰爭中，我早就被您所派來的魄狼御史刺殺身亡了！」白雲齋問：「你那兩位契友的骨壇呢？被這些人破壞了，是不是？你不打算向這些人報仇？」闇感傷道：「你沒資格提起這兩個名字！」

眾人站在面前，白雲齋仍不為所動，忽見一個黑影走出來：「白雲郡主，你別再試圖解釋什麼，你的大勢已去，我們不會再信任你了！」香奈和梧桐驚喜：「犬犽！你沒死？太好了！」、「犬犽哥！你有沒有受傷？」犬犽搖頭：「我沒事，你們別擔心。」目光一轉，繼續又問：「白雲郡主，那時候在抵達鎮上的途中，企圖攻擊我們的黑衣人，應該是您吧？」

宮本武藏、猿飛佐助、梧桐和香奈驚訝：「什麼？」白雲齋沉默半晌，說道：「小朋友，你在說什麼？是闇慫恿你這麼說的嗎？闇可是四國聯盟的頭號大敵，你甘願淪為他的走狗？」犬犽回答：「白雲郡主，當時你假裝指引我們去鎮上避難，又處心積慮的扮裝成賊盜，穿著黑衣黑褲想殺滅口，為了就是要從我身上搶奪捆仙繩？」猿飛佐助忽想起一事，大叫：「啊！浪人！對了！他是獨臂！」

眾人回顧起當時戰況，猿飛佐助拋擲出甲賀萬力鎖去捲對方，黑衣人偏身迴避，右臂長袖竟被扯斷半截，黑夜中看不清楚情況如何，男子是個獨臂人卻毋庸置疑。

香奈氣得大喊：「可惡！原來是你想殺我們？」白雲齋視而不見，極力保持風度道：「小朋友，闇手腕上的那個四象寶環，融合靈珠之後已經受了詛咒，你把它拿來給我，我把事情緣由仔細解釋給你們聽。」香奈叫：「犬犽！絕對不能給他！」犬犽點頭：「香！我知道。」白雲齋問：「沒有戰爭的和平，真的會來臨嗎？」

犬犽俯瞰彩雲峽，再望著蔚藍天空：「有多大的陽光就有多大的陰影，但是當我把雙眼注視在陽光的時候，陰影就會落在背後，即使雲底下漆黑一團，但在天空上，仍舊還是陽光普照，所以我相信會有和平的到來！」

白雲齋微笑道：「年輕志高，這個世界很遼闊，沒想到我們居然有著相同理念？可惜我力量不足，有理想卻沒力量，只會徒勞無功罷了！因此我才必須要差派刺客殺掉雷烈，阻止他那迂腐的理念影響百姓。」笙嘶喊：「殺人兇手！你害死了我爹，我死都不會放過你的！」

白雲齋視若無睹，繼續說：「小兄弟，你替我殺掉闇，交出四象寶環和捆仙繩，我可以教你如何善用這股力量，去實踐你和百姓都所渴望的真實和平。」犬犽搖頭：「白雲郡主…沒有力量的理想，雖顯得無助，但沒有理想的力量，那只是單純的毀滅。四國所需要建造的和平，要依靠的不是毀滅的力量，而是誠與信，才有辦法創造出真正的盛世太平！」

宮本武藏罵道：「騙子！虛偽的騙子！你別想再欺騙打魚的，他可沒那麼笨！」猿飛佐助拍手鼓掌：「浪人！罵得好啊！」白雲齋視而不見：「小朋友，依靠我自己一人，力量不足，和你有同樣的理念卻沒有足夠的力量去實踐它。你只要把萬古神器交給我，這世界的仇恨和戰爭就能結束。怎麼樣，你願意嗎？」雷昊高聲勸阻：「犬犽小兄弟！絕不能給他！」犬犽道：「白雲郡主，什麼四象獸？什麼萬古神器？我根本都聽不進去！你也該適可而止了吧？」

「我原本還以為我們可以互相理解的？真是遺憾。」白雲齋臉色一沉，舉起如意風火輪叫：「火象通靈！熾焰火湖！」魠龍吐出紅焰，火海吞噬了半邊山崖，嬋和崑崙指揮眾人撤退：「快走！」、「嬋！妳掩護大家，魠龍由俺來應付！」

半空閃出一個黑影，月祭手持鐵扇，擋在面前：「那隻怪獸讓我對付吧！」香奈罵：「月祭！你還想對我們打什麼歪主意？」月祭冷笑：「別擔心，我是來幫你們的。」香奈半信半疑：「怎麼可能？」月祭解釋：「這種時候我再不合作，那大家都玩完了吧？」說著，墊腳換個雙人字步，衝向魠龍：「我從左邊引開他！」崑崙點頭：「好！俺從右邊！」

另外一端，犬犽使個翻身鷂子，躲避攻擊：「白雲郡主！你快住手！」白雲齋抄起如意風火輪：「火焰衝！」犬犽喊：「水柱漩渦！」火勢絲毫不能與水抗衡，捲入漩渦之後化成煙霧，白雲齋向後倒退，犬犽甩出捆仙繩旋圈四轉，把如意風火輪牢牢綁縛住：「玄冥龜！保護大家！」

巨龜又高又大，俯視腳底來處，崑崙和月祭掩護著同伴逃跑：「大家快躲到海靈獸底下！」宮本武藏和猿飛佐助嚇得屁尿滾流：「怪龍來啦！大家快逃！」

魠龍噴出紅焰，近處化為焰氣火湖，嬋躲到玄冥龜的腳下喊：「大家快過來這！」犬犽和敵人正鬥激烈，捆仙繩縛住如意風火輪，白雲齋無法解開：「哼！小朋友！闇的性命比你自己的還要重要嗎？他手上沾有許多無辜之人的血，你不趁現在殺掉他，就是與四國的百姓為敵！」犬犽叫：「我不會再受你的迷惑！」白雲齋問：「那你的朋友怎麼辦呢？被魊龍的火焰燒到，就會瞬間死亡，你應該也很清楚吧？你若現在投降，我立刻撤開魊龍的攻擊，如何？」犬犽喊道：「我不會聽信你的！」

白雲齋拼著精神應戰，如意風火輪的靈力觸動體內真氣，由頭頂百會穴貫穿腳下湧泉穴，通過任督二脈，打通經絡：「太可惜了，那別怪我手下不留情！」說著，緊緊握住金箍環，火珠的靈能盡數彙聚在掌心，瞬間將左手燒成一團紅火，犬犽詫異叫：「咦！那是什麼？」

白雲齋揮出如意風火輪道：「真是遺憾！」犬犽低身閃避，可惜肩膀還是被削中受傷：「啊！」白雲齋趁勝追擊，犬犽急叫：「玄…玄冥龜！」巨龜見主人受縛，正想噴水援救，不慎卻被魊龍的火團擊中龜殼，哀叫兩聲，癱倒在地。

宮本武藏、猿飛佐助、雷昊和其餘的同伴原本仗著巨龜掩護，忽見頂上龐大的軀殼像雪崩坍塌似的，嚇得逃竄：「大家小心！」白雲齋搖頭嘆息：「我們原本可以互相理解的，真是替你感到惋惜！」

犬犽被困在火海中，腦海中忽閃過雷昊說的一段話：「小兄弟！對戰要抱著不會失敗的信心，只有從不戰鬥的人才沒失敗過，一個人若不能置成敗於身外而挺身一試，那不是因為他太懼怕命運，就是他已經自暴自棄了！」

追憶到此，忽又想起雷昊曾教導自己的口訣：「反者道之動，弱者道之用。將欲歙之，必固張之；將欲弱之，必固強之；將欲廢之，必固興之；將欲取之，必固與之。飛禽野獸一見到風平雨靜，便知道有劫難要臨到，懂得逃生保命，免得給狂風吹入雲端，又或者給怪浪淹沒底下。但敵人卻自誇識得武功招數，竟然沒避開，眼見這招數平庸無奇，卻反倒自恃聰明，將身子湊來給刀劍砍，你說奇怪不奇怪呢？」念及此處，大喊：「百川匯海！」說著，捆仙繩向上一抽，白雲齋稍遲疑竟沒避開，左腕被套住：「什麼？」

犬犽把鐵繩用力一扯，聽兩聲怪叫，白雲齋的如意風火輪掉落地面，手臂鮮血淋淋的，轉身就逃：「可惡！」白雲齋的左手被捆仙繩扯斷，鮀龍像發瘋一般失去控制，吐出火團，燒起火海。

嬋看了急叫：「大家快找地方躲避！」月祭和崑崙一覺不對勁，作鳥獸散，衣褲均被火焰燒得冒煙：「快走！」香奈也喚：「犬犽！」犬犽見鮀龍失去控制，急喚：「玄冥龜！快把土中的水抽出來滅火！」

巨龜兩聲怒嘯，土地震動，一道沖天水柱破穴而出，鮀龍所盤踞的地方忽向下坍陷。眾人不曉得發生啥事，望見鮀龍厲聲怒吼，落墜坑洞。嬋急喊：「快！使用水攻！」宮本武藏和猿飛佐助同聲叫：「打魚的！用水攻擊！」犬犽喊道：「水象通靈術！擎天水柱！」

玄冥龜擺動巨尾，排蕩如山的海浪將沙土攪成滿坨泥漿，鮀龍向下淪陷，溺在坑洞中。犬犽精神一振，再叫：「淹沒牠！」水柱沖天墜落，坑洞的岩石抵擋不住，裂成碎塊，鮀龍整個身軀忽往下沉，化成煙霧，隨風飄散。

坑洞的近處危岩墜落，地層下的沙質液化，土壤竟形成乳白色的沙湖，鮀龍才會因此淹滅。白雲齋的兩隻手臂皆斷，忍著痛說：「你…你…」犬犽道：「苦戰而敗，遠勝於輕易成功，假使我輸給你了，那也是雖敗猶榮。但我不會失敗的，因為我不會輕易放棄！」

白雲齋被揭穿後，懶得再扮好人，問：「怎麼樣？你不想要如意風火輪嗎？有了這個，你可以成為這世界的神！」香奈在遠處喊：「犬犽！別相信他！」犬犽眼神堅定的說：「發怒的日子積財無益，唯獨公義能救人脫離死亡。在公義的道上有生命，其路之中並無死亡。嬋郡主曾把這柄捆仙繩託付給我，因此我的任務是要阻止你，為此我可以賭上生命的代價！」白雲齋問：「四國將來會變如何？你以為這樣就能找到和平？」犬犽回答：「只要還活著就有希望，我不會輕易放棄的！」

白雲齋退後兩步，坑洞的危岩忽崩落：「咦？」犬犽喊道：「白雲郡主！」白雲齋滾落坑洞，迅速下沉，犬犽滑下斜坡想拉對方，不料也是陷在泥漿：「快抓我的手！」白雲齋吃驚想游卻動彈不得，陷在泥漿喊：「救我！」

雷昊和崑崙飛趕來，同心協力的扯回同伴：「你撐著點！」可惜白雲齋來不及救，沉下泥漿不見踪影，犬犽差點兒嗚呼哀哉，沾滿泥水，爬上坑洞：「吁吁！雷昊大哥！」雷昊急把犬犽拉上來：「別擔心！你沒事了！」

崑崙和雷昊扶著犬犽走上斜坡，看見闇奄奄一息的躺臥在地：「快幫他包紮傷口！」闇冷笑：「嘿！不必了…一切都太遲了…」

眾人漠然無語，犬犽道：「不會太遲的！只要願意改過自新，誰都可以再有一次機會！」闇道：「嘿…原來…不是所有事情，都能靠努力達成的…」犬犽說：「先別講話！我替你包紮傷口！」

闇笑道：「嘿…要管人家的閒事比管自己簡單多了，無論好人壞人，沒有一個能真正了解另外一人，但許多時候…我們卻希望自己介入，不惜用任何代價強迫別人接受自己理念。」

犬犽心裡疑惑，暗想：「闇到底想說什麼？」闇愁然不樂的說：「嘿…或許是因為不曾遇過什麼重大的挫折吧？一旦失敗，就不曉得該如何面對？許多最糟的事，都是由自以為最好的出發點開始，有些人口口聲聲說為了人民、為了百姓，想利用四象獸維持那虛偽的和平。但是戰爭犧牲了太多無辜之人的性命，當中包括自己所親所愛的，當這些事發生在身上的時候，你會怎麼抉擇呢？我只是希望大家也能體會一下。」

崑崙道：「闇！私人恩怨，俺可以不跟你計較，但你濫用了四象獸，造成四國軍隊死傷慘重，必須伏法。臨死前還有什麼遺言？」闇冷笑：「崑崙郡主…戲弄靈魂…真是一件可恥的事，當你正以為自己為了四國和平而犧牲，眼睜睜看著至親至愛之人死去時，伴隨而來的，只有無可發洩的痛苦。以前的我，完全沒有為了自己的夢想而努力活過，僅僅做為白雲郡主的棋子而犧牲，真是太可悲了…」

崑崙聽了沉默無語，北方倏起一陣大風，塵埃蔽天，闇抬頭觀看蔚藍的天空，心中無限傷感：「在遠古時代，四位仙人收集靈珠，將它們鑄造成神器，使用這股力量解救蒼生，並且化災難為祥和，為天下百姓樹立了萬世典範。因此…當我們還年輕，都曾有過遠大的抱負，總認為守護萬古神器和四象獸是為了維持和平，能效法四仙人創造一個更強盛的國度。但是…當你擁有了這些力量，會發覺自己其實並不如想像中的那麼偉大…玩弄靈魂…真是一件可恥的事…」咳嗽幾聲，呼吸逐漸變緩：「終於…終於…是時候該離開了…」

寒風吹來，彩雲峽更顯得荒涼，梧桐衣衫單薄，打個寒顫。香奈見同伴嬌體瘦弱，身上欠缺一件大衣，把毛衣脫下套在她的肩膀，忽聽猿飛佐助和宮本武藏喊：「哎喲！浪人！我看她好像傷很嚴重！」、「刀疤大俠！你的妹妹！」

雷昊想起妹妹受了重傷，急追去：「笙！」笙的肩膀被如意風火輪砍傷，血流滲出：「哥…」雷昊喊：「繃帶！我要繃帶！笙妳忍著點！我幫妳包紮止血！」笙的背脊冰涼，問：「哥…我有一件事情想問你…」雷昊焦急欲哭：「妳說！」笙微笑：「你還記得闇曾說過的話嗎？不管我們喜歡對方與否，血緣將我們二人緊緊相連，因為這就是手足之情…」

雷昊見妹妹嘔血成疾，忍痛摟抱，哽咽道：「笙！正因為血緣，我們彼此命運相連，所以我從未因妳加入暗行御史而恨過妳！」笙咳嗽：「哥…雖不願承認，但我希望你在我的身邊…咳咳…如果我有什麼心願，那就是希望我們永遠在一起…」雷昊涕不能仰，摟住妹妹：「好！笙！我們永遠在一起…」

犬犽和其餘同伴見二人兄妹情深，不知該說什麼安慰才好，只能安靜的站在旁邊。笙心中難過，流下一滴眼淚：「哥…如果你意志消沉，什麼事都會完成不了的！我在彩雲峽留下了夢想的碎片，當作我曾活過的確據。哥！你就是那夢想的碎片，替我活下去，你要努力活著，創造出祥和的翠雲國…」

雷昊聽妹妹語氣真摯，反而哭得更加難過，將雙手環抱她的頭頸，哀哀痛哭：「笙！」笙的心中免不得有些懊悔，見景觸情，眼前忽然浮現一個畫面：

「問個問題可以嗎？」鯀轉過頭問，笙疑惑：「什麼？」

鯀問：「妳是怎麼看闇大人的？」笙冷然道：「為什麼要問這個？我會替闇擺平敵人的，即便對方是親人也是一樣。」鯀張嘴一笑，沉思又問：「流著眼淚抹殺掉一切感情，妳真的能做得到嗎？」笙道：「即使白雲齋、崑崙和嬋都是郡主，在四國境內佔有一席之位，擁護者也有上千萬人，但我不會投靠他們的。為了達到目的，忍耐是必要的，這就是我笙的原則。」鯀問：「那雷昊呢？」笙緘口不言，反問：「你到底想說什麼？」鯀道：「無論任何人還是任何事，如果眼前所經歷的是你生命中的最後一遭，心中難免有些淒涼。」

回憶到此，眼眶泛紅，笙的呼吸逐漸停止：「鯀…你真是多管閒事…」

眾人看這情景，心中千言萬語，一時卻也說不清楚。香奈走來背後，雷昊緊緊摟著妹妹，心中一酸，兩行的淚水從臉龐滑落，再顧不得背後有人站著，用袖子擦拭眼淚，問：「戰鬥中有半點猶豫就會死亡，妳準備好要殺我了嗎？」梧桐驚喊阻止：「香奈姐！不要啊！」犬犽也怕同伴為了報仇做出傻事，倉惶叫：「香！快住手！」

香奈忽扯下髮鐕，從袋中抄出飛鏢往秀髮斬落。犬犽和其餘同伴看得詫異，見香奈素髮垂肩，毅然道：「這撮頭髮，就當作是我們兩個之間的恩怨，從今以後一刀兩斷吧！」雷昊似乎有意尋死，咈然不樂問：「這就是妳的明確答案？」

香奈沉默半晌，輕輕的將手搭在對方的肩膀：「就像你妹妹所說的，如果意志消沉，什麼事情都完成不了。翠雲少主！她相信你可以復興翠雲國，建立一個和平的國度，千萬別讓你妹妹失望了！」

雷昊強忍悲痛，香奈用飛鏢把秀髮斬斷兩截，一陣微風把那斷髮吹往遠方，消逝在清風飄泊的天際之中：「犬犽，我們走吧！」犬犽問：「香，妳打算放棄報仇了嗎？」

香奈把舊日恩怨擱過一邊，眺望天空，如卸重擔的說：「犬犽…我好像忽然明白了！人生在世，總有太多事情無法掌握，每個人這輩子無論多長多短，記憶總有許多遺憾想要挽回，但無論你費盡多少心力想去彌補，那些事卻時常攪擾，悔念起來，似乎更加令人難以承受。我想…人的生命就好比是個難解的謎，一個渺小的揀擇，足以影響後半身歷程。或許我曾遭遇過許多磨難，為了報仇，也浪費了大半前途。雖然有些事實已經發生，無可改變，但是無論開心或難過，日後的路程還是得繼續走。趁著人生還沒抵達盡頭之前，總算不上是絕望，我還是有機會，可以選擇痛苦度過，或在日後活得更加瀟脫。」

犬犽見她放棄報仇，點了點頭：「香！妳說不錯！當一個人得罪你的時候，你有權力選擇復仇，或者是你要寬恕，以德報怨，什麼殺敵滅門？什麼報仇血恨？其實明天如何，我們還不知道。我們的生命是什麼呢？我們的生命就像是一片雲霧，出現少時就不見了，你說是不是呢? 與其追念往昔不斷懊悔，倒不如立下心志，從現在就開始改變，追尋生命的價值與意義，用笑容來面對一切吧！」

香奈擦拭淚水，笑顏逐開道：「犬犽，就像你曾對我所說的，天下的人千千萬萬，你我能力有限，若是總要向傷害過自己的人報仇，那我們現在已經不知道死過多少次了。我不明白生命究竟有什麼價值與意義，或許眼前的痛還很沉重，我暫且無法領會，但無論環境的變化如何，總能有辦法適應的…」

眼前看不盡的遙山疊翠，用膚體感覺，隱約能感受一陣微風飄來，掠過之處，山下草叢蕩起綠油油的波浪，彷彿置身在寬廣遼闊的碧綠海洋。眾人伺站良久，突然風止雲開，天上現出一線曙光從雲層透射下。半空中飄蕩著細雨，落在了青綠色草地，替彩雲峽的風景增添一縷相思之情。

崑崙嘆一口氣：「俗話說：『生死有命，富貴在天』，人生自古誰無死呢？或許真的只有不把怨恨惦記在心，放下遺憾，人生才會好過許多。」嬋說：「崑崙，死亡是每個人必經之路，老祖宗流傳下來的訓言真是不錯：『世上萬般愁苦事，無非生離與死別』。在這世上，人生無常，再親密親愛的人，總有一天也會離開。」

崑崙道：「嬋，可是需要承受這苦楚的，卻是那些愛他與在乎他的人，豈不甚怪嗎？這個世界上生生死死，人來到這地方，究竟是生為何樂？死為何苦？打鐵鑄劍的技巧俺是學會了，生死這道理俺卻還未滲透。」嬋回答：「我們打自母腹出胎，對這世上的經歷尚且不能完全明瞭，又怎麼能明白死亡是為何所苦？凡事別想太多，鑽研不出，反倒只是在自尋煩惱。」崑崙道：「俺覺得…人若缺乏盼望，就只能活在恐懼之中，看來…沒人能靠自己力量挽救什麼，原來人心真是害怕自己渺小無助啊！難怪白雲老兒企圖掌握四象寶環，那似乎也不難理解。」

嬋思索半晌，說道：「不過我想…人在世上的成就，不光在乎他的作為，更重要是本身的品格，無論擁有多少力量，或許只有倫理道德，才能決定四象獸和萬古神器究竟是四國百姓的福祉，還是萬靈浩劫的根源。」犬犽走過來喚：「嬋郡主！崑崙郡主！」

嬋和崑崙看這小伙子身上破衣舊褲，神情倒是帶有三分志氣，料是施展長才，恐怕將來會闖出大事業也未可知。犬犽看著闇的屍體，思索：「有些人看來很壞，好像天生下來就是這樣，我也常這樣想，可是我現在比較明白了，似乎不能用這方法衡量一人。」嬋點頭：「嗯！願聞其詳。」

犬犽解釋：「從闇那邊，我學習到了很多，這看法好像很怪，闇利用四象獸和萬古神器傷害了許多無辜的人。他有千百種的罪名，可是我現在明白了！許多時候，犯錯其實才是成長的重要過程，因為人一定要經歷過錯，才會成長，否則一旦面對挫折，就會不知道該如何應對了。」

梧桐指著懸崖，呼喊：「啊！大家！快看那邊！」香奈豁驚：「糟糕！把他給遺忘了！」月祭奔到懸崖：「我們後會有期了！」香奈喊：「浪人！忍者！你們兩個傢伙！快幫忙捉賊！別讓那兔崽子逃跑！」月祭疾如飛鳥的跳下山，抓著樹藤懸在半空：「真是可惜！想捉天下第一的賞金獵人嗎？真是愚蠢透頂！」還未講完，像靈猴一溜煙竄下山。

一陣寒風吹來，宮本武藏和猿飛佐助不曾開口，安安靜靜的只顧發獃，似乎沒聽見香奈叫喚自己，舉目眺望遠山浮雲，蔚藍的天空一望無際：「忍者…這地方真大，我忽然覺得自己很渺小…」、「浪人…看來要稱霸四國，當上武林至尊，還有一段很長的距離啊！」

犬犽走來喚：「喂！你們兩個！」宮本武藏和猿飛佐助同時轉頭，聽他繼續說：「這地方很大，但我曉得有個地方更是遼闊，那叫海洋！不如你們跟我一起去吧？」宮本武藏和猿飛佐助叫：「打魚的，你要去航海冒險？」犬犽過慣了流離顛沛的生活：「走吧！要不要一起去？」

宮本武藏紮巾捲袖：「當然好！」猿飛佐助笑道：「浪人！就算無法稱霸四國，起碼咱們還能當個海賊！」宮本武藏吐槽道：「什麼海賊？忍者你的志氣真小！既然要過個轟轟烈烈的人生，就要有更大理想，咱們要稱霸海洋，當海霸王！」猿飛佐助舉手高叫：「咱們要稱霸海洋，當個海霸王！海霸王萬歲！」

天空落下淅瀝瀝的細雨，烏雲散退，一道彩虹從高空橫躍，消失在彩雲峽遠處的彼端。雷昊抱著笙的遺體走向崑崙和嬋，鞠躬致敬：「二位大人，雖然如意風火輪乃是翠雲國的鎮國之寶，但我決定要拋棄了，末後的日子，就勞煩二位替我將它塵封，埋在彩雲峽這吧！」嬋疑惑問：「翠雲少主，你是明理之人，曉得萬古神器對於翠雲國的重要性，卻要輕易將它給捨棄？」雷昊強忍悲傷，說道：「失去一個朋友，就是喪失一部分的生命，更何況我所失去的還是至愛的親人？」

崑崙可憐他一片誠心，說：「好！翠雲少主，俺替嬋答應你了！」雷昊轉過身，向犬犽鞠躬致意：「這些日子來，謝謝你了。」犬犽手足無措，忙回鞠躬：「雷昊大哥…」

雷昊抬頭望著天空：「犬犽小兄弟，這人情世態不知有多少冷暖，許多廣有家財貪得富貴的，便不把人看在眼裡。但是我相信冥冥中自有天佑，若是有心治國平天下，就應該要以天下百姓為心。什麼榮華富貴，名望權力，不應該擺在首居要位。若想為國為民為天下，就要以擔當大業為重任，以糧濟助世為目標。要知道若是一國自相紛爭，就遺為荒場；若是一家自相紛爭，必要傾垮。因此，將來若是你擁有了權勢，千萬切記，你的責任也必須緊緊跟隨。」犬犽毅然點頭：「我知道了！」

雷昊哽咽幾口氣，抱著笙的軀體往山下走，犬犽見他背影淒涼，心中一酸，忽想起對方和自己初次相識的場景：

「你的夢想是什麼？」

犬犽想了想，舉目眺望蘆葦海岸，見那天地兩極相隔遙遠，不知幾千萬里的島嶼在海的哪端？眼前除了汪洋，什麼也不能看見：「如果能稱霸海上是最好啦！我一直夢想有天能渡船去遠洋，看盡世界風光！」

當時的雷昊笑問自己：「你想當個海霸王？」犬犽伸展懶腰，打個呵欠：「我除了一艘破竹筏，還有幾張破魚網，什麼海霸王？能勉強當個海賊王就不錯了！」雷昊微笑：「好！那我們就一言為定！」

念起昔日舊憶，腦海畫面變成一團模糊，犬犽想是同伴喪失妹妹，受盡極大的痛苦因此心中感傷，站在遠處高喊：「雷昊大哥！打起精神！我堅信你能傳承你家人的遺願，你會成為翠雲國最賢明的郡主！千萬記得！永不放棄！」

雷昊回首一望，點了點頭，抱著笙緩緩走下山。涼爽的微風迎面吹到，梧桐從旁走來，輕喚：「犬犽哥…你…你會感覺到感傷嗎？」

犬犽舉目觀天：「梧桐妹妹，每個人總有全然孤單的時候，但是生命之中總有些事能使我快樂，許多人都是決心要怎麼快樂就怎麼快樂的。快樂求之於內心，我不怕享受美善事物，而且我也相信！當我對人有多少貢獻，這個世界也會回報我多少快樂，所以我希望自己所經歷的，不僅是過去，也能用笑容面對將來！」

「嗯…」梧桐聽了安慰許多，羞羞澀澀的望著對方笑。突然一陣涼風悠悠吹來，從臉頰拂過，犬犽飽吸口新鮮空氣，用膚體感受暖煦的陽光，心中蘊育出一股喜悅。

天空隱隱有片薄霧，橫越彩雲峽的彼端，呈現一座朦朧霧橋。宮本武藏和猿飛佐助迫不及待，放聲問：「打魚的！準備好啟程去航海了嗎？」犬犽打起精神，微笑：「好！」

山海封神榜 前傳

傳說在很久以前，有兩個大神爭奪天地，世界遭受了空前浩大的災難。冰洋極海的積雪被烈焰融化，形成無數川流，萬畝方圓的地域被汪洋淹沒，島嶼陸沉，天傾地陷的巨災一觸即發。

四位仙人遵照天象經緯的指示，仗著仁厚膽識之心走遍天下，在極地荒涼的隱僻之處發現了天地相輔、山海相循的奧秘。靠著天地山海所吸收的日月精華，經過火風水土的醞釀所淬煉出的幻化靈珠，能使天下安定，扭轉人類榮枯興衰的契機。因此四位仙人展開了收集靈珠的旅程，將靈珠鑄成神器，使用這股力量來解救蒼生。

千百年來，八柄神器代代相傳，四仙人為天下樹立了萬世範典，以彩雲峽為地界的中心點，先後創立了天山國、蓬萊國、鬱樹國和翠雲國。

後來四仙人擇地隱修，萬古神器與四象通靈召喚術之傳承的重責大任落到了後裔身上，在戰亂的年代，光明御史被賜予了平定亂世的力量，並且為四國揭開了序幕之戰。

Tales of Terra Ocean

Long before the distant past, Earth was an organic whole without form and void. A divine goddess named Pan Gu separated Earth from Heaven to form Terrestrial continents. Once every sixty six thousand six hundred and sixty six year, a disastrous scourge would be brought upon this land. Floods, drought, famines, earthquakes and disease epidemics spread throughout Earth.

Four Sages walked across the continents and discovered the myth of contrary forces, which were interconnected and interdependent in the dynamic natural cycle. Relying on absorbing the spirits of sun, moon, fire, water, wind and earth, an animating force was formed within beads which could summon the catastrophic destruction brought upon land but also able to preserve the existence of mankind.

Weapons were forged with spiritual beads, passed down through generations and were dubbed
Eternal Summoning Weapons of the Ancient.

As the plot progresses throughout this book, readers will be able to browse inside an ordinary youngster's extraordinary journey, retroactively entering the chronological time warp of paranormal summoning monsters, and witnessing a new era of fantasy stories.

This book guarantees an unprecedented scale in the classical Chinese literature.

A literature of fantasy moniker **Tales Of Terra Ocean**

作者：蘆葦草

編輯：陸威廷

電子郵件：rikuwatashi@hotmail.com

購書網址：http://blog.udn.com/rikuwatashi/article

封面設計：草米菓創意工作室

地址：新北市新店區三民路159巷9號4樓

電話：02－29101237

網址：https://www.facebook.com/scm.2012

版次：2014年02月

ISBN：978－149－54-5955－9

Made in the USA
Charleston, SC
25 June 2014